21世紀型学習の
リーダーシップ

イノベーティブな学習環境をつくる

OECD教育研究革新センター［編著］

木下江美／布川あゆみ［監訳］
斎藤里美／本田伊克／大西公恵／三浦綾希子／藤浪 海［訳］

Leadership for 21st Century Learning

明石書店

経済協力開発機構（OECD）

　経済協力開発機構（Organisation for Economic Co-operation and Development, OECD）は、民主主義を原則とする34か国の先進諸国が集まる唯一の国際機関であり、グローバル化の時代にあって経済、社会、環境の諸問題に取り組んでいる。OECDはまた、コーポレート・ガバナンスや情報経済、高齢化等の新しい課題に先頭になって取り組み、各国政府のこれらの新たな状況への対応を支援している。OECDは各国政府がこれまでの政策を相互に比較し、共通の課題に対する解決策を模索し、優れた実績を明らかにし、国内および国際政策の調和を実現する場を提供している。

　OECD加盟国は、オーストラリア、オーストリア、ベルギー、カナダ、チリ、チェコ、デンマーク、エストニア、フィンランド、フランス、ドイツ、ギリシャ、ハンガリー、アイスランド、アイルランド、イスラエル、イタリア、日本、韓国、ルクセンブルク、メキシコ、オランダ、ニュージーランド、ノルウェー、ポーランド、ポルトガル、スロバキア、スロベニア、スペイン、スウェーデン、スイス、トルコ、英国、米国である。欧州委員会もOECDの活動に参加している。

　OECDが収集した統計、経済、社会、環境の諸問題に関する研究成果は、加盟各国の合意に基づく協定、指針、標準と同様にOECD出版物として広く公開されている。

　　本書はOECDの事務総長の責任のもとで発行されている。本書で表明されている意見や主張は必ずしもOECDまたはその加盟国政府の公式見解を反映するものではない。

Originally Published in English under the title:

"Leadership for 21st Century Learning"

© OECD, 2013
© 21世紀型学習のリーダーシップ——イノベーティブな学習環境をつくる, Japanese language edition, Organisation for Economic Co-operation and Development, Paris, and Akashi Shoten Co., Ltd., Tokyo 2016

The quality of the Japanese translation and its coherence with the original text is the responsibility of Akashi Shoten Co., Ltd.

監訳者はしがき

　本書『21世紀型学習のリーダーシップ：イノベーティブな学習環境をつくる』は、OECD (2013), *Leadership for 21st Century Learning: Educational Research and Innovation* の翻訳である。これはOECD教育研究革新センター（CERI）による「イノベーティブな学習環境（ILE）」プロジェクトの研究成果の一つであり、なかでもイノベーティブな学習環境をつくりだす「リーダーシップ」に焦点を当てた最初の論集である。

　2000年以降、PISA調査をはじめとする生徒の学習成果の測定は一定の影響力をもち、調査結果の詳細な分析からは教育政策上の課題が指摘されてきた（たとえばOECD, 2006=2007; OECD, 2010=2011など）。これらを受けたOECDの議論では、産業社会から知識基盤型社会に移行し、現代では教育改革が行きづまりをみせていること、学校で伝達される知識の内容が時代に合っていないことなどが指摘されてきた。学校を通じて習得すべき能力（コンピテンシー）やスキルの再考もなされて久しい（ライチェン＆サルガニク, 2003=2006；これに対する批判的考察として、松下, 2010）。並行して、学習環境の多様性を受け止め支援するものとして教師教育が位置づけられ（OECD, 2010=2014）、一方では学習と教授との関係がブラックボックスに置かれたままだとの指摘もなされた（OECD, 2010=2013）。

　こういった状況は、18世紀末に西欧で生まれ、世界各地に伝播した近代教育思想に基づく国民教育制度が立ちゆかなくなっていることを改めて突きつけている。グローバルな人の移動、産業構造の変化、情報通信技術（ICT）の発展や浸透は、国民教育制度が想定していた国民国家における市民の教育を再考する契機となっている（グリーン, 1997=2000）。市民、かみくだいて言えば都市に暮らす男性、障害をもたず、マジョリティ側の民族、定住者……とい

った教育の対象は今日きわめて多様化した。それに応じて、国民教育制度を擁する国民国家という枠組みも、教室での知識伝達や社会化・選抜という機能も、大きく問い直されて久しい。

　こういった変化に直面し、既存の学習環境それ自体のありかたを再考・再編する議論や実践が積み重ねられてきた。「イノベーティブな学習環境（ILE）」プロジェクトもその一つである。本書では特に、眼前の「学習環境」を所与の状態として受け止めるのではなく、21世紀型学習環境として積極的につくりあげるというまさに行為に着目し、諸概念や事例の検討を通してこの新しい学習環境にふさわしい学習を導く「学習づくりのリーダーシップ」の多様なありかたを照射している。本書では、原典で"Learning Leadership"とされているものを、「学習づくりのリーダーシップ」と訳出した。これにはあまたの類似概念があるが、本書では、「学習環境をつくり、導く」という学習や教育に関わるリーダーの行為に焦点を当てるべく、この訳語を用いることとした。

　本書の構成は以下のとおりである。第1章では、いわゆる「5W1H」——「なぜ」「何」「どのように」「誰が」「いつ」「どこで」——の観点から「学習づくりのリーダーシップ」の多様なありかたを示したうえで、それらに共通するリーダーシップの特徴を述べている。これにより、本書で取り扱うさまざまな現象がリーダーシップという概念／視角のもとで理解できるようになる。第2章では、先駆的な学習づくりとマネジメントに焦点を当て、第3章では学校での学習とその主導に加え、これらにかかわるノンフォーマル領域に着目している。第4章以降では、学習づくりのリーダーシップに関する多様な事例を取り上げている。第4章では「21世紀型リーダーシップ」モデルとして、シンガポールの2つの学校の事例が紹介されている。第5章ではリーダーシップの開発アプローチに取り組むオーストリア、ブリティッシュ・コロンビア州（カナダ）、ニューヨーク（アメリカ合衆国）、ノルウェー、南オーストラリア州（オーストラリア）、イスラエルでの教育政策・制度改革の事例を紹介している。最後に第6章ではカタルーニャ（スペイン）の事例を踏まえながら、学習づくりのリーダーシップの今後の展望について述べている。各章で取り上げた多岐にわたる事例には

多様な取り組み・争点・見解がある。それゆえ、本書の読み方は多様に開かれている。ここでは、そのなかでも「教師の専門性」と「ノンフォーマル教育」の2点を取り上げ、本書が何を問いかけることになるのか、考えてみたい。

教師の専門性

　本書では、教師の専門性のなかに新たにリーダーシップが入ってくることを論じている。これまで効果的な学校づくりのもと、教員集団のなかで校長をトップとした、校長によるリーダーシップに着目がなされてきた（OECD, 2009=2012）。校長をトップとしたリーダーシップは、学校の組織運営上の責任を果たすための「組織管理上のリーダーシップ」と生徒の学力など学校の成果に責任を果たすための「教育上のリーダーシップ」という2つの概念から論じられてきた。しかし本書においてはこれまでの校長という「リーダー」が発揮するリーダーシップだけではなく、学習環境を切り拓いていくために、「一般の教師」もリーダーシップを発揮する必要があることを強調している。従来の学習環境を変えるべく、イノベーティブな学習環境をつくりだしていくためには、校長のような組織のトップだけではなく、「学習の専門家」一人ひとりがリーダーシップを発揮できるようにならねばならない。そうした意味合いが「学習づくりのリーダーシップ」という新しい概念に込められている。

　しかしその一方で本書では校長が教師をリードしながら学習づくりを進める事例が少なからず取り上げられている（あくまでも、リーダーの役割としての学習づくりが描かれている）。この場合には、校長を中心とする「リーダー」がリーダーシップを発揮する「教育上のリーダーシップ」と「学習づくりのリーダーシップ」が同義に扱われているともいえる。すなわち誰が、いかなるかたちでリーダーシップを発揮するのかという点で、「教育上のリーダーシップ」と「学習づくりのリーダーシップ」は大きく違うものである（あった）はずが、同じ「リーダーシップ」として位置づけられている。

　分散型リーダーシップとしての「学習づくりのリーダーシップ」が、校長（のみ）に期待される役割として展開している場合、すなわち新しい概念が結果と

して従来型のリーダーシップに含みこまれた場合に、イノベーティブな学習環境はつくられているのだろうか。従来の学習環境とは違う新たな学習はつくりだされているのか。これらは本書を読む際の一つの視点となるであろう。

ノンフォーマル教育

　学習づくりのリーダーシップが発揮されるシーンを見てみると、本書では教育政策、学校、個人など、システムのさまざまなレベルが想定されている。なかでも、これまで訳者グループが関わったOECDの報告書ではわずかに言及されるにとどまったノンフォーマル教育やインフォーマル学習の領域に大きく踏み込んでいることが目に留まる。リーダーシップが発揮されるシーンは、学校での教育活動にとどまらないのである。しかし同時に、たとえば国際成人力調査（PIAAC）が射程に入れる国際基準化という方向性（丸山・太田, 2013）が、この文脈ではどのように出現するのかという問いが浮かぶ。

　ノンフォーマル教育は、制度との距離（正規－非正規）や教授内容・方法の定型化の度合い（定型的・脱文脈化－非定型的・文脈化）といった軸のなかに広がりを持っており、それぞれの実践は各歴史的・社会的・文化的背景や目的のもとで展開してきた（丸山・太田, 2013）。国民教育制度に代表されるフォーマル教育との関係も、補完的・調和的であるばかりか抵抗的・対抗的であるなど、千差万別である。訳者グループでは、国際基準化・標準化の動向のもと、統一的な評価基準によって各地の教育実践が脱文脈化されてしまったり、教師の専門性に関する成長の複雑な契機を見逃してしまったりするリスクを避け、多様な実践の多様なありかたを包摂する方途について考えてきた（OECD, 2010=2014など）。本書では「イノベーティブな学習環境」として組み上げられた教育環境を学力達成などの教育成果に照らして評価することも言及されているが、新たな論点となるノンフォーマル教育にこういった評価枠組みや尺度を援用することは可能だろうか。ノンフォーマル教育そしてフォーマル教育にそれぞれ固有の論理や特性を把握したうえで、各々を「フェア」にとらえる枠組みのもとに議論する方法が求められているといえる。

監訳者はしがき

　これまでのOECDによる国際調査や報告書と同様、CERIのプロジェクトから生まれた「学習づくりのリーダーシップ」の提案が各国の教育政策・制度に与える影響は小さくないだろう。それぞれの学習環境が21世紀的文脈で変化している一方、そこには固有の歴史的・社会的・文化的背景がある。「学習づくりのリーダーシップ」の概念が、学校のみならず多様な教育や学習の現場での実践活動を支え、現場での反省を通して再度突き動かされるさまに注視したい。

　　　　　　　　　　　　　　　　　　　　　　　　木下江美／布川あゆみ

参考文献

OECD（2006＝2007）『移民の子どもと学力：社会的背景が学習にどんな影響を与えるのか』（斎藤里美監訳）明石書店

OECD（2010＝2011）『移民の子どもと格差：学力を支える教育政策と実践』（斎藤里美監訳）明石書店

OECD（2009＝2012）『OECD教員白書：効果的な教育実践と学習環境をつくる』（斎藤里美監訳）明石書店

OECD教育研究革新センター（2010＝2013）『学習の本質：研究の活用から実践へ』（立田慶裕・平沢安政監訳）明石書店

OECD教育研究革新センター（2010＝2014）『多様性を拓く教師教育：多文化時代の各国の取り組み』（斎藤里美監訳）明石書店

グリーン，アンディ（1997＝2000）『教育・グローバリゼーション・国民国家』（大田直子訳）東京都立大学出版会

松下佳代編著（2010）『＜新しい能力＞は教育を変えるか：学力・リテラシー・コンピテンシー』ミネルヴァ書房

丸山英樹・太田美幸編著（2013）『ノンフォーマル教育の可能性：リアルな生活に根差す教育へ』新評論

ライチェン，ドミニク・S、ローラ・H・サルガニク編著（2003＝2006）『キーコンピテンシー：国際標準の学力をめざして〈OECD DeSeCo（コンピテンシーの定義と選択）〉』（立田慶裕監訳）明石書店

序　文

　「イノベーティブな学習環境（Innovative Learning Environments, ILE）」とは、OECD教育研究革新センター（CERI）によって実施された国際研究プロジェクトである。このプロジェクトでは若者の学習を組織するイノベーティブな方法に関心をもち、現代の教育改革において学習とイノベーションに関する示唆を導き出すことを目的としている。

　ILEプロジェクトは「学習に関する研究」「イノベーティブな事例の収集」「実効性と変化」の三つの研究テーマから構成されているが、これらは言葉以上のものを意味する。このプロジェクトは、イノベーティブな変化をめざして学習組織について批判的な検討をすることこそが、学習そのものへの理解を深めるという信念に基づいてデザインされている。最初の研究成果は2010年（＝2013年）に刊行された *The Nature of Learning: Using Research to Inspire Practice*（『学習の本質：研究の活用から実践へ』）である。これに続くプロジェクトの主題「イノベーティブな事例」では、イノベーティブな学習環境づくりに向けて世界中の実践家がいかに動いているのかを検討し、その成果は2013年に刊行された *Innovative Learning Environments* にまとめられている。同書は本書の主題でもあるILEの三つ目の研究テーマ「実効性と変化」に関するストラテジーやイニシアティブ、アプローチについても触れている。

　学習づくりのリーダーシップに関する本書は、ILEの構成要素である「実効性と変化」を主題にした初めての刊行物である。この研究プロジェクトはバロセロナにあるハウメ・ボフィル財団と共同で実施した。当財団には国際共同研究やカタルーニャ州での事例研究の際に多大なる貢献をしていただいた。

　本書で取り上げる学習づくりのリーダーシップで用いた枠組みはILEプロジェクトの研究成果『学習の本質』にその多くを依拠している。この枠組みを用

いることで、学習づくりのリーダーシップがもつ意味や概念、実践についてより探求することができるだろう。また同書にはILEプロジェクトのシステムコーディネーターによるネットワークについても具体例が示されている。これらの事例では、学習づくりのリーダーシップはイノベーション戦略やイニシアティブによって維持されることを特定の文脈において描いている。

「学習づくりのリーダーシップ」という概念はなじみのあるものとはいいがたい。しかし本書ではこの概念が学習環境をつくる際の要となるという立場を強調するために、あえて用いている。またこの概念を用いることによって、たとえば指導のためのリーダーシップとの違いを明確にすることをめざした。本書における学習づくりのリーダーシップはILEによるこれまでの研究成果に依拠している。特に、若者を対象に、デザイン、実行性、イノベーションの維持、力強さなど、包括的な学習環境づくりに焦点を当てている。リーダーシップは学習システムにおけるフォーマルとノンフォーマルのリーダーにより分散化され、関係づけられた行動と関係性によって構成されている。

本書は多くの専門家の方々の手によって完成した。ある者は理論的関心から、ある者は実践的関心からこの研究プロジェクトに参加した。さまざまな特徴を包括的に理解するために、本書第1章ではOECD事務局によって本書各執筆者の貢献についてまとめられている。ここでは「5W1H」の枠組み、すなわち「なぜ（Why）」「何（What）」「どのように（How）」「誰が（Who）」「いつ（When）」「どこで（Where）」をめぐる問いに答えられるように構成されている。

特にバロセロナにあるハウメ・ボフィル財団には、学習づくりのリーダーシップに関するILEプロジェクトを広範に支援していただき、感謝を捧げたい。ハウメ・ボフィル財団は国際共同研究が行えるようさまざまなサポートをしてくださった。またバロセロナで開催された二つの国際セミナーの運営にも尽力してくださった。その一つは2012年11月に本書草稿に基づいて開催された国際セミナーであり、もう一つが2013年12月に本書最終稿に基づいて開催された国際セミナーである。また当財団理事長のIsmael Palacin、当財団研究代表者 Anna Jolonch、当財団の国際プロジェクトコーディネーター Valtencir

Mendesにも感謝を捧げたい。

　また本書各章で多くの協力をしてくださった方々にもお礼申し上げたい。Joan Badia、Clive Dimmock、Anna Jolonch、Dennis Kwek、John MacBeath、Màrius Martínez、James Spillaen、Yancy Tohの8名の方々である。また第5章の「各国の事例」において貢献してくださった方々にも感謝したい。Lone Lønne Christiansen、Judy Halbert、Linda Kaser、Susanne Owen、Roser Salavert、Per Tronsmo、Dorit Tubin、Tanja Westfall-Greiterの8名の方々である。また2012年11月に開催された国際セミナーにおいて多くの助言をくださったSimon Breakspear、Anne Sliwkaにも心からの感謝を捧げたい。またLouise Stollにも感謝を捧げたい。彼女はOECD事務局とともに第1章において草稿を担当してくれた。

　OECD事務局同僚からの支援にも感謝したい。David Istance、Mariana Martinez-Salagado、Marco Koolsは、本書の準備段階でサポートしてくれた。Lynda Hawe、Iris Lopatta、Isabelle Moulheratは出版に向けて最終調整を進めてくれた。Sally Hinchcliffeは編集を、Peter Vogelpoelはレイアウトをそれぞれ担当してくれた。

21世紀型学習のリーダーシップ
イノベーティブな学習環境をつくる

目　次

監訳者はしがき	3
序　文	8
要　旨	17

第1章　イノベーティブな学習環境に向けて：学習づくりのリーダーシップ …… 23
──OECD事務局

- 第1節　本書のねらいと背景 …… 24
- 第2節　これまでのOECDの調査結果を活かした研究 …… 26
  - 2.1　スクールリーダーシップとその改善 …… 26
  - 2.2　TALIS調査が明らかにしたこと …… 29
- 第3節　「なぜ」学習づくりのリーダーシップか …… 30
- 第4節　学習づくりのリーダーシップとは「何」か …… 34
  - 4.1　リーダーシップ …… 35
  - 4.2　力強くイノベーティブな学習環境をめざす学習づくりのリーダーシップ …… 39
  - 4.3　さまざまなレベルと状況 …… 42
- 第5節　学習づくりのリーダーシップは「どのように」とられるか …… 42
  - 5.1　学習に対する方向感覚を授ける …… 43
  - 5.2　専門家の学習 …… 51
  - 5.3　学習コミュニティを通じて能力を生み出す …… 56
  - 5.4　より大きなコミュニティとネットワークを立ち上げる …… 57
- 第6節　学習づくりのリーダーシップを担うのは「誰」か …… 61
  - 6.1　校長と管理職が果たす役割 …… 64
  - 6.2　分散型リーダーシップの配置 …… 66
  - 6.3　学習づくりのリーダーシップが発揮されるさまざまなレベル …… 71
- 第7節　学習づくりのリーダーシップは「どこで」発揮されるか …… 77
  - 7.1　インフォーマル、ノンフォーマルな環境を組み込む学習づくりのリーダーシップ …… 79

第8節	学習づくりのリーダーシップは「いつ」発揮されるか	82
第9節	結論：学習づくりのリーダーシップがめざす方向	85
9.1	学習のリーダーのための問い	88

第2章　教育機関における教授を導く実践とマネジメント　95
　　──ジェームズ・P. スピレーン

第1節	はじめに	96
第2節	リーダーシップのエッセンスである教授	99
2.1	リーダーシップの主題としての教授	99
2.2	教授とリーダーシップの実践に向けた理解	101
2.3	社会的性格をもつ教授	101
第3節	教授を導くための実践に着目して	102
3.1	個々人の行動を乗り越えて：やりとりを生じさせる	103
3.2	英雄的なリーダー像を乗り越えて	105
3.3	実践がおかれた文脈：内部から定義される実践	107
第4節	診断とデザイン：組織上のインフラと実践	109
4.1	インフラと実践：組織上のルーティンの事例	111
4.2	学校組織上のインフラ：要素と特徴	113
第5節	結論	117

第3章　変化する世界において学習を導く　127
　　──ジョン・マクベス

第1節	はじめに	128
第2節	リーダーシップの性格	129
第3節	学習づくりのリーダーシップの五つの原則	133
3.1	学習コミュニティにおける五つの原則の定着	135
3.2	自己評価：学習コミュニティの特徴	139
第4節	変化する学習の文脈	144
第5節	学校教育を超えた学習	145
5.1	壁のない学校	149

5.2　子ども大学 ……………………………………………………………152

第4章　21世紀型学習をつくるリーダーシップ：
　　　　　シンガポールの成績優秀校を事例に ……………………………161
　　――クレイヴ・ディモック／デニス・クウェック／ヤンシー・トー
　第1節　はじめに …………………………………………………………………162
　第2節　シンガポールの学校システム …………………………………………162
　第3節　21世紀型リーダシップモデル …………………………………………164
　　3.1　学校設計モデルを支える逆向きマッピング ……………………………165
　　3.2　知識基盤型経済のための21世紀型学習成果 ……………………………168
　　3.3　21世紀型学習成果をもたらすカリキュラムと学習経験 ………………169
　　3.4　学習経験と成果の提供 ……………………………………………………170
　　3.5　テクノロジーと21世紀型学習環境 ………………………………………171
　　3.6　多様な形式の評価方法 ……………………………………………………172
　　3.7　21世紀に向けた組織構造 …………………………………………………172
　　3.8　核となる新しい指導技術をとるリーダーの育成 ………………………174
　　3.9　教師の専門性開発の促進 …………………………………………………176
　第4節　二つの学校における事例研究 …………………………………………177
　　4.1　事例1：フォーティチュード小学校 ……………………………………178
　　4.2　事例2：シンガポール女子中等学校 ……………………………………184
　　4.3　改革のプロセスとリーダーシップの比較 ………………………………190
　第5節　結論 ………………………………………………………………………192

第5章　さまざまな学校制度にみる
　　　　　学習づくりのリーダーシップの開発アプローチ ………………199
　　――ターニャ・ヴェストファル＝グライター／ジュディ・ハルバート／リンダ・ケイサー／
　　　　ローサー・サラヴァート／ロネ・レネ・クリスティアンセン／ペア・トロンスモ／
　　　　スザンヌ・オーウェン／ドリト・トゥービン
　第1節　はじめに …………………………………………………………………200
　第2節　改革の担い手のネットワーク：
　　　　　オーストリアにおける教師のリーダーとしての学習デザイナー ……201

	2.1	学習デザイナーのネットワーク······203
	2.2	資格付与プログラム······207
	2.3	中心的な戦略······209
第3節	イノベーティブな学習環境：	
	ブリティッシュ・コロンビア州におけるリーダーシップの開発······214	
	3.1	中心的な枠組みとしての学習の原理······217
	3.2	活動を促進するためのイノベーティブな事例······218
	3.3	変革の枠組みとしての「研究のスパイラル」······219
第4節	ニューヨーク市における学習をめざすリーダーシップの展開と推進······222	
	4.1	戦略1：専門家の学習コミュニティを通した協働とイノベーション······223
	4.2	戦略2：分散型リーダーシップの開発のためのコーチング······224
	4.3	戦略3：協働的な教師チームによって研究を進める······225
	4.3	戦略4：生徒の声に耳を傾け、学習の場で発言させる······227
	4.5	協働と活動：ビジョンのさらなる共有へ······228
第5節	ノルウェーにおける学習づくりのリーダーシップの展開······229	
	5.1	ノルウェーのPISAショック······229
	5.2	リーダーシップの重要性······229
	5.3	リーダーシップ、マネジメント、知識基盤型組織······232
	5.4	ノルウェーにおけるリーダーシップの困難と展開······233
第6節	南オーストラリア州における学習づくりのリーダーシップ······240	
	6.1	背景と文脈······240
	6.2	リーダーシップのアプローチ······242
	6.3	実践のコミュニティを通した主導的イノベーション······244
第7節	システムレベルのイノベーションをめざす	
	学習づくりのリーダーシップ：イスラエルの場合······249	
	7.1	システムレベルで成功する学習づくりのリーダーシップの要件······249
	7.2	具体的事例······252

第6章　カタルーニャにおける
　　　　学習づくりのリーダーシップの促進と今後に向けた展望……263
　──アンナ・ホロンチ／マリウス・マルティネス／ホアン・バディア
　第1節　カタルーニャにおける教育イノベーションの国際化……264
　　1.1　学習づくりのリーダーシップが果たす重要な役割：変革への取り組み……265
　　1.2　ローカルレベルとインターナショナルレベルとの連携：
　　　　分散型リーダーシップ……268
　　1.3　調査と観察：変革を推進する人々……271
　　1.4　ネットワークと相乗効果の創出：教育イノベーション……274
　第2節　学習づくりのリーダーシップ調査研究……276
　　2.1　先行研究における概念の明確化……276
　　2.2　多様な立場の関係者との取り組みと新しいストラテジー……278
　　2.3　学習づくりのリーダーシップに結びつく要素……280
　　2.4　結論：学習づくりのリーダーシップとイノベーションを促す研究……291

訳者あとがき……297

要　旨

　リーダーシップは、学校というミクロなレベルであれ、より幅広い制度の文脈であれ、進むべき方向や成果を強く決定づけるものであり、きわめて重要である。教育活動の中心には学習がある。そのため、リーダーシップを通じてよい学習を生み出す環境を創出し維持することに焦点が当たっているとき、リーダーシップの最も重要な形態と目標は学習から生まれてくる。新しい方向を決めて学習づくりのリーダーシップを発揮するにあたり、イノベーションは不可欠である。

　したがって、学習づくりのリーダーシップは、学習を花開かせる方向を定め、その責任を負うことにかかわるものである。学習づくりのリーダーシップは、分散していながらも相互に関連し合う活動や関係を通して実践される。このリーダーシップは、フォーマルな関係者にとどまらず、さまざまな人との連携を含みこんでおり、学習システム全体にわたるさまざまなレベルで実践されている。学習づくりのリーダーシップは、変容し、遂行し、変化を起こすことを約束するという点で、「学習づくりのマネジメント」を内包している。

学習づくりのリーダーシップ

　本書に寄せられた多彩な論稿からうかがえるように、OECD事務局による第1章は本質的で独立したものである。本章は、「5W1H」の枠組み、すなわち「なぜ（Why）」「何（What）」「どのように（How）」「誰が（Who）」「いつ（When）」「どこで（Where）」といった問いに答えるように構成されている。

　ジェームズ・スピレーンが担当した第2章では、教授を導く学習づくりとマ

ネジメントに焦点を当てている。スピレーンにとっては、これは「学校での活動に関する中核的技術」である。彼は、「学校での中心的な活動ではなく学校そのものを導くこと」に関する分析が氾濫し、その結果、研究が教授や学習、またそれらの改善にほとんど寄与していないと指摘している。第2章では、分析の中心的課題に対してリーダーシップに情報を与える研究から得られた知見について枠組みを立て、批判的に検討している。

　ジョン・マクベス（第3章）は、リーダーシップの原理、すなわち学習への焦点化、学習を導く環境の創出、対話、リーダーシップに対する責任の共有、そしてアカウンタビリティに対する感覚の共有を掲げている。また、学習のためのコミュニティを生み出す重要性を強調している。マクベスは、ノンフォーマルな学習の計画を組み入れることに向けて明確に焦点化している。これにより、デザインに関するリーダーシップの課題や実践のためのリーダーシップの課題がさらに拡大される。

　第4章でクレイヴ・ディモックらは、21世紀に必要とされる学習の本質についての議論を出発点とし、この議論を適切な教授と学習の計画に関連づけている。これに先立ち、著者グループは対応するリーダーシップの計画、すなわち、「学習設計モデル」を定義する「逆向きマッピング」のアプローチを素描している。このモデルは、シンガポールの二つの学校で応用されている。

　第5章では、イノベーティブな学習環境プロジェクトから得られたリーダーシップのイニシアティブや分析からいくつかの事例を紹介している。

- ターニャ・ヴェストファル＝グライターは、現行のオーストリアの新中等学校改革で教師自身を学習リーダーである「学習デザイナー」としてゆく戦略について述べている。
- ジュディ・ハルバートとリンダ・ケイサーは、カナダのブリティッシュ・コロンビア州のリーダーシップに関するプログラムについて論じている。このプログラムは、リーダー自身の勤務校やネットワークで結びついた活動での学習に関する「研究のスパイラル」に共同参加するというものである。

● ローサ・サラヴァートが論じたニューヨーク市の事例では、専門家の学習コミュニティ、リーダーシップのコーチング、教師で構成するチーム、生徒の「声」について網羅している。
● ロネ・レネ・クリスティアンセンとペァ・トロンスモは、ノルウェーのリーダーシップに対するアプローチと二つのナショナル・プログラムを紹介している。プログラムのうち一つはスクールリーダーシップに関する専門性開発であり、もう一つは校長や各地域の学校運営団体に対するコーチングをめざしている。
● スザンヌ・オーウェンとドリト・トゥービンが提示した南オーストラリア州とイスラエルの事例では、イノベーティブな学習を推進し支援する条件を追求するそれぞれの教育担当省庁の担当部局の仕事に光を当てている。

アンナ・ホロンチらが担当した第6章では、OECDとハウメ・ボフィル財団とが、カタルーニャ州やより広範な国際的なコミュニティに利益をもたらすために設計した学習づくりのリーダーシップに関して行った協働の出発点、方法、影響を分析している。このイニシアティブでは、学習づくりのリーダーシップを実践している六つの学校の事例に基づいて詳細な検討を行っている研究者がその実践家とともに、研究の重点を指摘している。

結論からの示唆

学習づくりのリーダーシップは、リーダーシップの実践の中核として、21世紀型学習と教授が実現する条件を整備する

　生徒の学習こそが中心にある。そこでは、いかなる環境にあろうとも、21世紀型の深い学習を確かなものにすることがめざされる。こういった展望にかなうイノベーティブな学習環境を設計し展開させるには、教授に関する潤沢なレパートリーや、誰もが学び、学んだ内容と決別し、学び直すといった作業の

継続が強く求められる。すべての関係者と連携相手が学習し続けることこそ、成功につながる実践と持続性の条件である。

学習づくりのリーダーシップは創造性のみならず、勇気をも示す

イノベーションを起こすこと、設計すること、他者を前進させること、そしてすべてを設計し直すこと——これらは創造性の発揮を強く求め、少なからず勇気を求めてくる。信念や実践に対する大きなギアチェンジや長期的なビジョンを視野におさめ続ける能力は、変容が目標とされるとき、たとえ開始時点が明確でなかったとしても、必要とされる。リーダーシップの焦点は、実践、構造、文化に対する大きな変化に置かれている。

学習づくりのリーダーシップは、21世紀型専門性のモデルとなり、その開発を促す

このリーダーシップは、専門家の学習、研究そして自己評価を通して発揮される。学習づくりを行うリーダー自身も、高いレベルの知識をもって活動している。適切な専門家の学習に取り組み、他者も同様に取り組むような条件をつくりだすことにより、学習づくりを行うリーダーはより大きなコミュニティ全体に対し、専門性のモデルとなってゆく。

学習づくりのリーダーシップは社会的なものであり、相互に結びついている

学習づくりのリーダーシップはその本質のうえでなにより社会的であり、相互作用はリーダーシップの実践の本質である。学習づくりのリーダーシップは、専門家の学習コミュニティとネットワークに参加することを通して開発され、成長し、維持される。このことは、ネットワークの「メゾ」のレベルが（組織管理に関するレベルよりも）重要であることを意味している。

要旨

学習環境がイノベーションを起こすと、リーダーシップはさらに複雑になり、多様なノンフォーマル領域との連携を含みこむようになる

　教育のリーダーシップに関する文献は、「学校という場」ばかりをあつかってきた。イノベーティブな学習は、ノンフォーマルな組織や現場、リーダーシップに関する教育上・組織上の要求を拡大するアプローチを取り込んで設計される。リーダーシップの分散と専門家の学習コミュニティでは、さまざまな専門家、連携する相手、そしてコミュニティを幅広く包摂しなければならない。

学習づくりのリーダーシップが変容するとき、マルチレベルで複雑な化学反応が起こっている

　システムに関するイノベーションと力強い21世紀型学習環境の持続可能性は、さまざまなレベルでの学習づくりのリーダーシップにかかっている。主要な機動力はどのレベルからも、すなわちフォーマルなシステム内部からも、そして外部との連携からも持ち込まれる。しかし、この機動力が大規模に維持されるためには、異なるレベルで行われる意思決定や活動に対応することが必要である。

学習づくりのリーダーシップは、システムレベルで必要とされている

　システムレベルでの学習づくりのリーダーシップは、イノベーションのための中心的な空間をつくりだす役目を果たし、またミクロレベルのイノベーションへの応答のなかで発揮される。鍵を握る政策上の役割は、ネットワークで結びついた専門家の学習を支援する条件をつくりだすことにある。ガバナンスとアカウンタビリティのシステムは、力強くイノベーティブな学習環境を創出しようとする意思と結びついていなければならない。なにより、反動的であってはならないのである。

第1章

イノベーティブな学習環境に向けて：
学習づくりのリーダーシップ

OECD事務局[1]
斎藤里美／本田伊克／木下江美 訳

　OECD事務局が執筆した本章は、「イノベーティブな学習環境」とは何かという広い視点から学習づくりのリーダーシップの本質をとらえ直すものである。学習づくりのリーダーシップは、学習のデザイン、実施、そしてイノベーティブな学習環境づくりに大きく貢献することが知られている。イノベーティブな学習環境づくりは、学習のための活動や関係性の構築を通してなされるものである。また学習づくりのリーダーシップは、フォーマルな関係者だけでなく、多様なパートナーを巻き込み、学習システム全体の多様なレベルに広がっている。この章では、学習づくりのリーダーシップがもつ多様な相を分析する枠組みとして、学習づくりのリーダーシップの「5W1H」について論じる。それは、学習づくりのリーダーシップについて、「なぜ」「何」「どのように」「誰が」「いつ」「どこで」を問うことである。このことは、今後の方向性を導くための九つの論点を示すことでもあり、同時にまた、学習のリーダーに問いを投げかけることによって、リーダーの位置にいる人々が全体像を把握することで、それらの人々の日々の実践への応用を促すものである。

第1節　本書のねらいと背景

　学習づくりのリーダーシップは、「イノベーティブな学習環境（ILE）」に関する研究の中心的なテーマである。また、『イノベーティブな学習環境』（OECD, 2013）の研究枠組みのなかで重要な位置を占めている。リーダーシップが重要とみなされるのには二つの理由がある。まず、複雑化する組織のなかで学習の方向を指し示し、ものごとの目的や方法の本質を見抜くのがリーダーシップだからである。このことは、事例を分析することでリーダーシップを深く追究することの意義を示唆している。本書はそれを企図している。もう一つの理由は、学習づくりのリーダーシップが個々の事例分析と実践・変革との橋渡しを提供しているからである。なお、「イノベーティブな学習環境」プロジェクトの第2期が事例分析を、プロジェクトの第3期が「実践と変革」を行っている。

　OECDがリーダーシップに着目したのは、今回が初めてではない。2008～2009年に完結した研究（OECD, 2008a, 2008b, 2009）については次節で言及する。これらの研究は、リーダーシップと学習が深く結びついていることの重要性を明らかにしている。またその一部は、本書の中心的なテーマとして5年後の現在も続いている。本書によって、リーダーシップの開発と促進に向けて努力するとはどういうことかについての理解が深まるだろう。リーダーシップという概念は「イノベーティブな学習環境」プロジェクトを機に注目を浴びるようになってきたものではあるが、その出発点は、学習と教授という「ミクロレベル」の関係性にあった。しかしその後、こうした「ミクロレベル」の関係性への注目は弱まり、分析の中心は実践ネットワークや実践共同体という「メゾレベル」へ、また制度や政策といった「マクロレベル」へと移動した。言い換えればこれは、「イノベーティブな学習環境」をつくりだし、発展させ、維持するためのリーダーシップに取り組むことといえる。それは学校や教室といった日常の

環境のなかにいつもあるとは限らない。今日の若者の学習のほとんどが教室といったフォーマルな場面を超えて広がっていることは、すでに教育の議論のなかで認められていることである。また、実践ネットワークや実践共同体が学習にとって不可欠であることもまた同様である。しかし、リーダーシップに関する議論は、いまだ公教育という閉ざされた世界のなかでの議論にとどまることが多い。そこで本報告書では、こうした視野の限界を打ち破りたい。また、多様な人々、多様な環境、多様なライフスタイルが混じり合う複雑な環境のなかでリーダーシップとはどのようなものであるべきかを明らかにする。

「学習づくりのリーダーシップ」という言葉は、必ずしも一般的ではない。「イノベーティブな学習環境」プロジェクトでは、他の類語と区別するためにあえてこの言葉を選んだが、明確な定義をもつ概念ではない。それは、学習に焦点を当てたリーダーシップ、たとえば、教育上のリーダーシップ、学習のためのリーダーシップ、学習者中心のリーダーシップなどと多くの共通点を有している。しかし「学習づくりのリーダーシップ」はこれらと区別される。特に本書では「学習づくりのリーダーシップ」を、イノベーティブで力強い学習環境をデザインし、実施し、継続していくことを中心とした概念として用いることにする。そうした学習環境は、学習活動全体を通じて、フォーマル、インフォーマルな広範囲のリーダーの活動や関係を広げたり、結びつけたりすることができるからである。

『イノベーティブな学習環境』(OECD, 2013)における到達点から議論を始めたい。まず、学習づくりのリーダーシップに関する考え方を示し、そこで明らかになった重要なテーマについて考察する。本書の各章が明らかにしたことを理解するために、5W1Hの疑問文——「なぜ」「何」「どのように」「誰が」「いつ」「どこで」——のかたちを採用することとした。これはマクベス（第3章）が「簡潔だが高度に生産的なフレームワーク」と呼ぶ方法である。このフレームワークは、本書で考察する学習づくりのリーダーシップの諸側面を見えやすくするためのものである。またこれは、各章から得られた知見から一つの全体像を得るためのものでもある。それぞれの5W1Hは、もつれた各側面を解きほ

ぐすのに役立つが、それぞれ相互に深くかかわっている。だからこそ、一つのものとしてみることが必要なのである。そこで本章の最後では、総合的概観に求められる一般的な視点を提示する。しかし、スピレーンが第2章で指摘するように、何が有効かという解決策を示す単純な教条主義的議論に陥らないよう注意を払わなければならない。

第2節　これまでのOECDの調査結果を活かした研究

　本書は、過去のOECDの調査から得られた知見に基づいたものである。一部は過去の研究を補足するものであり、また一部は異なる側面をもつものである。すでにOECDは「イノベーティブな学習環境」プロジェクトより以前から、スクールリーダーシップの改善に向けた報告書（OECD, 2008a, 2008b）等においてスクールリーダーシップに関する概要をまとめてきた。そこでは、政策と実践を検討し、研究のフレームワークから政策提言へとつながることをめざしている。また、「システムを変えるリーダーシップ」という広い概念を取り上げ、特筆すべき論文や事例研究を用いて再検討を行っている。TALIS調査（国際教員指導環境調査）は、リーダーシップだけでなく、教員の準備度、実践、指導観、教員評価などの種々の側面を取り上げており、本書刊行時点で公表された結果はTALIS2008（OECD, 2009）に基づいたものである。

2.1　スクールリーダーシップとその改善

　OECD（2008a）で示されたように、政策を広く知らしめるために考えられたフレームワークとして次の四つの方法があるが、特に学習に取り組むためのリーダーシップの重要性を認めているのは第一の方法である。

　1）スクールリーダーシップとは何かを再定義すること。特に、子どもの学習を改

第1章　イノベーティブな学習環境に向けて：学習づくりのリーダーシップ

善するためだけでなく、高い自律性を含むものとして再定義し、政策や実践といった大きな枠組みを発展させたりするためのものとして、スクールリーダーシップを強調することが重要である。
2）スクールリーダーシップを広く分かち伝えること。原則を超えたリーダーシップを広く伝えるための広報活動や支援活動、学校理事会が任務を遂行するうえでの支援活動の必要性を強調することが重要である。
3）効果的なスクールリーダーシップに必要なスキルを開発すること。リーダーシップの開発を連続的なものとしてとらえ、各種の機関によって継続的に提供されること、また適切で効果的なトレーニングの提供を促すことが重要である。
4）スクールリーダーシップを魅力的な仕事にすること。採用、報酬、専門職団体への参加、キャリア開発の機会などの点で魅力的であることが重要である。

　スクールリーダーシップに関する事例研究（OECD, 2008b）は、5か国（オーストラリア・ヴィクトリア州、オーストリア、ベルギー・フラマン語圏、英国、フィンランド）における効果的と思われるストラテジーやその展開を検証した。この事例研究では、各国の制度におけるリーダーシップを推進する方法や取り組みについてある程度取り上げることができた。また、オーストリアのリーダーシップアカデミー、英国のNational College for School Leadership（国立のスクールリーダーシップ養成大学）やSSAT（Specialist Schools and Academies Trust）のような個々の機関、それぞれの取り組みに焦点を当てることもできた。さらにこうした事例研究に加えて、リチャード・エルモア（Richard Elmore）、ディビッド・ホプキンス（David Hopkins）ら2人の専門家による政策提案書も掲載することができた。
　リチャード・エルモア（Elmore, 2008）は、リーダーシップとアカウンタビリティの関係を明らかにし、「改革の実践としてのリーダーシップ」という概念を強調した（本書第2章でスピレーンがその反響に言及している）。エルモアが主張しているのは、この改革の実践が、学校における知識と技能を開発し、展開するためのストラテジーを要求しているということである。それによって、

改革の実践が、外からの要求に応える高い能力や「内部アカウンタビリティ」の高さを生むことになる。また、内部アカウンタビリティの高さは、規準や価値、期待や仕事の手順にかかわる首尾一貫性とみなすこともできる。一方で、アカウンタビリティの圧力が大きければ、知識や技能においては不足をもたらし、テストや規制管理の分野においては過剰をもたらす。『イノベーティブな学習環境』(OECD, 2013) で示された形成的なサイクルは、学習上のリーダーシップ、専門家としての学習、学習によって獲得した知識やその評価、フィードバック、その後の修正プロセスといったものであったが、それらはエルモアが議論した能力開発やアカウンタビリティとまさに重なっている。さらに、エルモアは「改革が進めば、リーダーシップが屈折する」とも述べている。改革の初期段階では、組織は役割と深く結びついたリーダーシップの定義に大きく依存しているが、改革が進むとともに、こうした定義は適合しなくなり、リーダーシップの実践は概してより複雑になる。リーダーシップの実践には組織に属する人々のエネルギーやコミットメントが常にかかわっているからである。

　ディビッド・ホプキンス (Hopkins, 2008) は、特に「システムを変えるリーダーシップ」に着目した。ただ、それは官僚制機構の頂点および権威的位置にいる大臣やその周辺の人々がどのようにリードするかということではない。逆に、どうすればスクールリーダーが一つひとつの学校を超えてより大きなシステムへの影響を行使することができるかに着目するものである。また、システムを変えるリーダーシップが、システムレベルの改革に役立つためにはどのようにしたらよいかにも着目する。「システムを変えるリーダーシップ」には「適応力が発揮できる仕事」が必要である。それは現在の方法では解決策が見つからないような問題に取り組むことを意味する（しかしそれは、すでにノウハウが存在するような技術的問題の解決に必要なマネジメントとは異なるものである）。そこでホプキンスは、リーダーシップとイノベーションとを直接関連づけているが、それは本書のアプローチとも一致するものである。

2.2 TALIS調査が明らかにしたこと

　第1回TALIS調査（TALIS2008）の報告書が2009年にOECDより刊行されているが、リーダーシップに注目して一つの章を割いている（第2回TALIS調査の結果は2014年に刊行される）。TALIS2008では、マネジメント行動の五つの側面を明らかにした。その五つとは、1）学校目標に関するマネジメント、2）指導改善のための働きかけ、3）教職員に対する直接的な指導助言、4）学校内外のステークホルダーに対するアカウンタビリティ、5）組織の内規や手続きに関するマメジメントである。これらはさらに、教育上のリーダーシップと組織管理上のリーダーシップの二つに分類されている。

　調査参加国のなかでは、組織管理上のリーダーシップと教育上のリーダーシップの両方の尺度において国際水準を上回っている国（ブラジル、ブルガリア、ハンガリー、イタリア、メキシコ、トルコ）がある一方で、両方の尺度において下回っている国（オーストラリア、オーストリア、デンマーク、エストニア、ベルギー・フラマン語圏、アイスランド、韓国、リトアニア、スペイン）もある。TALIS調査において、教育上のリーダーシップは高いが、組織管理上のリーダーシップは低いという国（マルタ、ポーランド）も少ないながらある。一方、教育上のリーダーシップは低いが、組織管理上のリーダーシップは高いという国（アイルランド、マレーシア、ノルウェー）もある。これらの国については、本書第5章で詳述するとおりである。また、ポルトガル、スロバキア、スロベニア等ではいずれか一つ以上の尺度でボーダーライン（最低水準）である。それがリーダーシップの尺度に対する無感覚によるものなのか、それともリーダーシップのスタイルによって生じる影響はほとんどないという理解が一般的であることによるのか、背景要因は特定できないものの、リーダーシップへの方向づけと教員の指導観、教育実践、教室の雰囲気などの尺度との間に明確な関連はみられない。

　このような調査結果は、それぞれの国の伝統やアプローチを大きく指し示す

ものでもあるが、リーダーシップ、特に学習づくりのリーダーシップの本質についてより深く知るためにさらに探究する必要がある。

第3節　「なぜ」学習づくりのリーダーシップか

　学習づくりのリーダーシップは、「なぜ」重要で、「なぜ」これに関心を寄せる必要があるのか？第一の理由は、**リーダーシップは進むべき方向やものごとの成果への影響が大きい**からである。学校や学習環境というミクロレベルにおいても、あるいは大きな教育制度においてもリーダーシップの影響は大きい。リーダーシップの影響力は大きく、また教育には差し迫った重要性があることから、政策や実践にかかわるすべての人にとって、リーダーシップとはどのようなものか、またそれは自然に形成されるのか、ということは重要かつ必須な問題といえる。もし教育や学習の未来に関心があるならば、リーダーシップの成否に注目する必要があるだろう。

　またリーダーシップに関心を寄せるということは、同時に、リーダーシップの実践に関心をもつということである。それは、リーダーシップが学習に対して影響力が大きいからであり、すべてではないが、フォーマルなリーダーシップを担う人々は、かれら自身の一部として行動するからである。私たちの関心は「リーダーシップ」それ自体にあるのであって、リーダーと呼ばれる人々のそのときどきの行動すべてに関心があるわけではない。このようなリーダーシップには、フォーマルなリーダー（第6節「学習づくりのリーダーシップを担うのは『誰』か」参照）以外のものが含まれている。リーダーシップは、広く効果を上げてはじめて意味をなすからである。しかし、このことは、学習づくりのリーダーシップがめざす方向を維持し、継続していくために必要なマネジメントへの関心を除外するものではない。これは、スピレーンが第2章冒頭で強調した点であり、かつ次節でも取り上げる点である。

　第二に、学習はリーダーシップにとって必要不可欠なものとして強調される

が、それは**学習が教育という仕事の核心である**からである。したがって、学習はリーダーシップにとって最高のかたちであり、なすべき事柄でもある。この場合のリーダーシップとは、よりよい学習を導くための環境をつくり、維持することに重点をおいたものである。しかし、これは、どんな学習についてもいえることではない。「学習づくりのリーダーシップ」は、「深い学習」のための条件をつくりだすという学習の本質に迫らなければならない。手段としての学習あるいは戦略としての学習（マクベスによる第3章を参照）とは対照的なものとして位置づけられる。いわゆる21世紀型能力あるいは21世紀型学習を展開するための学習ともいえる。それは、第4章でディモックらが述べている方法において中心的な位置を占めている。

学習づくりのリーダーシップに注目する理由として上の二つがあるが、もう一つ第三の理由として、**新しい方向を示したり、学習環境をデザインしたりする際にイノベーションがきわめて重要である**ことがあげられる。これは、『イノベーティブな学習環境』（OECD, 2013）で議論したとおりである。イノベーションは、現代社会にとって主要な課題である。またリーダーシップはイノベーションを推進し、継続するために必要不可欠なものである。ハルバートとケイサーが第5章で「イノベーティブな教育リーダーシッププログラム修了証」（CIEL）を提案しているように、リーダーとして行動する者は、選択に直面した際、どんな場面においても学習やデザインのイノベーションに対応しなければならないため、破壊的なイノベーションか漸進的な改革かの二者択一を決断する必要はないのである。

改革者は、改革、イノベーション、アカウンタビリティのそれぞれの利点について議論することを好みがちだが、それぞれを区別することは実践家にとっては特に有益なことではない。そもそも実践家は、それぞれに固有の文脈のなかで学習の契機により深くかかわろうと格闘しているからである。「イノベーティブな教育リーダーシッププログラム修了証（CIEL）」プログラムの基礎にあるのは、学習には新しいアプローチが不可欠であり、また学習に向けた新しいデザインが求

められている、という考え方である。

　したがって、「なぜ学習づくりのリーダーシップ」なのかという問いは、一連の基本的な根拠を必要とする。それは、第一に、変化を起こさせるために必要な訓練されたリーダーシップである。また第二に、教育の核としての学習を強化することの重要性である。特に深い学習、21世紀型コンピテンス、21世紀型学習の内容という点から学習そのものの本質に焦点を当てることである。第三に、学習を促す場合のイノベーションの必要性である。本書における学習づくりのリーダーシップは、まさに学習の変化を促し、導くが、同時にそれはイノベーションのためのリーダーシップでもある。つまりそれは、イノベーションの努力そのものを促進し、容易にし、組織化し、マネジメントするものである。

　「なぜリーダーシップなのか」という問いが生じるのは、学校で制度的なリーダーの地位にある人々も教室で行われる教育や学習に関する権限を有しているという考え方を受け入れられない教師が多いからである。クリスティアンセンとトロンスモは第5章でこう述べている。「教師のなかにはリーダーシップに対する大きな抵抗がみられる。また学校には、リーダーが教師の行う仕事に対して直接影響を与えるという伝統がほとんどない」。第6章を担当したホロンチらは、さらにこう書いている。「現在でも、リーダーシップという概念を教育の世界に導入することは、かなりの抵抗を生じさせる」。このことは、リーダーシップの考え方を熱意をもって広げようとする際は記憶に留めておく必要がある。なぜなら、リーダーシップを広げようと推し進める際、特に問題が教育や学習にかかわる場合には校長や管理職者などに対してもそれを発揮する場合があるということを忘れがちだからである。それは、校長が他の教職員に対して発揮するリーダーシップと反対の方向ともいえる。

　クリスティアンセンとトロンスモ（第5章）は、学習づくりのリーダーシップを実践する際に生じる問題は、「知識基盤型組織」に共通のものとして位置づけている。また「知識基盤型組織」には、学校のみならず病院、大学、法律

第1章　イノベーティブな学習環境に向けて：学習づくりのリーダーシップ

事務所やコンサルティング会社などが含まれる。また、クリスティアンセンとトロンスモは、そのような知識基盤型組織は特に、専門家とその上層のリーダーとの間の緊張を経験することが多く、専門的な活動になればなるほどリーダーたちの正当性に対して疑問が呈される。こうしたことから、運営や管理に過度に焦点が当てられるという逆説的な結果が生まれがちである。「なぜ学習づくりのリーダーシップなのか」という問いに答えることは、こうした緊張が生じたときにその解決を容易にする。また、知識や学習、教育といったものを対象とする学校のような組織こそ、組織の中心的な仕事をめぐる種々のリーダーシップを調整することが困難であるというパラドックスへの対応にこれらの問いが役立つのである。

別の視点から「なぜ学習づくりのリーダーシップなのか」を考えてみよう。ノルウェー人の著者であるクリスティアンセンとトロンスモ（第5章）、そしてマクベス（第3章）が言及しているが、ホフステッドが複数の国で行ったマネジメントに関する研究（Hofstede,1991）で明らかにしているように、「なぜ学習づくりのリーダーシップなのか」という点においてはそれぞれの地域のシステムと文化が多様な役割を果たしている。

　ヘールト・ホフステッドは、学校組織内で権限がどのように用いられているかを測定するため、またリーダーの地位にいる人々が新しい課題をどの程度受け入れ、個人の女性的もしくは男性的側面の両面を意識的に引き出そうとしているのかを測定するため、世界の学校制度の調査を行った。

こうした調査の重要性および調査能力や調査課題の開発はブリティッシュ・コロンビア州で開発されたリーダーシッププログラムでは中核に位置づけられている（第5章参照）。ちなみに、学習づくりのリーダーシップを身につけるための練習として自己評価が重要であること、またそのためのキーとなる要素に調査があることは、第3章でマクベスが強調したとおりである。

第4節　学習づくりのリーダーシップとは「何」か

　幅広い射程をとって議論するためには、定義が必要である。しかし、そこに含まれる活動領域を厳密に見つめることも必要である。「イノベーションをめざす学習づくりのリーダーシップ」は、さまざまなレベルや状況において、またさまざまな人々によって活用されている。そして、本書では、「学校」と呼ばれる場所で働く人々にとどまらない定義を行う。そのため、学習づくりのリーダーシップとは「何」かについて範囲を定めることをめざし、学習づくりのリーダーシップを以下のように定義する。

　　学習づくりのリーダーシップとは、力強い「イノベーティブな学習環境」のデザイン、実践、維持に積極的に貢献するものである。これは、分散しながらも連携をとる活動や関係を通して実現される。このリーダーシップは、フォーマルな地位にある人々にとどまらずさまざまなパートナーを含みこんで展開し、学習システム全体にわたるさまざまなレベルで実施される。

　本書のいくつかの章では、この総合的な定義の諸側面を検討している。本節では、「イノベーティブな学習環境」が焦点を当てている学習づくりのリーダーシップを掘り下げてゆくのに先立ち、一般的な議論から始める。学習づくりのリーダーシップがここで報告されるようなマニフェストになった経緯については、本章の「どのように」の節、そして「誰」の節で論じる。「どのように」の節では、ビジョンの開発、マイルストーンの設定、コミュニティの創出、専門家の学習などが、「誰」の節ではリーダーシップに関するさまざまなレベルや状況が論じられることになる。

4.1　リーダーシップ

　広義では、リーダーシップとは何らかのものを方向づけることに関するもの、そしてそれを見通すために責任を引き受けることに関するものをいう。これは創造的なプロセスであり、他者とかかわるダイナミックで社会的な状況においてとられる。そのため、リーダーシップには、第2章でスピレーンが「即興性のある」質と呼んだものが備わっている。これは単純なものでも、予測可能なものでもない。本書では扱わないが、実際のところ、リーダーシップの非ルーティン的な性格に着目し、マネジメントから明確に区別して論じる論者もいる。リーダーシップは単独の活動ではなく、他者を巻き込んでゆくプロセスである。そして、本質的に社会的で相互作用を伴う。スピレーンによると、リーダーシップは個人の振る舞いや個別の人々の行為を超えて獲得されるものである。

　個人の活動や資質を超えて動くことを求めるこのニーズは、本書がリーダーの立場にある人物ではなくリーダーシップに第一義的な焦点を当てている理由の一つにつながる。加えて、リーダーシップは本質的に教育や学習に分散しており、さまざまなレベルで発生するものである。そのため、個別の質を探求するには、本書の定義で包括する十分に幅広い状況、関係者、レベルを見据えずに、個別のスクールリーダーシップという類似した概念に即座に飛びつくリスクを減らしてゆくことが重要である。参加している生徒や教師、上級管理職者は、必ずしも同じ質を共有している必要はない。校長としてのあり方も、非常にたくさんの方法で実践される。学区で、財団で、教育省で、またノンフォーマルなサービス学習のプログラムで学習づくりのリーダーシップを実践する人々のプロフィールも、同じであるとは限らない。

　ただし、学習づくりのリーダーシップの本質を反映するいくつかの一般的な質については、本書では特に追究していない。第3章でマクベスは、「学校生活と教室での生活の複雑さと同時性のまっただなかで突出しているものはなにかを知覚する能力」としての「鑑識眼」の重要さについて言及している。マク

ベスは、冒険心のあるリーダーには、思考力とスキルに関してイノベーションに親和的な自身の気質のみならず、他者のそれをも磨いてゆく必要があると述べている。トゥービン（第5章）も同様に、他者に影響を与えるという点で価値や動機、効果を理解するリーダーの能力を含めた「自覚」について述べている。ホロンチら（第6章）は、スペインのカタルーニャ州で調査した事例で言及した質のうち、広い世界に向かう開放性や他者から学ぶレディネスをここに含めている。ディモックら（第4章）は、学習リーダーが「変化を設計する強いリーダーシップ」をもっているという。「勇気」と「創造性」は、言及されることの多い質であり、よい学習リーダーシップと関連している。

　こういった質は、創造的なデザイン、戦略を練る作業、そして実施に移す作業としてのリーダーシップに対して当ててきた強い焦点に合致している。この強い焦点は、何がなされることになるかについての理解、他者や広い世界の知覚、参画することへの勇気やレディネス、そして他の選択や可能性をみる際のオープンさといった質に映し出されている。これらによって、リーダーシップの開発プログラムや採用基準に情報提供できる。それでも、学習づくりのリーダーシップそれ自体は個人の質に矮小化されるべきではないのである。

リーダーシップとマネジメント

　「リーダーシップ」と「マネジメント」は、往々にして対比されがちである。リーダーシップの創造的で直観的な側面は、維持と結びつけて理解されるマネジメントのルーティンにあたる側面と対照させられ、強調して論じられることがある。これら二つは同じ概念ではなく、解きほぐして考えられるべきものである。それでも両者は、ありがちな対比から示唆されることよりも多くのことを補完的に示しうる。たとえば、第5章でクリスティアンセンとトロンスモは、ミンツバーグ（Mintzberg, 2009）を積極的に引用している。ミンツバーグは、この二つの概念を極度に対比させることに対し警告している。「我々は、マネジャーをリーダーとして、リーダーシップをよく実践されたマネジメントとしてみなすべきである。マネジメントから隔てられた台座の上にリーダーシップ

をおいたとたん、社会的な過程は個人的な過程に組み換えられてしまう」。過度の個人化に対する警告は、本書が個別のリーダーに強い関心を寄せるのではなく、リーダーシップに焦点化していることに対応する。しかし、本書で強調していることは、ミンツバーグが述べていることとは幾分異なっている。

　概念を解きほぐそうとするときに生じる混乱の源の一つに、公的にリーダーとして指名された人をさす概念が、ルーティンのマネジメントや果たすべき行政管理上の義務といったものから、リーダーの役割をさすものまで、多岐にわたっていることが多い、というものがある。これらの仕事は一つに集約されていることも多く、言ってみれば校長の仕事にかかわるような特定の仕事の数々のあり方を反映することにもなる。第2章でスピレーンは実際の仕事と定義を別物とみなして考えられるよう、「学校（schoolhouse）」という語を用いている。

　　いくつかの例外はあるが、分析の多くは学校の中核的な仕事ではなく学校運営を対象としている。その結果、リーダーシップに関する概念や規定は、教授とその改善に向けた実際的な取り組みとはほとんど関連づけられることがない。

ここでは、リーダーシップとマネジメントの補完関係が論じられている。

　　教育者にとって新たな課題は、単に教育制度に変革をもたらすことではなく、いったん導入された変革を維持してゆくことにある。さらには、直接的に反対されたり、敵対されるなど、変化と不変性は非常に密接な関係をもっている。（第2章参照）

　このことは、一般的にはリーダーシップとマネジメントを適切に対比などできないことを示唆している。しかし、一方では教授と学習に直接関連するリーダーシップやマネジメントの活動には存在し、また、制度を維持する活動や、学習環境の中心的なテーマにごく間接的にのみ関連しそうな規定を守ろうとする活動にも存在する。経験を積んだリーダーやマネジャーが学習環境のデザイ

ンとイノベーションのマネジメントを制度上も担当している場合、学習と教授の中核的なテーマを導く作業が無視されてしまう。そうなると、学習環境のデザインとイノベーションにとって、問題が生じてしまうのである。

　本書では、学習づくりのリーダーシップ、とりわけ「イノベーティブな学習環境」に関するリーダーシップに焦点を当てている。しかし、創造的で直観にあふれ、協働的な活動をもってしてしか、学習づくりのリーダーシップはデザインできないとみなされているわけではない。学習づくりのリーダーシップは、デザインを実践に移し、日常生活に生じるあらゆる厄介な現実を通してずっと先を見据えた路線を維持するような可能性や弾力性を携えて追求されるべきである。そのためには、さまざまな過程や人々をマネジメントすることが求められる。「学習づくりのリーダーシップ」は、「学習づくりのマネジメント」によって補完されるのである。本書では両者について示唆している。

　学習づくりのリーダーシップとマネジメントにとってはともに、一人のリーダーが両方をうまく成し遂げるよう、きわめて多岐にわたる期待やアプローチが必要である。マクベス（第3章）とオーウェン（第5章）が、この点について議論している。マクベスは以下のように論じている。

　　リーダーにとって決定的で議論を呼ぶ課題は、ハンプデン゠ターナー（Hampden-Turner, 2007）の語彙を借りれば、岩と渦の間に生じる「ディレンマ空間」を理解し、マネジメントすることである。……耐久性、信頼性、成果、競争、透明性といった岩にあたる価値を、ハンプデン゠ターナーは渦にあたる価値、すなわち選択、多様性、ダイナミズム、自然発生性、そして自治といったものに対置させている。

　ここで言っているのは、学習づくりのリーダーシップがすべて「渦」で、学習づくりのマネジメントがすべて「岩」だということではない。両者にはそれぞれの価値が認められているが、緊張がもたらされることもある。そこにみられる緊張は説明されるべきである。オーウェンは、次のように主張するにあた

り、同様の点に触れている。

　論理、演繹的推論、結果の正誤に焦点化する思考、戦略的変更、マネジメントに対してよくとられる伝統的アプローチから一歩進んで、イノベーティブなリーダーシップが展開する。（第5章）

　ここで強調すべきは、学習づくりのリーダーシップにはリーダーシップのさまざまな形態が含まれ、学習づくりのマネジメントにはマネジメントのさまざまな形態が含まれるということである。その結果、ここにしっかりと積極的にかかわる人々に対しては大きな要求が課されるのである。

4.2　力強くイノベーティブな学習環境をめざす学習づくりのリーダーシップ

　学習づくりのリーダーシップに関してさらなる分析を開始するにあたり、最近出版された『イノベーティブな学習環境』（OECD, 2013）をもとにスタート地点を定めてみよう。学習づくりのリーダーシップでは学習を常に改革とデザインの過程の中心に据える。生徒の学習をプロジェクトの中心に据え、どんな環境であっても21世紀型の深い学習を確実にする中核的な仕事が行われるのである。「授業のリーダーシップ」に限定して焦点を当てているときには、学校のもつ教育上の重点に含まれる質の高い教授と学習がなんといっても中心におかれることになる。けれども、これは物語の一部にすぎない。「学習づくりのリーダーシップ」が伝統的な学習内容への回帰を方向づけるものとして理解されているとき、そのリーダーシップは本書全体で議論される概念とは別のところに位置づくことになる。

　学習づくりのリーダーシップは、リーダーが現在もっているレパートリーにはないものから回答を求めるといった、適応性にかかわる課題をはらんでいることが多い（Heifetz and Linsky, 2002）。このため、先に述べたように、リー

ダーには創造的であること、自身で独自の思考をすること、リスクをとることが求められる。リーダーは、快適に感じる空間から自ら足を踏み出し、新しいデザインを開発し、実施し、また失敗を恐れず後に続くよう他の人々を促す実験をしているのである（Stoll and Temperley, 2009）。ここでは、生徒の学習に中心的な焦点を当てながらも、それを大きく超えている。学習のためのリーダーは、「イノベーティブな学習環境」をデザインし開発することにより、誰もが学習し、学習した内容を学び捨て、そして再び学習するといったサイクルを続けるよう求められることを理解している。関係者すべての継続的な学習こそ、実践の成功や持続性の条件なのである。

各章で提案されている「学習づくりのリーダーシップ」のいくつかの姿は、「イノベーティブな学習環境」という大きな展望のもとにある。ホロンチら（第6章）は、学習づくりのリーダーシップはイノベーティブなものであり、変化の文脈や現状打破をめざす努力において確認されるのだという。

　指導におけるリーダーシップや組織におけるリーダーシップなど、いくつかのリーダーシップが交わり合って蓄積すると、互いにさらに前進していく。学習づくりのリーダーシップは、学習や自律性、エンパワメントを、学習者やコミュニティのなかで示し、生み出し続けているのである。学校に映し出される教室の現実を、あるいは教室の中に映し出される学校の現実を「読み解いて」解釈できるような価値の連鎖的な創造を起こしながら、変化を成し遂げることに関して、チームの連携した分散型リーダーシップの戦略のあり方に関して、そして学習をもたらす組織に関して、他の場所でも応用できる理論を探すことを我々はめざしている。

このように、ホロンチらも、「学習づくりのマネジメント」の要素を「学習づくりのリーダーシップ」と結びつけており、（「いくつかのリーダーシップ」という語が示すように）これらを多次元でみているのである。ここから、心もちや実践、教育者のみならず学習コミュニティのすべてのメンバーに大きな転回が求められることになる。

第1章　イノベーティブな学習環境に向けて：学習づくりのリーダーシップ

　第4章のディモックらも、学校を21世紀型学習環境へと変革してゆくために必要とされるリーダーシップの特徴を三つ引き出している。

　まず、カリキュラム、教授、学習におけるリーダーシップを重視する学習中心型リーダーシップである。次に、教師をエンパワメントし、利用可能な人的資本を増やす分散型リーダーシップがあげられる。最後に、他の学校やコミュニティ（地域）からの資源を利用するコミュニティ・ネットワーク型リーダーシップである。

　ディモックら（第4章）は、これを実践に移すためには、そして学校を大規模に変革するためには、少しずつ修繕を重ねる作業よりも、もっと多くのことが求められると述べている。

　ここでは、リーダーシップ、特に学習中心型リーダーシップを再考することが求められる。より総体的に言えば、イノベーティブな21世紀型学習環境をつくりあげ、下支えする要素に注目した戦略的展望が必要である。ここでいう「戦略的」とは、旧来の20世紀型組織モデルを超えたリーダーシップを理解したうえで、この設計プロセス自体を形作る、目的や目標、学習成果、学習動機など、幅広い要素を互いに結びつけるということである。

　包括的な意味で、そして21世紀の変化の文脈で求められる「学習づくりのリーダーシップ」を構想する第三の事例は、第5章でヴェストファル＝グライターが提示したものである。その一つとして、オーストリアの新中等学校（Neue Mittelschule, NMS）改革で生まれた新しい役割に対して与えられた名称が、デザインとしてのリーダーシップに対する「イノベーティブな学習環境」の焦点の好例となっている。すなわち、学習デザイナーという名称である。さらには、いわゆる「NMSの家」モデルが、学習文化における変化を支援するにあたり本質的だとされ、さまざまな教科や授業をとおして実現されている。これは、学習デザイナーへの資格付与を下支えするものである。この「NMS

の家」モデルは、「イノベーティブな学習環境」の学習原理を反映しており、この「家」を構成する六つの開発領域を備えている。すなわち、学習への留意、多様性、能力志向性、「逆向き設計」のカリキュラム開発、差異化した授業、評価の6領域である（第5章および図5.2を参照）。

4.3　さまざまなレベルと状況

　学習づくりのリーダーシップの活動は、光を当てる課題や特定の学習の文脈におけるシステムのレベルに応じて多岐にわたる。そのため、構造、政策とプロセス、カリキュラム、統治について大きな青写真を描いてデザインすることが必要となる。こうして、ディモックらが第4章で述べているように、「変革のプロセスを調和させ、実施し、持続させ、測定する」ことに関心が寄せられる。しかし、スピレーン（第2章）が「教授を導く実践」、また生徒の学習を手助けする他の戦略の実践として論じているような、詳細なデザインも存在する。これは、学校場面における校長のみならず、教師や他の教育上のリーダーによるミクロレベルのデザインである。さらに、実践のネットワークやコミュニティによるメゾレベルの活動もある。そのネットワークやコミュニティは、学習システムにおいて自身のリーダーシップの役割を演じ、それ自身の特定のリーダーシップの形態を必要としている。このほかに、「ハイブリッドな学習環境」（Zitter and Hoeve, 2012）もある。これは、きわめてさまざまなプレイヤーや伝統をそれ独自の特定のリーダーシップの課題と結びつけるものである。そしてマクベスが第3章で論じたノンフォーマルなプログラムもある。レベルや状況に関するこの多様性は、特に「誰」の節で論じる。

第5節　学習づくりのリーダーシップは「どのように」とられるか

　学習づくりのリーダーシップが「どのように」とられるかを議論するときに

は、学習づくりのリーダーシップの実践を形作る影響要因について見解が述べられる。これらの要因は、本書のいくつかの章において、きわめて鮮明に現れている。これらは、学習づくりのリーダーシップと「形成的組織」という観点をとり、先述した「イノベーティブな学習環境」の関連書で提示された枠組みに相当程度対応している。また、異なる学習環境を横断するネットワークや関係の構築に関する報告書で確認された強調点にも対応している（OECD, 2013）。

5.1 学習に対する方向感覚を授ける

本書には、ビジョン、プロジェクト、指針やそれに付随する「道標」の重要性について述べた章がある。これらはどれも、学習の方向を指し示すことにかかわっている。イスラエルの事例を分析したトゥービン（第5章）は、学習づくりのリーダーシップを成り立たせる四つの条件のうち、教育のビジョンについて論じている。

> 不満が噴出している現在の学習状況を抜けだし、多くを約束する未来に向かう「道路地図」が提示される。このビジョンは、パートナーや同伴者にとって魅力的なものでなくてはならない。そして、イノベーティブな学習に向けた改革の重要性を説明するために、動機づけ、提案された方法、ナラティブを提供すべきでもある。このビジョンは、「改善」「学習」「環境」といった概念に意味を与える。これらの概念は将来的なパートナーに理解され、またそのパートナーにとって魅力的で必要な文脈や関連性を提示するものである。

ホロンチら（第6章）は、「プロジェクト」に言及している。これは、さまざまな角度から述べられているが、学習づくりのリーダーシップの模範的な実践を備えているために選ばれたカタルーニャ州の六つの学校からは共通の特徴が指摘されている。

すべての調査対象校が、独自のプロジェクトを実施していた。それらのプロジェクトは趣意書のなかにしっかりと示され、何をこれからなすべきかを定めると同時に、求められている変化に対応するために必要な柔軟性も確保していた。この事例に含まれるすべての調査対象校が、独自の教育プロジェクトを行っていること、それが持続的な改善を促し、全体として学校の教育コミュニティへの挑戦を伴うものであるということを鋭く認識していた。

　ディモックら（第4章）は、逆向きマッピングの方法に取り組む「学校設計モデル」を示すにあたり、「21世紀型学習環境として学校を再設計するための原理となる中心的な要素」を確定する重要性に着目して議論を開始している。学習づくりのリーダーシップを導くこのビジョンにとって、この重要性は獲得されるべき学習という観点から理解されなければならない。制度機構上の改革という観点だけでは不十分なのである。

ビジョンを戦略に落としこむ

　ビジョンとプロジェクトが重要だとはいえ、これらをデザインの戦略に落としこみ、実施に移してゆく必要がある。ヴェストファル＝グライター（第5章）は、バース（Barth, 2000）を引用し、理想に寄り添うことはたやすいが、その理想を実現させることがいかに困難かを述べている。

　「私たちの学校は学習者のコミュニティである！」。今や公立学校において当たり前になってしまったこの自己主張を、いったい何度見聞きしたことだろうか。これは確かに、野心的で多くを約束する態度ではある。この約束とは、まず、学校が「コミュニティ」である、すなわち心を砕き、面倒を見あい、お互いに声援を送りあう大人と若者、——祝祭のときも、必要に応じて一つひとつの場面でも——全体の利益のために協働する大人と若者があふれる場所だ、というものである。私は「コミュニティ」というマントルにつながってゆくような学校などほとんどないと思っている。ほとんどの学校は、単なる組織や制度である。「コミュニティ」

第1章 イノベーティブな学習環境に向けて：学習づくりのリーダーシップ

という公約を果たせないならば、「学習者のコミュニティ」などは、さらに公約から遠ざかってしまう。

それゆえ、あまりにもたくさんのことが実施のさせ方を巡って右往左往してしまう。しかしそれでも実現をめざすならば、成功と結びつく要因はある。第2章でスピレーンは、「明示的」であることのみならず「能力的」であることの重要性を述べている。すなわち、理想を実践へと組み換えるために実際になされることが重要だというのである。第3章でマクベスは、それを「実行」という挑戦とみなして表現しており、教師とその実践を論じている。

ジョイスとシャワーズ（Joyce and Showers, 2000）が指摘しているように、教師にとっては何をすべきかを知ることは容易である。しかし、そうするためにどうあることができるかという点は困難である。すべての作業のなかで最も困難なのは、それを自らの日常的な実践に位置づけてゆくことである。これは、メアリー・ケネディ（Kennedy, 1999）によって、「実行の問題」として性格づけられており、教師が効果的な実践や筋の通った活動に組み換える際に直面する困難のことをさす。教師はアイディアをもってはいるが、理論や原理のうえで正しいと思われることと、実際の状況において正しいこととの間に関連をもたせなければと戦っているのである。

同様のことは、一般的に研究成果を応用しようとするときにも当てはまる。これは、ある一つの事実として教授と学習についてある研究成果を「知っている」ときの問題である。このようなとき、特定の文脈での実践にとってその研究成果が何を意味しているのか、さらには実践において、各実践者によって、そして学習コミュニティにおいて全体的に研究成果を位置づけるために何を意味しているのかを知ろうとして、誤解されてしまうことがある。しかし、これはやはり、ビジョンを実施に移そうとするとき、学習づくりのリーダーシップが抱える大きな困難につながってゆく。

45

本書では、さまざまな支援的な条件や要因が述べられている。第5章のオーウェン(南オーストラリア州)、クリスティアンセンとトロンスモ(ノルウェー)、そして第4章のディモックらは、「積極性」という文化の涵養について述べている。「積極性」とは、臆病になったり悲観主義に陥ったりするのではなく、リスクを冒しに行くようなレディネスを育てることをいう。学習イノベーションに関して実験したり「ルールを曲げ」たりするようなレディネスについては、オーウェン（第5章）やマクベス（第3章）も論じている。

　　独自の信仰をもつ人がルールを破るとき、その人は確信や正しいと信じるものによって突き動かされている。……そこでは、どんなリスクがあるのかということも、政治的な義務を無視することによって生じる帰結についても、十分に認識されている。

　マクベスによって提示されている五つの「学習の原理に向けたリーダーシップ」の二番目は、学習を最前線や中央に据えることにより、すべての人のための学習を育むことのできる文化、学習の本質、スキルやプロセスを反映させる機会の提供、そして学習をはげまし賞賛する物的・社会的空間を前提としている。オーウェンもまた、ビジョンを実態としてしっかり共有させることがいかに重要かを強調している。それにとどまらず、イノベーションの特徴となる共通言語をもつことも強調されている。共通言語に関しては、同僚の間でなされる専門家の学習が本質だとみなされているのである（専門家の学習に関する部分も参照されたい）。

組織的戦略と基盤的変革
　「イノベーティブな学習環境」の枠組みでは、学習者、教育者、教科内容、教材といった中心的な要素からなる「教育学上の核」に対してすべてに先立って働きかける学習づくりのリーダーシップ、これらの要素をともに結びつける組織の構造やダイナミズムに言及している。「イノベーティブな学習環境」の

第1章 イノベーティブな学習環境に向けて：学習づくりのリーダーシップ

特徴をなす四つの組織上のダイナミズムとは、教師と教育者が「教師一人が担当する教室」というモデルを超えてグループとしていかにまとまるか、学習者がグループとしていかにまとまるか、学習時間がどのように使われるか、そして教授や評価はどうなっているかといった点をさす。

スピレーンは第2章で、これらの側面に対して大きな注意を払っている。彼は、診断やデザインとしてリーダーシップの重要性に力点をおいている。こうすることで、組織の中核で学習の維持や調整を進め、状況に応じて適切にイノベーションを進め、それによって一連の組織的・構造的なツールやデバイスを配置してゆくのだという。組織上のルーティンを経由して学習に対する条件を変えてゆくことは、第2章で顕著に論じられているだけでなく、スピレーンがローレン・レズニックらと共同執筆した「イノベーティブな学習環境」についての論文（Resnick *et al.*, 2010）でも述べられている。その報告書では、学習に強く焦点化し、協働的なルーティンを好意的に位置づけ、断片化した組織を補修する快適な行為を阻止するためにデザインされた「核心的ルーティン」に焦点を当てていた。スピレーンが第2章で論じているように、学習に対するどんなビジョンであろうとも実践に移す鍵となる課題は、学校がもつ組織的な構造が往々にして非常に似通っているばかりか強固に組み立てられているために、変化させることもできず不可侵のようにみえる、というものである。それどころか、もっと力強い学習環境のための空間を出現させることが妨げられているようにもみえるのである。組織上のルーティンそれ自体が中心的な問題であるようにもみえる。しかしこれは、スピレーンによれば、組織上のルーティンのせいではなく、むしろ専門家としての学習や同僚性を妨げる、確固としているがゆえに見えないルーティンによって引き起こされている。

　組織上のルーティンは学校組織をつなぎとめる要であり、教員評価や教員の採用、学校開発計画、学年別会議、生徒会からなる。組織上のルーティンは、組織論や学校改革に関する先行研究で批判的にとらえられている。さらには、変革をめざす努力がまさにとられているところでは、惰性や現状維持的であるとして非

難を受けることもある。しかし組織上のルーティンは、組織を機能させ、共同での活動を実現させ、組織的な活動の方法に関していざこざを減らしたり、人事に変化があっても一貫性を提供してゆくなど、不可欠なものである。

したがって、論点となるのは、本質的なところで組織上のルーティンをいかに免れるかということではない。論点は、リーダーシップの診断的活動にとって当然のこととみなされるルーティンがいかにして力強い学習の妨げとなるのかを説明し、いかにしてこれらが「核心的ルーティン」やアジアやアメリカ合衆国で行われたレッスン・スタディや学習研究（Cheng and Lo, 2013）で実証されたような、もっと力強い他のルーティンに取って代わられうるのかを示してゆくことにある。これは、なにより多くの教師リーダーの参画にかかっている。とはいえ、正当な権威をもったフォーマルなリーダーの積極的な活動も求められる。そうすることによって、長らく続いてきたものの学習に敵対的だった学校の実践に終止符を打つよう求めることができるようになるのである。

こういった組織的な改革が世代の流れにまかせて、すなわちある教師のコーホートがもう一つのコーホートに置き換わるときに自然に起これげいいのに、という期待もある。だが、これはそれら現存しているルーティンや学校の「文法」（Cuban, 1995）がもつ復元力を過小評価した考え方である。第3章でマクベスは、教師教育がもつ変革的な力について悲観的に述べている。

> 常につきまとう問題は、これら新参者の教師が『内部の者』（Hoy and Murphy, 2001）であること、教育についての見方が自身の経験によって形作られているということである。そのため、新任教師の考え方は、旧来の考え方と同じ場所に翻ってしまい、高等教育や研修担当者の経験から影響など受けようがないほど、記憶や思い込みとあわさって完成してしまうことすらあるのだ。

したがって、組織上の変革にとどまらず、リーダーシップにとっては、新任教師が教授と学習はどうあるべきかについての考え方や理解を入職時に身につ

けていると断言できることが重要である。教師教育によって、教育実習生の学校経験に由来する思い込みや期待をつき崩していくような十分な力強い影響を与えることができるのだと示すためにどうすべきかについては、数々の政策的な課題がある。

スピレーン（第2章）はまた、明示的な点、いいかえればフォーマルに定義されている点について、五つの特徴を掲げている。ここでは、五つの特徴に対する解釈がどのようなもので、どのようにして実践に移されることになるかという点に影響を与える基盤整備が論じられている。これらは、学習づくりのリーダーシップならではの論点ではないが、リーダーシップをより明確に学習に焦点化して推進させるときに起こりうる阻害要因やミスマッチを修正するために象徴的な方法である。

1) 学習に根をおろし、連携してゆく。スクールリーダーシップの基盤はいかに教授と結びついているか。
2) 経験知から導かれる妥当性。さまざまな状況で容易に応用しうる方法で自身を表現し理解する際の組織的基盤の正確さに言及する（Stinchcombe, 2001, p.18）。
3) コミュニケーションをとれること、周囲に合わせやすいこと、修正がきくこと。基盤の明示的な象徴は伝達可能でなければならない。また、実践の場で変更しやすいこと、かつ場面に応じて実践のペースに合わせられることが求められる。
4) いかなる構成要素（たとえば特定の組織上のルーティン）のなかでも、また構成要素横断的な場面でも一貫性をもつこと。一貫性は、フォーマルな組織的基盤が実践に影響を与えるべき場面でも必要とされる。
5) 学校組織の基盤の権威は、組織のメンバーに対して働きかける重点に言及する。この重点は、再デザインや変革が起こるとき、特に重要である。

第4章でディモックらは、一連の組織的次元が、変革を探求する過程で『イノベーティブな学習環境』（OECD, 2013）で特定された数々の次元に非常に類

似していることに焦点を当てている。「新しいカリキュラムや学習、教授実践は、組織的な構造、とりわけ教師のグループ分けや時間割、教室のレイアウトに親和的な変化が起こることが予想される（ここには、物理的な空間やテクノロジー、設備の活用も含まれる）」。こういった変化は、学習づくりのリーダーシップを「どのように」とるかという点での変化を大きく超え、鍵となる五つの特徴に基づいた十全な「学校設計モデル」を提案している。

　第一に、このモデルは学校がもつ中心的な要素を特定する。これらの要素は、21世紀型の学習環境として学校を再設計するにあたり、原理的なものである。第二に、一つのものが変化したら、関連する他のものも同時に変化するというように、このモデルは相互の関連性を前提としている。第三に、変化する要素を多く抱えているとき、そのプロセスが何らかの秩序や原理をもつことが避けられない、という意味でこのモデルは戦略的なものである。第四に、リーダーシップは、学校の再設計を完全に行うための鍵となる。そして基本的に、リーダーシップは、学校設計モデルと新しい学習環境の本質である。これらは、予測される新しいリーダーシップを再概念化する助けとなる。第五に、このモデルは、「逆向きマッピング」として知られる系統だった方法論に支えられている。

　第4章では、シンガポールの二つの学校の事例を検討している。これらの学校での変革の道筋は、学校設計の枠組みに照らして示されている。あるレベルにおいては、この事例は鍵となる次元に焦点を当て、変革の過程をよりよく理解するための分析的なデバイスを提供している。第4章では、実践的なレベルにおいては、実践者が複雑で長期にわたるプロセスを概念のうえで明確にし、組織としてマネジメントしやすくするためにこの枠組みを援用できると述べている。これは、設計モデルを欠いたままで計画なくバラバラに行われるイノベーションに対置され、鍵となる要素の間に関連を組み上げてゆくことを求めている。

5.2　専門家の学習

　設計過程を行動に移すにはどうすればいいだろうか。本書の各章でこれに関して最も広く共有された同意をみると、教師の学習とリーダーシップの学習の重要性、そして専門性開発がその中心におかれている。広く受け入れられている教育者の学習は、偶然に起こるものではない。これは、最高の専門家としての学習とリーダーシップの学習に対する真剣な投資に左右される。

　教師やリーダーを対象とした効果のある専門家の学習や専門性開発に関する数多くの国際的な先行研究や報告書（たとえば、Timperley et al., 2008; Darling-Hammond et al., 2009; Dempster et al., 2011; Huber, 2010, 2011）　は、教室や学校の環境に大きく関わるものである。ここでは、生徒の学習成果に与える影響への関心が高まっている。適切な学習環境が学校外の状況を含みこんでゆくにつれ、エビデンスの基盤が拡大し、リーダーが自身の影響力に対して行う省察が深まることが明確にされている。リーダーは、自らの改革が変革の必要な部分を担っていることに気づくようになるのである（Robertson, 2013）。視野を広げる一つの方法は、すでに認められて他のさまざまな文脈で応用されている成人の学習原理に焦点を当てることである。昨今、成人学習では専門家の学習やリーダーシップの学習の努力が実証されはじめている。そこでは、実践的な実験やプロジェクトを進めるなかで理論と実践を組み合わせる重要性を強調し、これらの経験やフィードバックからも知見を得ている。

　本書においてすら、専門家の学習に関連する数多くの事例が提出されている。第5章では複数の事例を扱っている。南オーストラリア州についてオーウェンが紹介したイノベーティブな学校には、これら専門家の学習チームすべてのメンバーに対してリーダーシップのスキルを育てているという特徴がある。ここでは、学校や就学前教育機関のリーダーが、専門家としての学習に充てる時間やその知見を学ぶことを通して支援を受けている。リーダーシップのコーチングは、今日最も成熟した組織がもつ特徴なのだと、第5章でサラヴァートは述

べている。サラヴァートは、ハーレムの学校の事例を取り上げた。この学校では、校長がコーチとパートナーシップをとりながら、共有されたビジョンの開発において同僚を導き、綿密で協働的な文化をめざす条件をつくりあげ、分散型リーダーシップを効果的に実施に移したのである。オーストリアの事例では、学習デザイナーによって、また学習デザイナーとともに組織した専門家の学習が紹介された。学習デザイナー自身は、学校と学習コミュニティの他のメンバーの学習ニーズを特定する助けとなる。オーストリアでの専門家の学習は、学習アトリエでのコースや催しといったカレンダーを埋めつくす行事を含むプログラムの特筆すべき特徴である。これは、アイディアやイノベーションをめぐるコミュニケーションや意見交換を可能にするオンラインのプラットフォームによって支えられている。

　ノルウェーにおけるリーダーシップのトレーニングと開発のためのナショナル・プログラムは、2006年の全国的な改革やノルウェーでの「PISAショック」への応答として2008年に着手された。このナショナル・プログラムは、初等学校および中等学校の新任校長全員を対象にしている。適切にマネジメントされた目標志向的な学校でのトレーニングに大きな力点がおかれており、五つの主要領域が設定された。重要とされた領域から順に、1）学習成果と学習環境、2）マネジメントと管理、3）協働、組織開発、教員への指導、4）開発と変革、5）リーダーシップの役割である。さかのぼって見てみると、リーダーシップ開発プログラムは好意的に評価され、リーダーシップや能力の開発に関する態度に変化を導いたとみなされている。

　ホロンチら（第6章）は、スペイン・カタルーニャ州での学習リーダーシップの検討のために選ばれた六つの学校の事例から、専門性開発に対して高く、また継続的な関心が共有されていることを示している。これによって、学習づくりのリーダーシップが共有されている場所で、永続的な学習に対する要望があることが一般化される。そして、こういった要望は、実際にとられるべきリーダーシップにとって、また広い視野をもったプロジェクトが実現されるためにも、不可欠なものである。

第 1 章　イノベーティブな学習環境に向けて：学習づくりのリーダーシップ

　この要望は、リーダーシップを発揮し、より大きなプロジェクトを実現するうえで欠かせないものである。ますます多くの行為者によって共有されたリーダーシップの実践から生まれる学習に対する要望は、能力を引き出す素地となる。また同時に、それは、広義の教育制度にとって有益なイノベーションや調査の地平を示す。

　ディモックら（第 4 章）は、シンガポールの事例を取り上げ、その枠組みや次元が普遍的に援用されると述べている。ディモックらによると、学習中心型のリーダーはリーダーシップの中核に教授と学習を位置づけているという。このため、リーダーを対象とした学習には継続的な過程であることが求められる。リーダーは、イノベーティブなカリキュラム、教授に関する実践や評価実践を採用するにあたり、また同僚との密接な専門家として関係やコミュニケーションを立ち上げるにあたって先導する知識、スキル、性格を身につけていなければならない。学習は、それを向上させる戦略的ビジョンを明確にするためにも、また変革の実現につながる組織化や組織の操作を言明するためにも、必要なものである。

調査研究、自己評価、研究

　集団的な試みとして学習環境に内在する知識を組み立てることは、学習の展開を理解すること、そして設計と再設計という循環に対してフィードバックするために方針や実施のあり方を確定してゆくことを意味する。また、知識の組み立ては、「イノベーティブな学習環境」の枠組みにおいて中心的な位置を占めている。エルモア（Elmore, 2008）による鋭い指摘では、真剣に取り組まれる改善やイノベーションにとって常に原理的なものとして、学校における知識とスキルを開発し効果的に展開させるための戦略が必要だとされている。第 3 章でマクベスは、五つの「リーダーシップという原則のための学習」のなかに対話の推進を位置づけている。同僚の間で話をすることにより、暗黙知（知られてはいるが言明されていないもの）を形式知へと変えることができる。そし

て社会的プロセスに巻き込まれることで新たな共有知を生み出すきっかけが生まれるのである（Nonaka and Takeuchi, 1995）。「イノベーティブな学習環境」をデザインする作業はこれに当てはまる。対話は、同僚によって担われる積極的な調査研究の文化や学習の文化を生み出し、維持するにあたり、原理的なものである。こういった文化では、リーダーシップの実践が明確に、議論を通して、そして変革可能なものとして行われている。

　第5章でサラヴァートは、実践と戦略化に直接結びつく調査研究と自己評価の事例を提出している。

　　ニューヨーク市の公立学校で実施された協働的な教師チームの研究モデルは、リーダーシップ部局による学校改善のための「足場をつくる見習いモデル（SAM）」を採用したものである（Talbert and Scharff, 2008）。……教師は、さまざまな資料から得られるデータを分析し、トライアンギュレーションできるようになる。このとき、授業実践をよく見て、対象となる生徒のニーズにきっちりと照準を合わせる。同時に、教師チームは、特定の生徒を支え、学年ごとの高い学習目標の達成にあたってこれらの生徒が力をもっていることを評価できる方策をとってゆく。これらのチームの成果は、のちに学校の教授実践や組織の実践に情報提供される。こうして、学習環境を刷新する条件、すなわちエビデンスに基づいた生徒の学力を促進する学校文化をつくりだす。

　調査研究は、第5章で取り上げられたブリティッシュ・コロンビア州のプログラムにおいても中心に位置づいている。ここでは、中核的な概念として「研究のスパイラル」がある（Halbert and Kaser, 2013）（以下も参照）。このプログラムに加わる教育者は、「新しく有力な学習環境を設計するために必要な確信、洞察、心構えを身につける助けとなるよう計画された共同研究において、専門分野ごとのアプローチに参加している。これは学校とシステムを変えてゆくためのものでもある」（第5章）。この「スキャニングを行う過程」については、詳細に論じてゆくべきである。この過程は、それぞれの学習環境にあわせて設

計されている。これによって、入手可能な学力データや達成度に関する調査の結果を大きく上回るような方法で、学習者の経験をより深く理解することができる。スキャニングはまた、「イノベーティブな学習環境（ILE）」における学習の七つの原則を実施に移すことに焦点を当てるために設計された問いを立てることにもつながる。

- 学習者は自分自身を学習者だと自覚しているか。学習者は自己調整をしているか。学習はメタ認知的になってゆくか。
- 学習者は教科横断的な関連性を認識・理解しているか。
- 学習の専門家は学習者の感情に寄り添っているか。また、感情と動機のつなぎ役となっているか。
- 学習者は、改善の方向性を明示する質の高いフィードバックを受けているか。
- 学習者は、共同作成した基準に基づいて仲間とフィードバックを授受する際、自信をもっているか。これは快適に行われているか。
- どの学習者も、要求が高く、共同参加を必要とし、困難を伴う活動を通して成長しているか。
- 学習者は、質が高く、よく組織された共同学習に定期的に参加しているか。
- 学習者が状況にもたらす重要な知は、尊重され価値を認められているか。
- 学習者は学校でなされるどの決定でも中心にいるか。

リーダーは、すべての教師が自身の実践を検討し、評価する状況が確実なものとなるために責任を負っている。教育者と学習環境にいる他のメンバーは、アイディアを共有し、新たに改善された教授実践やその実施に関するエビデンスを検討し、集めるよう活動する。相乗効果は、学習環境を超えて生まれてゆく。ここに、暗黙知から仲間とともに行う学習に与えられる重要性があり、エビデンスに基づく実践を採用するときに教師の意思決定が共有されるよう促進されている。リーダーシップは、調査研究のプロセスによって鍛錬され、そこから情報を得るのである。

5.3 学習コミュニティを通じて能力を生み出す

　各章では、学習づくりのリーダーシップを牽引し、より効果的にする手段としてのコミュニティをつくりだす重要性が繰り返し取り上げられている。これは、基本的には、コミュニティのメンバーが帰属意識を通して自分自身を肯定的に受け止められるように論じられているわけではない（ただし、これは非常に歓迎されるべき副産物でもあるし、積極的な教育上の利益をつくりだすものである）。学習環境のなかで出現する共有された戦略とビジョンのために、また共有することによって適切な専門家を育てるためにコミュニティの重要性が論じられているのである。アンディ・ハーグリーヴスとマイケル・フランが述べているように、個人の作業と同様にチームでの作業にもニーズがあるが、チームでの作業に高い優先順位がおかれるべきである。「社会関係資本は、人的資本に勝るのだ」（Hargreaves and Fullan, 2012）。

　したがって、学習づくりのリーダーシップはコミュニティ（すなわち、対象としての「何」）をつくりだすことにかかわるものでもあり、コミュニティがこのように（すなわち、方法・過程としての「どのように」）つくられるのだという点について鍛錬してゆくことにもかかわる（同様に、コミュニティは常に人間集団からつくられているため、「誰が」ということにもかかわる）。マクベス（第3章）は、学習を目標とするリーダーシップの原理について述べている。「学習を実践するためのリーダーシップに、組織的な構造と手続きから参加が促されるリーダーシップを共有することが含まれている」とし、リーダーシップの原理にコミュニティの創造と維持が含み込まれているとする。マクベスは、フィンランドの教育上の成功に関するパシ・サールベリの議論（Sahlberg, 2011）に言及している。この議論において、サールベリは、教師の実践をいっしょに話し合い、変化させてゆくための教師の協働と開放性が重要な本質であると指摘している。

第1章　イノベーティブな学習環境に向けて：学習づくりのリーダーシップ

　最高の成果を上げている教育システムでは、体系的なアプローチに関して変化する戦略をとっている。この戦略は、協働的な専門的・制度的（あるいは社会関係資本による）開発、全員を対象にした教授と学習のために強化された条件、そして教育システム内でのより平等な教育機会に依拠したものである。

　協働的な雰囲気は広がっている、とマクベスは言う。その結果、アカウンタビリティについて共有された感覚がもたれるようになった。ここでは、エルモア（OECD, 2008b）によって強調された「内部でのアカウンタビリティ」や協働的な責任が反映されている。これらは、「専門家の学習コミュニティ（PLC）」（Stoll et al., 2006）の核心に位置づいている。このコミュニティは、よく練り上げられていれば学習づくりのリーダーシップの分散的な性格を反映している。そして、力強く、ダイナミックで、「イノベーティブな学習環境」を獲得するための手段ともなる。それゆえ、学習づくりのリーダーシップを「どのように」とるかという問いにとって、学習コミュニティの創造が重要な要素となっているのである。学習づくりのリーダーシップは、PLCに参加することを通して展開し、育ち、維持されるのである。これは、チームでの努力であり、学習を深め、広げ、維持してゆくために注意深く精巧につくられた協働的な活動にかかっている。このことは、「イノベーティブな学習環境」の原則を反映している。この原則では、グループでの作業やよく組織された協働的な学習を積極的にとろうとすること自体が、生徒の学習に備わった社会的な性格に基づいていると考えられている（Dumont et al., 2010）。

5.4　より大きなコミュニティとネットワークを立ち上げる

　より広大な地平をもつ学習づくりのリーダーは、小さくスタートを切るかもしれないが、大きなことを考えている。学習リーダーは、多様な文脈において、多くの教育者によってビジョンと参加が最終的に共有されることをねらっている。リーダーは、「イノベーティブな学習環境」がもつすべての要素の理解と

実践を深めてゆくためにエネルギーと努力を費やしている（Hargreaves and Fink, 2000）。こういったリーダーはホプキンスによって「システムを変えるリーダー」と呼ばれている（OECD, 2008b）。「システムを変えるリーダー」は、自身の勤務校の枠を越えてコミュニティをつくりだし、相乗作用を生み出してゆく。本書で、我々は「リーダー」ではなく「リーダーシップ」に焦点を当ててきた。機能を個人に帰したり、特定の地位にある個人やリーダーに押しつけてしまうのを避けることがそのねらいだった。リーダーシップは、担当大臣や監督者などのようなプレイヤーによって提供される以上のものをさす。これに乗れば幅広いリーダーシップが機能するという重要な牽引車は、ネットワーク化された専門家のコミュニティを通じてやってくる。

　先に述べた「専門家の学習コミュニティ（PLC）」は、学校内の教育者集団や学校のスタッフ全員をさすことが多い。これに対し、「ネットワーク」はさまざまな場所にいる教師やリーダーに当てはまる。これらの概念は、交換可能なものとして用いられることも多い。PLCとネットワークは、ビジョン、調査研究や他の協働的学習の形態、そして分散型リーダーシップがすべてまとまってゆく助けとなるような手段である。そして、これは信頼できる関係や構造といった結束を促すものによって支持されている。教育者が研究によってもたらされたエビデンスにアクセスでき、新しい知識や実践を展開させ、コミュニティやネットワークの周りでこれを共有するとき、PLCやネットワークは教育者たちを一つに結びつけるのである。リーダーシップと利益は、双方向に流れ込んでゆく——幅広いコミュニティから個別の学習環境へ、そして外部にあるさまざまな場所から全体としての学習システムへと。

　各章では、一般的事例を組み立てると同時にこれがいかに実践へと移されるのかも述べられている。第4章でディモックらは、21世紀型学習環境へと学校を変革するためのリーダーシップの重要な特徴を書き加えている。21世紀型学習環境とは、学習を中心に据えた分散的なもののみならず、「ネットワーク化されたコミュニティ」であるべきものである。「それゆえ、他の学校やコミュニティの資源から利益を得ているのである」。トゥービン（第5章）は、「イ

第1章　イノベーティブな学習環境に向けて：学習づくりのリーダーシップ

ノベーティブな学習をめざす大規模で持続的な改革には、学習ネットワークが必要である。この学習ネットワークは、まさに学習の構造に内在し、学習づくりのリーダーシップによって促進され、システム全体にわたって参加者が体験するイノベーションの現場で起こっている学習に関して情報を提供する」と述べている。このように、個別の学習環境によって利益があることから始めるにしろ、イノベーティブな学習改革の成功から始めるにしろ、しっかりとメゾレベルでネットワーク化された実践のコミュニティの重要性が強調されている。これは、一つにまとまって、システムのレベルで互いに絡み合い、関係し合う基盤へとまとめあげられてゆくべきものである。

　各章では、実践のコミュニティという概念を採用するかどうかはともかくとして、さらに特定の状況を紹介している。ブリティッシュ・コロンビア州のCIELプログラム（ハルバートとケイサーによる第5章を参照）の修了生も、これに与することができる。

　　修了生は、学習をさらにすすめ、研究とイノベーションのネットワークに引き続き参加することを通して、修了後もつながりを深める機会をもっている。ネットワークでつながった学習機会のこの多層構造は、リーダーシップの影響を維持し、拡大する一助となっている。

　第5章でオーウェンは、南オーストラリア州に関して、システム全体でネットワーク化されたイノベーションの利点についてまとめている。

　　現在進行中ながら拡大している実践イノベーション・コミュニティを通して、各組織のリーダーやそのコミュニティは、経験を活用し、協働的に仕事をするよう促すことができる。これにより、将来の方向性を共有し、新しい部門がこの仕事の有力な側面としてイノベーションを備えているのだと実感できるようになる。

　スペインのカタルーニャ州において、利害関係者のシステム全体にわたるコ

ミュニティを注意深く立ち上げるにあたっては、研究や国際的に活躍する専門家とのつながりから支援を受けていた。この事例は、第6章で詳細に論じられている。

第2章でスピレーンは、学校や学習環境を超えたさまざまなレベルをみる必要性を論じている。また、少なくともアメリカ合衆国に関しては、「教室での教授を支援するシステムレベルの基盤が断片化しており疲弊している」ことを観察している。広く主張されているように、学校の自治はメゾやマクロのレベルで不適切な社会関係資本や人的資本の問題をたしかに悪化させてしまうことすらある。これは、自治が孤立と誤解されていることによる。より大きな実践のコミュニティやシステムレベルの基盤をつくることが目標であるなら、さまざまな学習環境のネットワーク化を通して、あるいはそういった基盤をつくりだし維持しようとする政策的支援を通して、刺激が得られるだろう。

後者について、ヴェストファル＝グライター（第5章）がオーストリアの事例を紹介している。これは、必要な地位やスキルを得るために国全体での資格付与や能力形成を通して学習デザイナーを支援し、全国の学習デザイナーが一堂に会する学習アトリエを組織するために財源を確保し希望を紡ぐことをめざし、教育省が行っているものである。第5章でトゥービンとオーウェンはそれぞれ、イスラエルと南オーストラリア州におけるイノベーティブな学校のネットワークを取り上げ、システムレベルの一体感や支援について述べている。南オーストラリア州の担当省には、オーストリアやイスラエルの事例と関連する特徴がある。

> 各学校や就学前教育機関でのイノベーションや、そこで支援を受けてイノベーションに取り組む専門家の学習コミュニティを超え、南オーストラリア州の公立学校制度でのイノベーティブな学校の活動は、担当省の中央部局にある小グループから支援を受けてきた。

サラヴァート（第5章）は、ニューヨーク市で10年前に起こった「主要な組

織的打開」として、「校長が自身で選択したネットワークに参加すべきだという要求」を論じている。これはまた、参画の性格が義務的なものであるか、または自発的なものであるかというバランスに関する問いを引き起こすという意味で興味深いものであった。何人かの著者は、そのプログラム（たとえばノルウェーのアドバイスチームなど）の自発的性格を強調している。（その参画の性格がオープンであるとき）より幅広い実践のコミュニティにおいてリーダーが参画すべきという要求は、システムレベルでの学習づくりのリーダーシップの興味深い事例である。

最後となるが、第5章でトゥービンは、システムレベルでリーダーシップや影響のあり方を強化する条件について明確に論じている。

　学習づくりのリーダーシップは、教室内外の学習環境の改善という共通目標を達成するよう他者に影響を与える能力として、便宜的にとらえることができる。この定義には、学習づくりのリーダーシップが大成功を収めるための前提条件を示す四つの要素が含まれる。すなわち、1) 社会的地位、2) 共通目標を選択しビジョンを展開させる力、3) 他者に影響を与え、構造をつくりだす力、4) 評価し、フィードバックを提供する力である。

これは、本書での定義よりも、共通目標にかかわる改善を強調したものとなっている。そのうえで、システムレベルのリーダーシップに対する条件について活用しやすいようにまとめている。ここでは、さらに影響の本質を社会学的に理解するよういざなっている。

第6節　学習づくりのリーダーシップを担うのは「誰」か

　学校と教育においてリーダーシップを担うのは誰かについて述べようとすれば、たちまち論争含みの領域に足を踏み入れることになる。本書ではこれまで

リーダーシップについては多く議論してきたが、リーダーについての議論は不十分である。実に多くの文献が強調しているのは、リーダーシップはもっぱらフォーマルな立場、多くの場合は学校長に依拠するものではなく、はるかに広い範囲に及ぶ有力な主体によって分散的に担われることが望ましいということである。リーダーシップがフォーマルな立場のみに依拠すべきではないことは確かである。だが、その理由は単に多様な人々がリーダーシップの行使に関与しているからというだけでなく、フォーマルな立場にある者がいることはリーダーシップが発揮されることを何ら保証しないからである。

　リーダーシップは何事かを生み出す方向性を与え、責任を引き受けることにかかわるものであり、権威ある人々によって遂行されたりされなかったりする責務と職務である。先行研究（たとえばOECD, 2008a）から、あるいは第2章でスピレーンが論じたことから、次のことがわかる。各国の教育制度は、制度内の特定の役割や地位に対して何が期待されるかという点でかなり異なる。したがって、一見すると同じフォーマルな立場にみえるもの（たとえば校長という立場）が、環境や制度によって実際には非常に異なる意味をもちうるのである。

　一つの国の教育制度では、似通った文化や伝統が共有されている。だがその場合でも、何らかの権威ある地位を占めている者がリーダーシップを発揮しようとする場合もあれば、そうした職務にしり込みすることもある。マクベス（第3章）は、スコットランドで行った初期の共同研究で権威の類型化を行った。それによれば、フォーマルな立場と、実際にその立場が行使される方法は自動的に一致するわけではない。権威に関する五つの類型（MacBeath *et al.*, 2009）は、「忠実に従うこと」「慎重な実用主義」「安定した自己への信頼」「確固とした自己主張」、自分を信じて「リスクに挑むこと」である。「忠実に従う」者が積極的なリーダーシップを発揮しないことは間違いない。マクベスは明確なリーダーシップと暗黙のリーダーシップの区別に言及することによって、この点を一般化している。

　　リーダーシップは学校組織のヒエラルキーのなかでみえやすい場合もあれば、

第1章　イノベーティブな学習環境に向けて：学習づくりのリーダーシップ

感知しにくい場合もある。後者の場合、リーダーシップは分散されており、制度的な権威よりも、個人または共同で仲間に対する責任を引き受ける人々が行う自発的な努力の集積によるからである。明確なリーダーシップと暗黙のリーダーシップというこれら二つの形式は、構造的な規定力と、学校組織にかかわるメンバーによる活動の流れのなかに、緊張を孕みつつ表れることが多い。

したがって、フォーマルな立場によってリーダーシップが常に行使されると単純に考えることは危険である。同じフォーマルな権威ある立場にある者であっても、リーダーシップの行使の仕方は大きく異なるかもしれない。そのうえ、リーダーシップは特定の個人のみに担われるものではなく、何らかの程度において分散的であるのが常だからである。

この点に関して、我々のプロジェクトが学習環境に注目していることを思い起こしておくのは有益である。学習環境という視角とその類型を援用した大きな理由は、学習が生じる学校組織よりも、学習の本質および組織それ自体から論を立ち上げるためである。もちろん両者ともに大切ではある。だが、問題と解決策がいかに形作られるかは、どこを出発点にするかによって決定される。スピレーン（第2章）の用語によれば、我々は「学校」自体よりも、（その他の学習環境、そして何よりも）「学校」内部で起こっている中核的な活動に着目している。

この点から議論を始めるとき、フォーマルで制度的な立場という要因のみでは、学習づくりのリーダーシップを理解するのに不十分であることは明らかである。制度において生じる立場は無視できない（以下参照）。そうだとしても、実際の問題としては、学習上の意思決定で影響力をもつのは誰かを特定することが重要となる。学習づくりのリーダーシップとは「何」かについて論じた際、スピレーンに依拠して次のことが必要だと述べた。リーダーシップは単に個々人の行為としてではなく、人々の相互作用としてとらえられるべきものであり、このことは特定の立場にある個人を超える視点をもつことでもあると。エルモアによれば、教育の進歩はフォーマルな役割による縛りがより緩やかな、より

複雑な形式のリーダーシップを生み出す。「イノベーティブな学習環境」が、その展望と協力者の裾野を拡大しながら自らの組織的な複雑性を増大させるにつれて、より複雑な形式のリーダーシップに関する議論も必要になる(Elmore, 2008)。

この節では、他の章に依拠しながら、学習づくりのリーダーシップを担うのは誰かについて、これまでとは異なる観点から探究している。学校から議論を始めつつ、さまざまな協力者と主体(学習づくりのリーダーシップの「広さ」)と、制度論の用語でいう作用のレベル(学習づくりのリーダーシップの「深さ」)へと迫っていく。

6.1　校長と管理職が果たす役割

第2章を執筆したスピレーンは、分散型リーダーシップに関する研究で国際的に知られている人でもある。スピレーンは、次のような一切の誤解を正そうとしている。分散型リーダーシップの重要性を受け入れる場合、校長や学校管理職の役割を無視あるいは弱体化することにかかわらざるをえないという認識は誤っているということである。スピレーンの議論の一節を引用しよう。

> 「英雄主義的なリーダー像」は時代にそぐわぬものとなり(Yukl, 1999)、それに代わるものとして、リーダーシップと職務に対する責任が、フィールドにいる多様な個人間でどのように分散されるかを理解する必要に迫られる。だが、こうした認識は、分散型リーダーシップに関してよく知られた研究に反して、学校のリーダーシップにおいて校長が果たす役割の重要性を決して否定するものではない。現に、分散型リーダーシップ論に基づく実証研究は(アームチェア理論とは異なり)、校長が果たす決定的な役割について絶えず言及しているのである。(Camburn *et al.*, 2003; Spillane and Diamond, 2007)

学校を対象とした事例研究の多くは、学習戦略のリーダーシップ自体につい

て論じると同時に、次の点を明らかにしている。教師のリーダーが中軸となる場合であっても、許可と場を与え、広範な人々からなる組織をまとめるうえで、校長が発揮する学習づくりのリーダーシップはやはり重要なのである。

　特定の組織に属するメンバーの参加と、所属の異なる人々の連携からなるより広範な組織を基盤とする分散型リーダーシップや協働型リーダーシップはもちろん大切であるが、学校管理職層の果たす役割もやはり鍵となる。学校管理職層は、期間限定であるか特定のプロジェクトに関連した小規模の学習指導チームに対してリーダーシップを付与する場合が多いのである。（ホロンチら執筆の第6章）

　分散型リーダーシップは、学校組織全体の方針とリーダーシップの調和、継続性、一貫性を創出し、確実にするうえで、学校管理職、とりわけ校長の責任をこれまでよりも重視するものである。水平的な組織構造は、校長と学校管理職に、教室で教える教師とのより緊密な機能的関係を構築させるのである。（ディモックら執筆の第4章）

　専門家の学習組織を支援するスクールリーダーの役割を過小評価してはならない。教師はチームで仕事をし、特定の生徒集団に対して特別な対応をしたり、他の生徒の学習に対するリーダーシップと責任を共有したりしている。教師は、専門家の学習が行われる時間と予算を提供するだけでなく、「その仕事を遂行するレベルを互いに高め合うことのできる協議型の構造」（Owen, 2012のリーダーインタビュー事例3）としての組織を確立する支えとなるリーダーを必要としているのである。（オーウェン執筆の第5章）

第5節で学習づくりのリーダーシップは「どのように」発揮されるべきかについて述べたように、多くの場合、学習コミュニティの創出は、校長と学校管理職による活動や許可によるところがきわめて大きい。
　したがって、リーダーシップにかかわるフォーマルな立場にあることによっ

て開かれる可能性を活かせるかどうかという点で、「校長の存在は欠かせない」。「地位はどうでもよい」と考えることは、「地位がすべてを決定する」と考えるのとちょうど同じように誤っている。我々は、校長が担う決定的な役割についてスピレーンが実証したことに着目した。第5章でトゥービンは、学習づくりのリーダーシップが発揮される条件について分析したが、そのなかには、「社会的地位」と「他者に影響を与え、構造を創り出す能力」が含まれている。彼女によれば、この二つはどんな教育制度においても、権威あるフォーマルな立場を占めることによって促進される（ただし保証はされない）ということであった。だが、ホロンチら（第6章）は、「少数の人々に過度に依存すること」がはらむ危険に警鐘を鳴らしている。少数の人々への依存が組織内部におけるリーダーシップの確立ないし分散が不十分であることを意味するならば、中長期的には継続性や持続性が脅かされるというのである。

6.2　分散型リーダーシップの配置

　第2章でスピレーンは、アメリカでの研究成果をもとに、「分散した」というのはいかなる状態を意味するかを記述している。そのなかで、学校で職務上リーダーシップを発揮しているのはどのくらいの数の、どんな人々であるかについて述べている。小学校でさえ、かなりの数の人々がリーダーシップにかかわる職務を担っている。中等学校の場合は、そこに通う年齢層の生徒にとっての学習環境はより複雑であり、より多くの人々がリーダーシップを発揮していると予想される。

> 地理的に偏りのない初等学校100余りを対象にした研究事例では、リーダーシップ機能に対する責任は、通常は校長、副校長、教師を含む3〜7名からなるリーダー組織間に分散されていた。さらに、校長がリーダーシップのあらゆる側面にまたがる職務に対する責任を負う傾向がみられたのに対して、教師とその他の専門職は学習づくりのリーダーシップを中心的に担う傾向がみられた（Camburn

et al., 2003)。ある都市部の学区にある計30の初等学校等を対象にした別の事例研究では、校長を含めて、各校でリーダーシップを担うフォーマルな立場にある常勤職員の平均は3.5名であった(Spillane and Healey, 2010; Spillane *et al.*, 2010)。リーダーシップ全般に対する責任と同時に、教室での学習指導に対する責任も担っている人数も考え合わせると、この数はさらに増加した。さまざまな個人間にリーダーシップがどのように配分されているかを突き詰めれば、それはさまざまな要因に規定されていると考えられる。リーダーシップにかかわる機能や日常業務の種類(Camburn *et al.*, 2003; Heller and Firestone, 1995)、教科に関する事柄(Spillane, 2005)、学校の規模(Portin *et al.*, 2003)、学校内のリーダーシップにかかわる組織が十分整備されているか立ち上がったばかりかという点(Copland, 2003; Harris, 2002)などである。

分散型リーダーシップに関与しているのは、主に教師のリーダーである。教師によるリーダーシップは、フォーマルかインフォーマルかを問わず、専門知識を有する教師が、学校内での教授と学習の質を高め、同僚の専門性開発を支援する取り組みに参加することを通して発揮されるのが一般的である(York-Barr and Duke, 2004)。オーストリアのヴェストファル＝グライダー(第5章)は、イノベーションの主体として学習のデザインを高めていくためにつくられた、教師のリーダーの一連の役割について述べている。オーストリアの「学習デザイナー(Lerndesigners)」は、「イノベーティブな学習環境(ILE)」プロジェクトの方向性と完全に一致した用語を採用したものである。これは、学校で仕事をする教師によって名づけられた。

学習デザイナーとは、改革の目標である公正と卓越性にかかわって、カリキュラムと指導法の開発を専門的知識を活用して推進する教師のリーダーのことである。新中等学校(Neue Mittelschule, NMS)は教師1名を学習デザイナーに指定し、その教師は地域で連携を促進するためのイベントに加え、全国各地の「学習アトリエ(Lernateliers)」にも参加する。学習デザイナーは、学校長と他のリ

ーダー教師間（教科コーディネータや学校改革チームメンバーなど）に共有されるリーダーシップの力学のなかで、変革主体として活動することを望まれている。

改革の初期の段階では特に、この新たな役割が何であるのかについて多くの問題が生じた。はっきりしているのは、学習デザイナーとは相応の給与体系を伴うかたちで学校法規に書き込まれるフォーマルな職務ではないということだ。学習デザイナーはそれぞれ、自らがおかれた固有の文脈のなかで、同僚とともに、自らの役割を創出しているのである。このことは、「状況の変化に即した」もので、「協働を通じて創出される（co-produced）」学習づくりのリーダーシップの特性（スピレーンの第2章）の事例となっている。オーストリアにおける教育改革の文脈で、明示化され新たに定義されたこのイノベーション主体へのニーズとして特定されるものが何であるかについては、「学習づくりのリーダーシップは『どのように』とられるか」の節で再述している。

クリスティアンセンとトロンスモ（第5章）が紹介するノルウェーの事例は、イノベーション主体が担う特定の役割を創出しようとする点で、オーストリアの事例に共通するところがいくつかある。共通しているのは、メンバーが特別に選ばれ、その仕事は自発的で、多様で、地域の状況に依存する性格のものであり、教育の質向上を目的によく練られたイノベーションのための政策ストラテジーの一環であるという点である。だが、二つの事例は決して同一のものではない。ノルウェーの「指導助言チーム（Advisory Team）」のメンバーは主に、指導助言の対象になるであろう人々、教育行政関係者や学校管理・学校経営に携わる人々から選出される。チームのメンバーの役割は学校開発ニーズの特定、開発プロジェクトの企画および実施に関する指導助言である。

本節のねらいは、分散型リーダーシップを支持する一連の議論を繰り返すことではない。こうした議論は、複雑でイノベーティブな学習環境を抱える学校はもちろん、比較的伝統のある学校でさえ、広く受け入れられている。本節ではこうした議論を繰り返すのではなく、学習づくりのリーダーシップを担うのは「誰」かという問題に迫ることで、分散型リーダーシップが実際に何を意味

第1章　イノベーティブな学習環境に向けて：学習づくりのリーダーシップ

するかに関して具体的な知見を提供しようとするものである。これもはっきりしていることだが、本節は分散型リーダーシップを担う可能性のあるさまざまな立場について一つひとつ吟味すること、ましてやそれを包括的に行うことを意図しているわけではない。本節の議論は主に報告書で利用可能な情報源に依拠している。この点についての議論は、学習づくりのリーダーシップは「どこで」を論じる次節に持ち越されている。次節では、学習のための環境と協力者は学校の周囲にこそ集中し、確立されるという有力な仮説に取り組むことになる。学習環境がイノベーティブに拡大し、それに伴ってさまざまな協力者が関与するようになると、学習づくりの分散型リーダーシップに関与する人々の構成はより複雑で多様なものになるのである。

学習づくりのリーダーシップにおける生徒の役割

　学習の改善に取り組む学校は、その生徒を含むすべての構成員による関与を必要とする（この点は第5章でサラヴァートが Leithwood *et al.*, 2004 に言及している）。「学習コミュニティ」という概念は、誰にもまして学習の主役であるべき人々、つまり生徒を除外すれば、おかしなことに不完全なものとなってしまう。サラヴァートによれば、生徒がフォーマルな役割を果たすことによる影響を過小評価してはならない。彼女自身による経験が教えるのは、校長が学問的な知見に基づく助言を得られる体制を築くようにすると同時に、生徒会や生徒による他の自治組織に目を向けるよう促すことであった。学習を改善する取り組みに生徒が積極的に参画することは、かれらが自ら能力を発揮して効果的な学習環境を保持することに貢献していることを示す機会となると同時に、自らの学習に対する責任感を高めることにもなる。

　同様に、スペインのカタルーニャ州にある学習イノベーション拠点としての学校ではどこでも、学習者が自らの学習に対してリーダーシップを発揮する責任を負うことと、一つの集団としての学習者が提起した問題や企画に基づいて生み出されることの多いグループへの参加や連携を通じて、教師らが集団的な学習を支援すべきことが明確に示されていた（第6章）。マクベス（第3章）に

よれば、生徒の「声」に応答することは、ここ何十年かを通じて多くの国に見いだされている特徴だという。彼はニュージーランドの事例に着目している。ここでは、生徒が自らの学校の質を評価する際に重要な役割を果たす存在とみなされ、教師は生徒が教育実践とよい学習に何が必要かを論じるためのスキルと語彙を身につけさせるようにしている。

マクベスは第3章の後半で、生徒たちによる実に積極的な参画に依拠したノンフォーマルなプログラムとの関連で、リーダーシップの発揮において学習者である生徒が担う役割を改めて論じている。たとえば、「子ども大学（Children's University）」に言及しつつ、次のように述べている。

> 生徒の参加と関与の度合いが高まり続けるにつれて、かれらは将来の活動に関するアイディアを生み出すことにますます主体的な役割を果たすようになり、自らがリーダーシップを担っているという自信をますます強めるようになっていく。

自らの学習についてリーダーシップを発揮することを生徒に求めることの重要性は、他者とリーダーシップを共有するという、リーダーシップの分散的な性格から理解されるべきである。生徒自らが責任を担う余地を新たに生み出し、関連するあらゆる選択を行い、自らに与えられた余地を利用できるような責任を生徒に譲渡する（より極端な議論によれば、生徒が自律的にリーダーシップを発揮するためのノンフォーマルな条件を整備する）だけでは不十分である。それは、学習づくりのリーダーシップにかかわって他のすべての人々が果たすべき責任を放棄することに他ならない。「イノベーティブな学習環境（ILE）」プロジェクトは、こうした見方を慎重に避けている。代わって、学習環境は常に教育者の関与を求めるものであり、教師は学習づくりのリーダーシップと計画について専門性に基づく大きな責任を担うような学習の原則に従うべきであるとする。マクベスは、学習者のリーダーシップを提唱する一方で、結論部分ではこの点を指摘している。

第1章　イノベーティブな学習環境に向けて：学習づくりのリーダーシップ

　子どもや若者が自らの学習について決定を行う責任を担うにつれて、教師と教師のリーダーに求められる教育学的な知見と適応力の水準はますます高まっていくであろう。

　生徒が学習のためのリーダーシップにおいて積極的な役割を果たすことは、その他の重要な他者が果たすべき役割の消失を意味するものでは決してない。むしろ、スクールリーダーや教師にはより一層の専門性の発揮と、リーダーシップに関する責任の遂行が求められるのである。

6.3　学習づくりのリーダーシップが発揮されるさまざまなレベル

　学習づくりのリーダーシップは、ミクロなレベルの学習環境への直接的な参加者に限定されるものではない。学習づくりのリーダーシップと学習づくりのイノベーションがしっかりと根を張りながら展開していく条件を整備するためには、リーダーシップがどこか他の場所でも発揮される必要がある。もちろん、特異な学校や学習コミュニティが「独自の道をゆく」可能性もありうるだろう。だが、こうした可能性に任せているかぎり、深い学習の変革を促し、持続させるための方途を広く確立することはできない。もっと他のレベルで仕事をしている他の協力者による貢献、最も明確な（だが唯一ではない）ものとしては、フォーマルな教育制度の頂点からのリーダーシップが必要となる。

　学校外部においては、学校内部に比して、学習づくりのリーダーシップを発揮する他者が地位やフォーマルな権威を有する者に限定されない傾向がより強い。教育に関する状況や制度をみれば、中央当局が学習に関するリーダーシップをほとんど発揮せず、生徒や教室との距離がずっと近い主体や関係者に委ねているところもある。このようなリーダーシップが発揮される場合には、質の高い学習を維持するための職能向上にかかわる入念な計画、カリキュラムに関する手引きの作成、アカウンタビリティに関する仕組みと予算を通じたインセンティブの向上ないし罰則の強化といった形態をとる。「イノベーティブな学

習環境」の創出を促すために、特定の政策的な取り組みが行われる場合もありうる。この点について、第2章でスプレーンが一般的な論点を提示している。生起する学習に最も影響を及ぼす実践として特に言及しているのは、教師による学習指導である。

　学習指導は教師と生徒の協働を通じて実現するものである。しかし、かれらの実践は教室という直接的なレベルを超えた条件によって可能となったり、制約を受けたりするものである（Cohen, 2011）。教室が地域、州、国レベルの教育行政や、教育部門の他の機関（教科書出版会社、教員養成課程とその評価に関与する組織など）との密接なかかわりで成り立っているような学校は、学習指導に関するリーダーシップの必要性を理解することに対して悉く批判的である。

ここで留意しておくべきなのは、本章で注目している「イノベーティブな学習環境」という視角と、学習づくりのリーダーシップとは「何か」を論じた節のなかで議論してきた点である。我々の関心は、「基礎に帰れ（back to basics）」問題を重視する政治家が推進するような学習づくりのリーダーシップにはない。教育機関のなかには、今日の世界で若者が必要とする知識やスキルに関する非常に限定的な解釈を評価基準として具体化し、それらに基づくアカウンタビリティの仕組みづくりを推進するところがある。我々の関心は、そのような教育機関が提起する学習リーダーシップにもない。我々の関心は、学習システムの他のレベルにおいて生起しているリーダーシップにこそある。我々が関心を寄せるリーダーシップは、深い学習を促進し、21世紀に必要とされる能力を明らかにし、OECDの報告書『学習の本質』（Dumont *et al.,* 2010）で示された原理を具体化していくための方向性を提示し、確固たる条件整備を促すものである。

　したがって、学習づくりのリーダーシップをより広くとらえるとき、二つの側面が強調されるだろう。一つは、学習システムは非常に複雑であるため、リーダーシップをただ一つの（学校）レベルに限定することも、フォーマルなリ

ーダーによって発揮されるものに限定することもできないということである。
次に、我々がいま議論の対象にしているリーダーシップは、イノベーティブな学習を効果的に実現するという現代の政策課題の解決に向けて発揮されるものであり、学習に関する他のいかなる政策課題、特に1世紀前の伝統的な発想への回帰を主張するものでは決してない。

　「どのように」に関して第5節で要約したように、本書のいくつかの章では、教育制度の上層部に位置する人々が明確な指揮系統を通じて発揮する種類のリーダーシップをはっきりと取り上げている。第5章と第6章で紹介されたオーストリア、スペインのカタルーニャ州、アメリカのニューヨーク市、ノルウェー、南オーストラリア州の事例はすべて、教育制度において、学習にイノベーションを起こすために政策課題を設定し、条件整備を行い、さまざまな取り組みに対する支援を行う制度の上層レベルの主体や機関が果たす役割について論じている。こうした事例のなかには、教育制度の上層部に位置する個人（大臣、制度の管理運営者）が担うリーダーシップに言及しているものもある。第5章でトゥービンは次のように述べている。

　　しかし、官僚制としての公教育制度はその上部にごくわずかな指揮監督者しかもたず、イノベーションを担う者の数はさらに少ない。そのため、こうした改革に着手し、それを主導するのは大抵の場合、一人の人物であり、小規模のリーダー組織と協働して事に当たる場合もある。

　しかし、まさに学校レベルでみられるように、特定の個人に偏った「英雄主義的なリーダー像」が孕む危険に注意を払うことや、第5章で概観したオーストリア、イスラエル、南オーストラリア州の事例にもあるように、専門家から構成される部局チームを含めた他者が関与していることを認識することも必要である。
　さらに、二つの点が本節での議論にかかわってくる。一点目は、学習づくりのリーダーシップが発揮される場合、マクロな制度レベルとメゾレベルのネッ

トワークを明確に区別することはできないということである。特定のネットワークや学習コミュニティが何らかの方略を独自に創出することはある。だが、こうしたネットワークやコミュニティはそれ自体、(マクロレベルではその起源において、メゾレベルではその作用において実現すべき首尾一貫した目的を有する) 体系的なリーダーシップの一翼として機能しているのである。オーストリアの新中等学校 (NMS) や南オーストラリア州の「イノベーティブな教育実践コミュニティ (Innovation Community of Practice)」はこうした事例である。これに対して、第6章で概観したスペインのカタルーニャ州での取り組みは、選出された学校関係者から構成されるメゾレベルのネットワークを創出しつつ、教育制度全体にその影響力を及ぼすことを意図したもう一つの印象的な事例である。

カタルーニャ州の事例は、本節の議論に関連するもう一つの点に私たちを導いてくれる。リーダーシップの開発・研究に関するこの取り組みを主導しているのは民間の財団 (ハウメ・ボフィル財団) であり、フォーマルな権威をもつ教育部門ではない。したがって、学習環境が既存の制度外部に位置する組織や協力者を新たに組み込みつつあるばかりではなく、学習システムもまた、リーダーシップの発揮や支援に関して重要な役割を担う可能性のある協力者を組み込みつつあるのだ。財団は多くの教育制度でこうした役割を担っているし、大企業や社会運動のなかにもリーダーシップに関する同様の役割を担っているものがある。これは近年において顕著な現象というわけではない。OECD 教育研究革新センターが行った、学習イノベーションのためのネットワークに関する「未来の教育改革 (Schooling for Tomorrow)」研究は、10年前の事例をいくつか特定し、論じている (OECD, 2003)。

学習づくりのリーダーシップに貢献するOECDの「イノベーティブな学習環境」プロジェクト

本書が取り上げた事例のなかには、OECDの「イノベーティブな学習環境 (ILE)」プロジェクトが地域を拠点とする活動を奨励し、支援し、法的裏付け

第1章　イノベーティブな学習環境に向けて：学習づくりのリーダーシップ

を与えるなどの貢献を行っていることを直接的に示すものがいくつかある。OECDの「イノベーティブな学習環境」プロジェクトはこのように、学習づくりのリーダーシップにおいて独自の貢献を行っているのである。

カナダのブリティッシュ・コロンビア州で実施されているイノベーティブな教育リーダーシップ（CIEL）プログラムは、フォーマルやインフォーマルのリーダー教師を対象とした、1年間の現職研修プログラムである（第5章）。カナダ独自の観点と国際的な観点がカリキュラムの中核である。リーダー教師がより深く学ぶための基礎文献として、OECDの報告書『学習の本質』（Dumont et al., 2010）を用いている。

『学習の本質』が結論として提起する七つの学習の原則は、リーダーシップに関するプログラムで一連の認識ツールとして機能している。CIELプログラムの参加者はこの研究に学び、原則の一つひとつを探究し、それぞれの文脈で活かせるよう七つの原則をどのように具現化するかを考察し、最終段階でその結果を同僚に提示する。さらに、（この点は現実の文脈に応用可能なリーダーシップの実践にとってとても重要なことだが）参加者は、プログラムのなかに特別な配慮をもって組み込まれた自己学習の機会において、学習の七つの原則すべてを実際に経験することになっている。（第5章）

CIELプログラムは事例研究の推進を呼びかけてもいる。これは、OECDの「イノベーティブな学習環境（ILE）」プロジェクトが、世界の他地域の経験に基づいた新たな思考と行動を促進する方法として「価値ある事例の保存」（OECD, 2013参照）手法を打ち出したことを受けている。これは、国際的な学習プロジェクトが、特定の学校教育制度におけるリーダーシップ開発のための示唆と、取りかかりとなる素材を提供している事例である。

南オーストラリア州では、OECDのILEプロジェクトの枠組みを核として、その周囲にネットワーク形成がなされている（第5章）。ここでは、国際的なILEプロジェクトの一環として選定された学習環境の周囲に、州規模の「イノ

ベーティブな教育実践コミュニティ（Innovation Community of Practice, CoP）」が作られた。現在では、こうしたコミュニティはILEプロジェクトに資するという当初の目的を超えて、独自の展開を遂げている。

　2011年のうちに、南オーストリア州教育・子どもの発達省（DECD）によりスクール指定を受ける七つの学校、就学前教育機関、早期学習センターが、有効な革新がなされているかに関する評価基準を満たし、OECDの「イノベーティブな学習環境（ILE）」プロジェクトへの加入を認められた。その後、州教育省から、有効な革新がみられるとして8機関が追加された。現在では合計15機関が州規模の「イノベーティブな教育実践コミュニティ（CoP）」のなかにその位置を認められ、役割を担っている。実践コミュニティ内部にいながら体系的なプロジェクトの一環として位置づけられていることにはメリットがあり、OECDによるイノベーティブな学習の取り組みと連携していることの重要性が認められている。

本書ではOECDによるこの国際的なプロジェクトが影響を及ぼしている事例を報告しているが、そのうち最も深い知見を示している事例はもちろん、学習づくりのリーダーシップに関する本書の研究と報告への指向性をもつ業績のなかにある。たとえば、スペインにおけるハウメ・ボフィル財団との協働の事例である。この事例の詳細は第6章で述べられている。ここでは、財団主導によるリーダーシップのもとに学習づくりのリーダーシップに関する研究プログラムの支援が行われ、その動きと結びつきながら多元的な関係者間の連携がどのように確立されたかを詳しく取り上げている。OECDとの事業契約や連携を通じて、国際的な枠組みや専門知識へのアクセスが可能になるだけでなく、取り組みや活動への示唆が得られ、正統性が与えられるのである。この事例は要するに、高次の実践コミュニティを創出する営みに関与しているのである。そこでは、研究、セミナー、教師教育などにおいて行われるフィードバックに支えられながら、地域レベルの協力者と国際的レベルの協力者を結びつける試みが行われている。生み出される利益は互恵的なものである。各地域の事例が国

際的なレベルでの枠組みや専門知識の開発を導く一方で、国際的なプロジェクトは各国や各地域レベルの開発に資するものである。

　もちろん、本書の刊行を通じて、このような互恵的な影響が世界中により継続的に、より広範に及ぶことを期待している。

第7節　学習づくりのリーダーシップは「どこで」発揮されるか

　学習づくりのリーダーシップに関する「誰が」と「どこで」の問題はかなり重なっているところがある。前節では、学習づくりのリーダーシップにおいて統合的な役割を担う、さまざまなレベルのさまざまな主体について議論してきた。本節にもやはりこの点に関する議論が含まれるかもしれない。さまざまな主体、レベル、場を結びつけると、学習づくりのリーダーシップは複雑な構成を有することになる。たとえば、第5章でハルバートとケイサーは実践ネットワークと実践コミュニティが果たす重要な役割に言及すると同時に、特別な空間の創出とそうした空間自体が学習づくりのリーダーシップに果たす役割についても述べている。第5章のブリティッシュ・コロンビア州の事例では、さまざまな利害をめぐる構図の外側に「第三の空間」を設け、そこで教師たちが不平等の問題に取り組み、新しい学習を経験し、生徒に利益をもたらしうる新たな教育実践を試してみることができるようになっている。

　本書の各章で繰り返し取り上げられるテーマは、文脈の重要性である。文脈という言葉は、単なる地理学的な位置よりもはるかに多くのことを含んでいる。教育制度は伝統、規則、条件の点でそれぞれ大きく異なっている。社会・文化的、経済的な差異は各国や各教育制度内部に広く存在し、リーダーシップに関するさまざまな戦略が生み出される可能性に大きな影響を及ぼす。たしかに文脈は重要である。だが、第2章でスピレーンが警告するように、そう述べることはたやすいが、実際に文脈から得られる示唆が何かを把握することは簡単なことではない。

人と人との相互作用を可能にしているのは社会構造なのである。社会構造がもつ固有の性格は、個人と他者との相互作用のあり方を可能にするとともに制約しており、社会構造はこうして実践を規定している。「文脈が重要である」というお決まりの文句は手垢にまみれすぎていて、教育において考慮されなくなってしまっている。学校改革推進者はしばしばそれを厄介事として扱う。研究者は、介入の成否を説明するための「万能な」変数としてそれを扱う。どちらも望ましくないことである。実践との関連で文脈について考察する際には、より洗練された議論が不可欠だからである。

　文脈とは、単に学校や学習環境の外部にあるものではない。社会的な文脈は、最も明確にいえば、家庭や地域で形成された多様な信念や経験とともに日々通ってくる学習者自身を介して、学校や教室内部に直接入り込んでくる。文脈が学習環境に直接的に入り込む場合にこそ、まさにそれは学習づくりのリーダーシップにとってとても重要な事柄となる。第3章でマクベスは次のように論じている。21世紀の学校に対する期待がより大きくなり、より高度の専門性が求められるということはどういうことか。それは、学校管理職と教師が、さまざまな差異に適切に応答する責任をますます負うということであり、そのことは必然的に、かれらが文脈への感受性を高めることを求めるのである。彼は、メイヤーらの次の記述を引用している。「イノベーティブなカリキュラムに対する期待の高まりと、学習者間における差異の増大がみられることは、教師に対して次のことを求める。つまり、教師は教授と学習において文脈および学習者間の差異がもたらす影響に関する理解を深める必要がある」(Mayer *et al.*, 2012, p.115)。

　学習環境は、学習が行われる際の固有な文脈をもたらす。学習環境を形成あるいは再形成するという学習づくりのリーダーシップに関する戦略は、教師と学習者の文脈に変更を加え、そうした文脈がより学習促進的で、かれらのニーズや関心により適合的になるようにするための手法である。学習づくりのリーダーシップ領域は拡張する。その最も重要な場合の一つは、この領域の拡張が、制度的な変数である「学校」と「教室」の従来の含意を超えたレベルで起こる

第1章　イノベーティブな学習環境に向けて：学習づくりのリーダーシップ

ときである。この点については、次項でノンフォーマルな要素を加えて考察し、さらに、リーダーシップとガバナンスに関する最も難しい側面のいくつかを示していく。

7.1　インフォーマル、ノンフォーマルな環境を組み込む学習づくりのリーダーシップ

　「イノベーティブな学習環境（ILE）」プロジェクトは、学校と呼ばれる場の内部で自らの関心が何であるかについての学習のすべてが生起するわけではないことを当然と考える一方で、現代社会において学校は中核的な機関として間違いなく残り続けると認識している。学校にイノベーションが起こるにつれて、伝統的な学区の外側に位置する協力者や知的資源に依拠するようになることは多い（OECD, 2013）。学校という制度形態をとらない学習環境も創出され、特に若者に人気がある。さらに複雑な場合には、若者のためにつくられる学習環境が（部分的に学校基盤型、部分的に非学校基盤型というように）学習への異なるアプローチや学習の異なる基盤を組み合わせた形態をとることもあり、この傾向はますます主流になりつつある。

　リーダーシップへのアプローチはこれまで、関与する人々（「誰か」）と環境（「どこで」）の想定を、学校中心の発想で行うことが一般的だった。しかし、このようなアプローチを拡張したり、乗り越えたりする必要があることは明白である。学習に関する計画とリーダーシップのとらえ方を根本的に考え直すことは、そのことがフォーマルなものとノンフォーマルなもの、学校基盤型とコミュニティ基盤型、異なる職業文化を有する異なる人材と学習資源を結合することを意味するならば、新たな秩序形成にかかわることがらである。リーダーシップという観点は弱いものではあるが、「イノベーティブな学習環境（ILE）」プロジェクトが手掛けた「ハイブリッドな学習環境」の分析からもこの点は明らかである。

　本書でこの問題を最も直接的に取り上げているのは、マクベスの第3章であ

る。ある面では、リーダーシップに関する課題は、さまざまな種類のインフォーマルな学習を計画されたフォーマルなプログラムのなかに組み込むような構造と余地を生み出すことにある。マクベスはインフォーマルな学習を、より社会的で、自発的で、探究的な性格をもつものとみている。彼によれば、「泳ぐこと、自転車に乗ること、ピアノを弾くこと、地図を読むこと、未知の領域を船や飛行機で探検すること、組織を率いること、問題を解決することを学習することがもたらす利益はどれも、ある共通の特徴から生み出される。つまり、これら一連の学習は関係に埋め込まれ、学習者中心的で、スキルや気質に関連し、文脈的で、喜びと同時にリスクを伴い、支援はなされるが困難を伴わない、気楽な一方で注意深さも要求され、年齢を問わないものである」。

　マクベスは既存の学校環境の外側に組織されたノンフォーマルなプログラムの事例について論じている。このプログラムは、インフォーマルな学習がもたらす上述のような利益に基づきつつ、継続可能性と質保証も追求している。こうしたノンフォーマルなプログラムには、香港の「学校外での学習経験（Other Learning Experiences, OLE）」、アメリカ・フィラデルフィア州の「パークウェイ・モデル（Parkway model）」、スコットランドの「学習のための学校（Learning School）」、そして、通常の授業時間外に7〜14歳の生徒を対象として開かれ、イノベーティブな学習活動の機会を提供することを目的とするイギリスの「子ども大学（Children's University）」が含まれる。マクベスによれば、こうした事例はまだその可能性を十分に実現していないため、さらに大きな期待を寄せることができるものである。「学習のための場（「建設現場」）が有する可能性はまだまだ掘りつくされていない。したがって、それらは学習に新たな息吹を与えることに今後大きな貢献をなしうるのである」。

　マクベスは続けて次のように言う。学習環境がますます多くのノンフォーマルな要素を組み込むことによって変化し、よりイノベーティブな性格を増すにつれて、学習づくりのリーダーシップに対する要求も増大してゆく。

　教室を超えたところに学習の場を開発する機会が広がるにつれて、学習リーダ

第1章　イノベーティブな学習環境に向けて：学習づくりのリーダーシップ

ーに要求されることがらも多くなる。学習リーダーには、教師が個人または共同でその専門知識やノウハウを増やしていけるように支援を行うことが求められる。より多くの子どもと若者が自らの学習について決定権をもつようになるにつれて、教師とリーダー教師にはさらに深い教育学的知見と高い適応性が要求されるのである。ますます多くの子どもと若者が自立した学習者、あるいは互いに自立的な関係を形成しうる学習者になるにつれて、生徒の学習を導き、計画する者にはさまざまな方略を生み出しうる資源が蓄えられていなければならないということになろう。

マクベスが取り上げた事例やこれに類似する事例に伴う複雑性の理解が、「学校という場」に囚われすぎた文献を読むことから始まることはまずない。ノンフォーマルな学習の場やプログラムが組み込まれていくにつれて教育学的な要求の高まりがみられる。だが、ノンフォーマルな学習環境の指導者の多くはこうした要求に対処できるよう訓練されているわけでもないし、本書で学習づくりのリーダーシップが開発される中核部分として繰り返し論じている種の「学習コミュニティ」に所属しているわけでもない。これらの事例が主要なプログラムや学校教育が供給される既存の流れの外部に留まっている限り、学習づくりのリーダーシップはそれを担う人々、生徒、協力者としての父母とともに足踏みすることになる。

だが、これらの事例が週末や休業期間中の学習のための周辺的な活動であることを止め、フォーマルな学習をも組み込むような学習計画のなかに統合されてゆくにつれて、変化とイノベーションの見通しも大きく開かれてゆく。そうなれば、リーダーシップとマネジメントに関する課題もまた増大してゆく。マクベスが認識するところでは、彼が紹介するプログラムがもつ「オルタナティブな」性格は利点になる一方で、より広範なイノベーションのための視野を狭める要因にもなりうる。彼は次のように言う。「しかし、『子ども大学』が既存の学校とは対照的で、拮抗的であり、そのオルタナティブであるとみられている限り、体系的な変革に向けた展望はそれだけ狭いものとなる」。これは、学

習におけるリーダーシップやマネジメント、ガバナンスに関する議論の重要な拡張である。ますます多くの若者が単に学校で学ぶだけでなく、「イノベーティブな学習環境」で学ぶことを称揚している。「イノベーティブな学習環境」は一連のさまざまな専門家、ボランティア、協力者、コミュニティを組み込み、自らの「教育学的な核」を絶えず活性化させ、連携の輪を境界の外部へと拡張していくのである（OECD, 2013参照）。

　本節の結論は次のとおりである。学習づくりのリーダーシップに関する「どこで」（および「誰が」）の問題は、学習のための環境と協力者は学校周辺に集まり、学校を身近に感じているという想定のもとに、あまり目を向けられてこなかった。環境が拡張し、学習環境のイノベーションの一環としてさまざまな協力者が関与するにつれて、リーダーシップはその複雑性を増し、特定し解決すべき問題がますます多く発生するのである。

第8節　学習づくりのリーダーシップは「いつ」発揮されるか

　本書の各章で強調しているように、学習づくりのリーダーシップと「イノベーティブな学習環境」の創出は時を選ぶものではない。それらは時々の選択ではなく持続的なものである。教育に関する組織と行政が機動的ではなくお決まりの仕事しかしない場合や、学習アウトカムが懸念されるほどに低い場合には特にそれらが必要となろう。なぜなら、こうした状況は学習づくりのリーダーシップがよく発揮される事例を生み出すことを阻害する大きな要因となりうるからである。

　しかし、学習づくりのリーダーシップが持続的なものであるべきだと考えるにしても、本書の多くの章が示すように、時間はやはり鍵となる。イノベーションへの刺激と、学習づくりの新しいリーダーシップが動き出す機運は、新たな状況への対応を厳しく迫られる局面において特に生じやすい。ホロンチらが執筆した第6章は、このことを最も鮮明に描いている。

第1章　イノベーティブな学習環境に向けて：学習づくりのリーダーシップ

変化の始まりを明確に特定することができる。画期となる出来事、状勢、イノベーションへの必要性の高まりによって。調査の対象である学校やプロジェクトは、それ自体をまとまりをもつものとして特定できるある瞬間に、望まれるイノベーションを遂げている。調査対象校がイノベーションの必要性に迫られたのはさまざまな経過を通じてのことである。たとえば、在籍生徒数の継続的な減少、管理職層とその職務命令の性格の変化、近隣での学校のイメージの悪化、生徒の成績の継続的な低下、既存の学校と分離するかたちでの新設校の設置など。こうした一連の経過を通じて、学習リーダーシップはその前段階を終え、「転換点」、つまり変化の開始地点に至るのである。

変化をもたらすのは完全に危機的な状況である必要はない。現状を維持することや、何もしないでいることのコストが、いつも通りに物事をこなすことから得られる満足感を上回る場合に、変化が始まるのである。第4章でディモックらは、シンガポールのイノベーティブな学校の調査事例を紹介している。この学校は伝統的に学力が高い名門校的な位置づけにあるので、変革に取り組む緊急性はなかった。にもかかわらずこの学校は、果敢なリーダーシップと、21世紀の最初の10年間で高い学力を示していても、それは2020年までもちこたえないという認識のもとに、外的な圧力が低かったにもかかわらず、新たな軌道へと飛び込むリーダーシップを発揮したのである。里程標を立て、確固たるビジョンをもつことは必然的に、未来をしっかりと見据え、長期的な変化を生み出す態勢をとることを意味する。本書で時間に関して最も注目しているのは、ディモックら（第4章）である。彼らは少なくとも二つの手法から時間に迫っている。

第一に、かれらは学習づくりのリーダーシップに対して「逆向き設計」のアプローチをとっている。これはエルモア（Elmore, 2008）や、ヴィギンズとマックタイ（Wiggins and McTighe, 2005）と同じ発想に基づくものであり、リーダーシップが発揮されるプロセスのなかに将来の計画を適切に位置づけるものである。つまり、ある人が特定の時点でどこに進みたいのかを突き止め、そ

の人に少なくとも自らの大きな目標に到達する機会を保証するような方略を生み出すのである。このアプローチは、OECD教育研究革新センターが初期に行ったプロジェクト「未来の教育改革（Schooling for Tomorrow）」（OECD, 2001, 2006）とも共通点をもつものである。「未来の教育改革」プロジェクトは、学校教育の未来を射程に入れた考察であり、多くの研究にも影響を与えている。第4章の3人の著者は、「成功する人はゴールを頭に描いて事に当たる」というコーヴィーの言明に触れている（Covey, 1989）。また、学習に関するプロジェクトを駆動する能力を有する人々を継続的に確保していく見通しについても論じられている。第6章でホロンチらは、イノベーションの場に身をおくベテランのリーダーが、自らのよき仕事を引き継いでゆく者を新たに迎え入れる心構えをもっているかどうかを調べている。

　第二に、第4章でディモックらは、彼らが提起するモデルにおいて、さらに学習づくりのリーダーシップの二つの実践事例を通じて、以下の点を強調している。変革には（10年間を目安に）どの程度の時間を要するのか。関与を求めるべき他者がおかれた文脈の考慮やビジョンの共有化という観点から、ある事柄を実現すべきいかなる道程が必要であるか。そして、ビジョンと戦略自体が長期的にはどのように変化しうるか。「イノベーティブな学習環境」に関する理論枠組みは、計画、学習、評価とフィードバック、計画の見直しというリーダーシップのサイクルを伴うものである。この枠組みは、時間の経過と、リーダーシップに基づく決定が学習のパターンに及ぼす影響を特定し、それに基づく組織的な決定を行う可能性という基礎のうえにつくられている。専門家の学習は時間を要する。信頼を確保し、連携を推進することは時間を要する。時間の重要性を認識することは、イノベーションと変化に伴う緊急性を犠牲にすることではない。この世界における常として、学習環境が一夜のうちに想像されたり構想されたりすることはありえないというだけのことなのだ。

第1章　イノベーティブな学習環境に向けて：学習づくりのリーダーシップ

第9節　結論：学習づくりのリーダーシップがめざす方向

学習づくりのリーダーシップは、イノベーションに不可欠のものである

　学習づくりのリーダーシップは、学校、学習環境、そしてより広範なシステムの場合を問わず、学習の方向性とアウトカムに重要な影響を及ぼすものである。学習は教育における中核的な活動であり、これにかかわるリーダーシップの形式と発揮が何よりも重要となる。それは、よい学習を導く環境を創出し、維持することに専念するリーダーシップである。学習づくりのリーダーシップが発揮され、学習の新たな方向性を定め、学習環境の設計を行う。イノベーションは、その過程でこそ中核的な位置を占めるものである。

学習づくりのリーダーシップは、イノベーティブで効果的な学習環境を設計し、実現し、維持することに取り組むものである

　学習づくりのリーダーシップは、学習に関する事柄の方向性を定め、責任を負う。学習づくりのリーダーシップは分散的かつ協働的な活動と関係を通じて発揮される。それはフォーマルな役割を担う主体に限定されず、その他の協力者の関与を伴って拡張するものであり、おそらくは学習システム全体のさまざまなレベルにおいて発揮されるものである。学習づくりのリーダーシップは「学習マネジメント」、つまり学習イノベーションを実現するための継続的な取り組みへの関与も担っている。

学習づくりのリーダーシップは、リーダーシップの実践の中核として、21世紀型学習と教授が実現する条件を整備する

　生徒の学習こそが中心にある。環境を問わず、21世紀型の深い学習を確かに実現することこそが何よりも重要な仕事である。このような一大目標に見合う学習環境の設計と開発を行うためには、教授に関する豊富なレパートリーが

必須であり、誰もが学習を行い、それまでの前提を問い直しつつ新たに学び、必要に応じて学び直すという継続的な活動に取り組むことが欠かせない。学習に携わるすべての者と連携相手による継続的な学習は、効果的な学習が創出され維持されるための条件なのである。

学習づくりのリーダーシップは創造性のみならず、勇気をも示す

　イノベーション、設計、関係者への鼓舞、計画の修正はすべて創造性の発揮を必要とするものである。出発の時点では明確でないにしても、目標が変容にある限り、信念と実践の深いレベルでの転換と、長期的なビジョンをもち続けることが必要となる。学習づくりのリーダーシップの重点は、学習に関する実践、構造、文化における、束の間ではない、深いレベルの変化をもたらすこと、そして、そのための条件を確実に整備することにある。そのためには、創造性と同時に勇気が求められる場合も多いのである。

学習づくりのリーダーシップは、21世紀型専門性のモデルとなり、その開発を促す

　学習づくりを行うリーダー自身、高度な知的労働者である。かれらは専門的な学習、研究、自己評価を日常的に行っている。学習のリーダーが望ましい専門家の学習を行い、他者が同じことを行える条件を創出すべく努力することで、かれらが有する専門性をより広範なコミュニティに示し、普及させることができる。専門家の学習は理論と実践を融合する。それは、学習指導とその組織を実際に試し、その経験をもとに、あるいはフィードバックを通じて学習する機会を伴うものである。

学習づくりのリーダーシップは社会的なものであり、相互に結びついている

　学習づくりのリーダーシップはその本質において社会的であり、リーダーシップに関する実践においては相互作用を必然的に伴う。チームワークを通じた取り組みは、学習を深化させ、拡張し、維持するために入念に計画された協働

第1章　イノベーティブな学習環境に向けて：学習づくりのリーダーシップ

的な活動に依拠している。学習づくりのリーダーシップは、専門家の学習コミュニティとネットワークへの参加を通じて開発され、拡大し、維持される。これは、(政策レベルの意思決定者よりもむしろネットワークという)「メゾ」レベルが重要であることを意味する。望まれるメゾレベルでの展開は、学習づくりのリーダーシップを通じて、あるいは学習づくりのリーダーシップを発揮する領域になるためにこのレベルの主体が自ら行う挑戦を伴って実現するだろう。

学習環境がイノベーションを起こすにつれて、学習づくりのリーダーシップはさらに多様なノンフォーマル領域でも担われ、その役割や能力への注目が高まる

　教育のリーダーシップに関する文献はこれまで「学校という場」のみを扱ってきた。しかし、イノベーティブな学習は、ノンフォーマルな場やアプローチをますます組み込み、教育学上、組織上の要求を高めているのである。学習づくりのリーダーシップと専門家の学習コミュニティは、さまざまな専門家、連携相手、コミュニティにその輪を広げ、これらを組み込んでいかなければならないのである。

学習づくりのリーダーシップが変容するとき、マルチレベルで複雑な化学反応が起こっている

　システムにかかわる21世紀型の効果的な学習環境のイノベーションと維持には、さまざまなレベルで学習づくりのリーダーシップが発揮されなければならない。原動力は、たとえばフォーマルなシステム内部、あるいは他の協力者など、いかなるレベルからも生じうる。この原動力が維持されるためには、リーダーシップが他のレベルでも発揮され、それを高める条件が整備される必要がある。

学習づくりのリーダーシップは、システムレベルで必要とされている

　システムにはイノベーションが生じる余地を生み出すことや、よりミクロなレベルで生じるイノベーションの動きに応えることが必要となるだろう。ネッ

トワーク化された専門家の学習が実現する条件を創出することは、政策が果たす重要な役割である。果敢なリーダーシップのもとで、ガバナンスとアカウンタビリティにかかわるシステムが効果的で「イノベーティブな学習環境」を創出するという目論見と一致するように、少なくとも逆の方向に押し戻すことのないように機能しなければならない。

9.1 学習のリーダーのための問い

　本章で概観した学習づくりのリーダーシップは実践の変革に向けた挑戦を担うものであり、直ちにその位置づけが定まるようなものではない。学習づくりのリーダーシップを立ち上げようとする場合には、長期的な行程を要することが多いかもしれない。だが、我々の見解では、「イノベーティブな学習環境」を実現し、21世紀の学習に求められる機能を果たせるようにするために、不可欠のものなのである。

　この章を読んだ皆さんは、以下の問いに関してそれぞれが位置する学習コミュニティで議論を行い、その際に本章の知見について熟考したり、引用したりするかもしれない。

- あなたが共感するものは何か。
- あなたの思考を揺さぶるものは何か。
- あなたが学習づくりのリーダーシップに関する自らの事例や経験について考えるのはどのようなときか。そしてあなたの事例や経験は、リーダーシップに関する一連の問いの枠組み——「なぜ」「何」「どのように」「誰が」「いつ」「どこで」——のなかにどのような位置を占めるのか。
- 学習づくりのリーダーシップに関してあなたがその他に考えることは何か。
- こうした考えを適用したり、推進したりするために行いうるのはどのようなことか。

第1章 イノベーティブな学習環境に向けて：学習づくりのリーダーシップ

以下の各章で取り上げられる専門家による論考や国際的な事例に接することで、学習のイノベーションに関する思考と対話に関してさらに以下のような問いが生じるだろう。

- あなたが最も関心を有することがらは何か。そしてその理由は何か。
- あなた自身の経験や文脈と類似するものは何であり、異なるものは何か。
- あなた自身の文脈を拡張するために、国際的な事例のどれかをいかなるかたちで活用するのか。
- 学習づくりのリーダーシップに関してあなたがさらに考える点は何か。

註
1. 本章は、OECD事務局のデイビッド・イスタンスと、ロンドン大学教育研究員のルイス・ストールが草稿を書いているが、本書の他の著者からもきわめて多くの示唆を得ている。

参考文献

Barth, R.S. (2000), "Foreword", in P.J. Wald and M. Castleberry (eds.), *Educators as Learners: Establishing a Professional Learning Community in Your School*, ASCD (Association for Supervision and Curriculum Development), Alexandria, VA, *www.ascd.org/publications/books/100005/chapters/Foreword.aspx*.

Camburn, E.M., B. Rowan and J.E. Taylor (2003), "Distributed leadership in schools: The case of elementary schools adopting comprehensive school reform models", *Educational Evauation and Policy Analysis*, 25 (4), 347-373.

Cheng, E.C.K and M.L. Lo (2013), *The Approach of Learning Study: Its Origin and Implications*, OECD CERI Innovative Learning Environments project, OECD, Paris, *www.oecd.org/edu/ceri/Eric Cheng.Learning Study.pdf*.

Cohen, D.K. (2011), *Teaching and Its Predicaments*, Harvard University Press, Cambridge, MA.

Copland, M.A. (2003), "Leadership of inquiry: Building and sustaining capacity for school improvement", *Educational Evaluation and Policy Analysis*, 25 (4), 375-395.

Covey, S.R. (1989), *The Seven Habits of Highly Effective People*, Free Press, New

York.（『人生を成功させる7つの秘訣』スティーヴン・コーヴィー著、日下公人，土屋京子訳、講談社，1990年）
Cuban, L.（1995），"The hidden variable: How organizations influence teacher responses to secondary science curriculum reform", *Theory into Practice*, 34（1），4-11.
Darling-Hammond, L. *et al.*（2009），*Professional Learning in the Learning Profession: A Status Report on Teacher Development in the United States and Abroad*, NSDC（National Staff Development Council）, Dallas, Texas.
Dempster, N., S. Lovett and B. Flückiger（2011），*Strategies to Develop School Leadership: A Select Literature Review*, Australian Institute for Teaching and School Leadership, Melbourne.
Dimmock, C.（2012），*Leadership, Capacity Building and School Improvement: Concepts, Themes and Impact*, Routledge, London.
Dimmock, C.（2000），*Designing the Learning-Centred School: A Cross-Cultural Perspective*, The Falmer Press, London.
Dumont, H., D. Istance and F. Benavides（eds.）（2010），*The Nature of Learning: Using Research to Inspire Practice*, OECD Publishing, Paris. *http://dx.doi.org/10.1787/9789264086487-en*.（『学習の本質：研究の活用から実践へ』OECD教育研究革新センター編著、立田慶裕監訳、佐藤智子［ほか］訳、明石書店、2013年）
Elmore, R.（2008），"Leadership as the practice of improvement", in *Improving School Leadership, Volume 2, Case Studies on System Leadership*, OECD Publishing, Paris. *http://dx.doi.org/10.1787/9789264039551-4-en*.
Halbert, J. and L. Kaser（2013），*Spirals of Inquiry: For Quality and Equity*, BCPVPA（British Columbia Principals' and Vice-Principals' Association）Press, Vancouver.
Hampden-Turner, C.（2007），"Keynote address", Leadership of Learning Seminar, Peterhouse College, Cambridge, April.
Hargreaves, A. and D. Fink（2000），"The three dimensions of education reform", *Educational Leadership*, 57（7），30-34.
Hargreaves, A. and M. Fullan（2012），*Professional Capital: Transforming Teaching in Every School*, Routledge.
Harris, A.（2002），"Effective leadership in schools facing challenging contexts", *School Leadership and Management*, 22（1），15-26.
Heifetz, R.A. and M. Linsky（2002），*Leadership on the Line: Staying Alive through the Dangers of Leading*, Harvard Business School Press.
Heller, M.F. and W.A. Firestone（1995），"Who's in charge here? Sources of leadership

for change in eight schools", *Elementary School Journal*, 96（1），65-86.
Hofstede, G.（1991），*Culture and Organisations*, McGraw-Hill, London.
Hopkins, D.（2008），"Realising the potential of system leadership", in *Improving School Leadership, Volume 2, Case Studies on System Leadership*, OECD Publishing, Paris. *http://dx.doi.org/10.1787/9789264039551-3-en*.
Hoy, A. and P. Murphy（2001），"Teaching educational psychology to the implicit mind", in B. Torff, and R. Sternberg（eds.），*Understanding and Teaching the Intuitive Mind: Student and Teacher Learning*, Lawrence Erlbaum Associates, Mahwah, NJ.
Huber, S.G.（2011），"Leadership for learning – learning for leadership: The impact of professional development", in J. MacBeath and T. Townsend（eds.），*Springer International Handbook on Leadership for Learning*, Springer, Dordrecht.
Huber, S.G.（ed.）（2010），*School Leadership: International Perspectives*, Springer, Dordrecht.
Joyce, B. and B. Showers（2002），*Student Achievement through Staff Development*, 3rd edition, Longman, New York.
Kennedy, M.M.（1999），"The role of pre-service teacher education", in L. Darling-Hammond and G. Sykes（eds.），*Teaching as the Learning Profession: Handbook of Teaching and Policy*, Jossey Bass, San Francisco.
Leithwood, K., K. Seashore, S. Anderson and K. Wahlstrom（2004），*How Leadership Influences Student Learning*, Center for Applied Research and Educational Improvement, Ontario Institute for Studies in Education, Toronto.
MacBeath, J. *et al.*（2009），*The Recruitment and Retention of Headteachers in Scotland*, Scottish Government, Edinburgh.
Mayer, D., R. Pecheone and N. Merino（2012），"Rethinking teacher education in Australia", in L. Darling-Hammond and A. Lieberman（eds.），*Teacher Education around the World*, Routledge, New York.
Mintzberg, H.（2009），*Managing*, Prentice Hall.
Nonaka, I. and H. Takeuchi（1995），*The Knowledge-Creating Company*, Oxford University Press, New York.（『知識創造企業』野中郁次郎，竹内弘高著、梅本勝博訳、東洋経済新報社、1996年）
OECD（2013），*Innovative Learning Environments*, OECD Publishing, Paris. *http://dx.doi.org/10.1787/9789264203488-en*.
OECD（2009），*Creating Effective Teaching and Learning Environments:First Results from TALIS*, OECD Publishing, Paris. *http://dx.doi.org/10.1787/9789264068780-en*.

(『OECD教員白書：効果的な教育実践と学習環境をつくる＜第1回OECD国際教員指導環境調査（TALIS）報告書＞』OECD編著、斎藤里美監訳、木下江美，布川あゆみ，本田伊克，山本宏樹訳、明石書店、2012年）

OECD (2008a), *Improving School Leadership, Volume 1, Policy and Practice*, OECD Publishing, Paris. *http://dx.doi.org/10.1787/9789264044715-en*. (『スクールリーダーシップ：教職改革のための政策と実践』OECD編著、有本昌弘監訳、多々納誠子，小熊利江訳、明石書店、2009年）

OECD (2008b), *Improving School Leadership, Volume 2, Case Studies on System Leadership*, OECD Publishing, Paris. *http://dx.doi.org/10.1787/9789264039551-en*.

OECD (2006), *Think Scenarios, Rethink Education*, OECD Publishing, Paris. *http://dx.doi.org/10.1787/9789264023642-en*. (『教育のシナリオ：未来思考による新たな学校像＜OECD未来の教育改革1＞』OECD教育研究革新センター編著、立田慶裕監訳、伊藤素江，古屋貴子，有本昌弘訳、明石書店、2006年）

OECD (2003), *Networks of Innovation: Towards New Models for Managing Schools and Systems*, OECD Publishing, Paris. *http://dx.doi.org/10.1787/9789264100350-en*.

OECD (2001), *What Schools for the Future?* OECD Publishing, Paris. *http://dx.doi.org/10.1787/9789264195004-en*.

Owen, S. (2012), "'Fertile questions,' 'multi-age groupings', 'campfires' and 'master classes' for specialist skill-building: Innovative Learning Environments and support professional learning or 'teacher engagers' within South Australian and international contexts", Peer-reviewed paper presented at World Education Research Association (WERA) Focal meeting at the Australian Association for Research in Education (AARE) Conference, 2-6 December, University of Sydney, Australia, *www.aare.edu.au/papers/2012/Susanne%20Owen%20Paper.pdf*.

Portin, B., P. Schneider, M. DeArmond and L. Gundlach (2003), *Making Sense of Leading Schools: A Study of the School Principalship*, Center on Reinventing Public Education, Washington University, Seattle.

Resnick, L.B., P.J. Spillane, P. Goldman and E.S. Rangel (2010), "Implementing innovation: From visionary models to everyday practice", in *The Nature of Learning: Using Research to Inspire Practice*, OECD Publishing, Paris. *http://dx.doi.org/10.1787/9789264086487-14-en*. (『学習の本質：研究の活用から実践へ』OECD教育研究革新センター編著、立田慶裕監訳、佐藤智子［ほか］訳、明石書店、2013年）

Robertson, J. (2013, in press), "Learning leadership", *Leading and Managing*, 19 (2).

Sahlberg, P. (2011), *Finnish Lessons: What Can the World Learn from Educational Change in Finland?* Teachers College Press, Columbia University, New York.

Spillane, J.P., and K. Healey (2010), "Conceptualizing school leadership and management from a distributed perspective", *The Elementary School Journal*, 111 (2), 253-281.

Spillane, J.P., K. Healey and C.M. Kim (2010), "Leading and managing instruction: Using social network analysis to explore formal and informal aspects of the elementary school organization", in A.J. Daly (ed.), *Social Network Theory and Educational Change*, Harvard Education Press, Cambridge, MA.

Spillane, J.P. and J.B. Diamond (2007), *Distributed Leadership in Practice*, Teachers College Press, New York.

Stinchcombe, A.L. (2001), *When Formality Works: Authority and Abstraction in Law and Organizations*, University of Chicago Press, Chicago.

Stoll, L. *et al.* (2006), "Professional learning communities: A review of the literature", *Journal of Educational Change*, 7 (4), 221-258.

Stoll, L. and J. Temperley (2009), "Creative leadership: A challenge of our times", *School Leadership and Management*, 29 (1), 63-76.

Talbert, J. and N. Scharff (2008), *The Scaffolded Apprenticeship Model of School Improvement through Leadership Development*, Center for Research on the Context of Teaching, Stanford University, California.

Timperley, H. (2011), *Realising the Power of Professional Learning*, Open University Press, Maidenhead.

Timperley, H., A. Wilson, H. Barr and I. Fung (2008), *Teacher Professional Learning and Development: Best Evidence Synthesis Iteration*, New Zealand Ministry of Education and University of Auckland.

Wiggins, G. and J. McTighe (2005), *Understanding by Design*, 2nd edition, ASCD, Alexandria, VA.（『理解をもたらすカリキュラム設計：「逆向き設計」の理論と方法』G.ウィギンズ, J.マクタイ著、西岡加名恵訳、日本標準、2012年）

Yukl, G. (1999), "An evaluation of conceptual weaknesses in transformational and charistmatic leadership theories", *The Leadership Quarterly*, 10 (2), 285-305.

York-Barr, J. and K. Duke (2004), "What do we know about teacher leadership? Findings from two decades of scholarship", *Review of Educational Research*, 74 (3), 255-316.

Zitter, I. and A. Hoeve (2012), "Hybrid learning environments: Merging learning and working processes to facilitate knowledge integration and transitions", *OECD Education Working Papers*, No.81, OECD Publishing, Paris. http://dx.doi.org/10.1787/5k97785xwdvf-en.

第2章

教育機関における教授を導く実践とマネジメント

ジェームズ・P. スピレーン[1]（ノースウェスタン大学, アメリカ）
　James P. Spillane（Northwestern University, USA）
布川あゆみ 訳

　本章では「学校教育の核となる指導技術」とも言い換えることのできる、教授とマネジメントに着目している。特に「学校の核となる機能よりも学校運営」に多くの分析がなされすぎ、学習や教授、そしてこれらの改善に向けてほとんど論じられていないことに問題意識をもっている。本章では教授の本質について検討するところから始める。ここでは教授を導く実践として、リーダーシップの診断とデザインについて論じる。その後、学校の組織構造に焦点を当てた診断に基づくデザインについて取り上げる。学校の組織構造とは組織上のルーティンやツール（たとえば教室の観察記録）、管理職、各担当分野やサブユニット（たとえば教科別や学年別）などを含む。本章では主に学校レベルについて論じるが、多層的な要因がいかに作用し合うのか、あるいはしないのかを検討するために、教育制度を超えたより広範なアプローチについても視野に入れている。

第1節　はじめに

　本章では学校教育の核となる指導技術である、教授とマネジメントについて論じる。この分野ではリーダーシップとその変化について多くの先行研究があるが、本章ではリーダーシップとマネジメントの両方に、特に着目する。マネジメントとは維持管理を意味する (Cuban, 1988)。しかし、この概念の利用のされ方は実に多様で、しばし軽蔑的な意味で用いられることもあり、教授の改善をもたらすという意味でよりも、学校運営の意味で用いられることが多い。教育者の課題は、単に教育制度の改革を担うだけではなく、変化を定着させることでもある。直接的に反対されたり、敵対するなど、変化と不変性は非常に関連した関係をもつ。だがリーダーシップとマネジメントはどちらも批判的に論じられている。本章では混乱を防ぐために「リーダーシップ」という概念のみを用いることとする。そうすることによって、結果としてリーダーシップとマネジメントの両方が浸透すると考えられる (Spillane, 2006)。

　本章においては教授と教授を導くための努力が主たるテーマであるが、それは次の三つの理由からである。第一に、いくつかの例外はあるが、分析の多くが学校教育の核となる指導技術よりも学校運営になされている点である。その結果、リーダーシップに関する概念や規定は教授とその改善に向けた実際的な取り組みとほとんど関連づけられることがない。第二に、学校におけるリーダーシップについて研究がなされる場合、教授は従属変数もしくは結果変数としてみなされることが多く、説明変数として位置づけられることがほとんどない。すなわち、教授が学校を導くという視点はもたれにくい。第三に、これらの点が考慮されれば、教授は単に一般的な活動とはみなされないであろう。これらの理由から、本章では教授におけるリーダーシップがもつ働きについて強調して論じる。

　リーダーシップを機能させるにあたって教授はその核となる必要があるが、

第2章　教育機関における教授を導く実践とマネジメント

実際にそうであるかは、学校組織や授業実践を構造化する教育制度にも広く影響を受ける。授業実践というのは、教師と生徒によって共につくりあげられるものであり、その教室で繰り広げられる即興的なやりとりに大きく規定される（Cohen, 2011）。また特定の学校において教室がどのような状況であるかは、その学校がおかれた地域や州、国レベルにおける教育行政の各部門のかかわり方によっても規定される（たとえば、教科書の採用や教員養成課程、テスト機関など）。それゆえに教授のためのリーダーシップを理解するにあたって、これらの教育行政各担当分野のかかわりはすべて批判的に検討されるべきである。大学とともに教員養成に深くかかわっているのが州や自治体である。州や自治体は、教員養成課程や現職研修、資格要件、採用、終身雇用の審査などを通じて、教師の知的能力部分に最も強い影響を及ぼす。教師の知的能力というのは、教授の質を最も左右する。これまでの研究動向およびメタ分析を考慮すれば、学校レベルの条件に限った場合、スクールリーダーシップは教授の質に関連しているのである。そしてそれはまた間接的にではあるが生徒の学習にも有意な効果を及ぼす（Hallinger and Heck, 1996a; Leithwood *et al.*, 2007; Lieberman *et al.*, 1994; Robinson *et al.*, 2008; Louis and Kruse, 1995; Rosenholtz, 1989）。

　学校レベルのリーダーシップと学習について詳細な分析を行うことは、教授を導くための制度レベルの課題について検討を開始するうえで、重要なポイントとなる。ただし気をつけなければならないのは、学校というのは教育制度に規定されている部分が大きいという点である。そのため授業実践の方法やスクールリーダーの仕事のあり方も制度上の違いを考慮しなければならない。教授に最もたけた人材の採用が主な職務として位置づいているスクールリーダーのほうが、そうした職務を請け負っていない人よりもリーダーシップ上のさまざまな課題に直面する傾向にある。本章では、教授と学習のためのリーダーシップ、特に学校レベル（学校を規定する幅広い制度として理解する）における教授に焦点を当てる。

　本章では教育上のリーダーシップのための5つのステップや12のステップといったシンプルな解決策を提案することはない。こうすべきであるという、シ

ンプルな解決策を提示するのではなく、教育部門において、何が難しく複雑な課題なのかをわかりやすく説明することを目的としている。なお国を超えて類似点を共有することは課題の一つであるが、これは単純にグローバルな解決方法を提示することを必ずしもめざしているわけではない点に留意されたい。もしシンプルな解決方法があり、それがまた実証的なデータに基づいて効果を確認できた場合に限って、その方法を提示することとする。いや、決してそうではない。「唯一の解決方法（そしてまったく不足がない解決方法）」は問題を改善する以上に悪い方向に働くと考える。

　本章は以下の流れに沿って論じてゆくこととする。第一に、教授、特に教授の本質について検討するところから始める。第二に、実践を導くスクールリーダーシップの診断とデザインについて論じる。ここでは実践についていかに研究し、発展させるのかという問題関心をもっている。第三に、リーダーシップの実践を向上させる枠組みについて提示し、学校組織の基盤について診断に基づくデザインを描き出す必要があることを取り上げる。本章では多くを学校レベルに限定して論じるが、特に、1）学校制度においてどのようなアレンジメントや組織が結果として教授とスクールリーダーシップの実践に影響を与えるのかについて議論する。また、2）他の「教育制度レベル（自治体レベルや州レベル、連邦レベル）」において実際どの程度採用されるのか、またチャータースクールなどの「制度外」の担い手にとってはどうなのか、といった点も含めて検討していくこととする。より重要なことは、制度レベルのアプローチは教育制度レベルに限定することなく、制度外を構成する多様な要因についても、それらがどのように互いに影響し合うのか、しないのかを含めて検討することである。

第2節　リーダーシップのエッセンスである教授

　スクールリーダーシップの診断とデザインにおいて、授業実践は中心に位置する。このことは、比較的容易に同意を得られるかもしれないが、それが示唆することに対しては慎重に検討されるべきである。これは教授と学習に関するリーダーシップの効果について研究する以上のことを意味するからである。教授とはスクールリーダーシップの診断とデザインにおいて従属変数であるだけでなく、重要な説明変数でもある。教授を説明変数としてとらえることによって、リーダーシップの本質について新しい知見がもたらされると考える。
　では、教授に関する診断とデザインについて慎重に検討することで、何がみえてくるのだろうか。

2.1　リーダーシップの主題としての教授

　教授というのは、単にリーダーシップの対象であるだけでなく、教師の主たる仕事でもある。実践上の課題として伝統的に議論されてきた一方で（Hallinger, 2005; Heck et al., 1990）、研究上の課題としても教授は位置づけられ、リーダーシップに関する研究が蓄積されてきた。だがこれらの先行研究では、校長（他のスクールリーダはいったん除いて）がいかにこの仕事を日々実践しているのか、限定的にしか論じていない（Hallinger, 2005; Hallinger and Heck, 1996a, 1996b; Heck and Hallinger, 1999）。しかし教授を重要な説明変数として位置づけることによって、教授を一枚岩的あるいは一元的にみることを回避する。学校の課題や教授に関連するもの（たとえば、学習範囲や教授方法、教材）はリーダーシップに関する診断とデザインについて検討するうえで欠かせない。
　学校の課題は、いかに教師が教えるかだけでなく、いかにリーダーが教授を

導くことができるかでもある。中等教育段階の教師は教科ごとにコンセプトが異なるなかで教えている。それはたとえば、定義や範囲、教材、またその教科が静的なのか動的なのかによっても大きく変わる（Grossman and Stodolsky, 1995）。これらの違いは教授に端的にあらわれる。それはたとえば、教師による教科内容のコントロールやカリキュラムの構成、スタンダード化や授業実践における教育改革の影響など、多岐にわたる（Ball, 1981; Grossman and Stodolsky, 1994; Little, 1993; McLaughlin and Talbert, 1993; Siskin, 1991, 1994）。だが初等教育段階の教師は教科の専門家としてよりもジェネラリストである傾向が強く、学校の主たる課題に応じて教授についても考え方を変える（Stodolsky, 1988）。これらの違いは授業実践を改革するにあたって、教師がどのような反応をするかを検討するうえで、重要となる。

　もし教科ごとに教授コンセプトが異なるのであれば、教授の導き方も教科ごとに検討しなければならないことを意味する。このことは経験的なエビデンスによっても示唆されている。いくつかの研究からはスクールリーダー（校長やその他スクールリーダーとしてフォーマルな立場に位置づけられている人々）の認知的スクリプトも教科によることが指摘されている（Burch and Spillane, 2003）。もしこれが正しいのであれば、教授の導き方は教科に応じた側面があるのかもしれない。先行研究（利用可能なエビデンス）からは次のことが指摘されている。スクールリーダーがスクールリーダーシップや政策とともに、言語芸術系と数学に関する教授を再結合した場合、結合のメカニズムは教科によって異なることである（Hayton and Spillane, 2005; Spillane and Burch, 2006）。

　私たちは教科にかかわらず、教師が教授し、リーダーが教授に関して多次元にかかわることによってリードするという構図以上の鋭い分析をすることができる。たいていの場合、スクールリーダーシップは教授に関する多次元（たとえば、教授内容、教授方法、教材、生徒のグループ分けなど）について考慮することはない。教授に関するより洗練された概念化が診断とデザインには必要であり、このことがリーダーシップの実践と教授を導く実践との関連を理解することにつながる。

2.2 教授とリーダーシップの実践に向けた理解

　教科ごとの課題や教授に関する多次元の課題などもあるが、授業実践がいかに教育制度と結びついているかという問題もある。先行研究のなかでもジャネット・ヴァイス（Janet Weiss, 1990）やブライアン・ローワン（Brian Rowan, 1990, 2002）が最も的確に論じているが、実践としての教授は社会的に構築されており、それがどのように定義されるかは、それがどのようにすれば最も導かれるのかという示唆と密接につながっている。時には教授が複雑な社会の圧力によって定義される場合もあれば、システムによっては教授が社会的にうまく定義され、比較的に不変であり、技術的試みとしてみなされる場合もある。もし教授が複雑な圧力として社会的に構築された場合、教師を意思決定のネットワーク構造におき、専門的コントロールと教師の同僚間の結びつきを強化するリーダーシップがより効果的に発揮される。一方で、教授は比較的不変のテクニカルな実践として社会的に定義されることもある。その場合にはインプットを標準化したシステムや管理職による行動、アウトプットのコントロールかつモニタリングがより効果的である。多くの学校制度において、教授はハイブリッドな圧力やテクニカルな実践によって社会的に定義される。それゆえに、時代に応じて定義の特徴が変わる可能性もある（Rowan, 2002）。

2.3 社会的性格をもつ教授

　授業実践が場所や時代によっていかに定義されようとも、本章において教授は社会的性格をもつ実践という立場をとる。教授については単独の実践として、教師の教室における行動に相当するものとして理解されがちである。だがこうした見方では、教授とは教師と生徒が特に知的および身体的に協力し合うことによって生み出されるものであるという認識を難しくさせてしまう（Cohen and Ball, 1999; Cohen, 2011）。教授は単に教師のスキルや知識によるだけでなく、

教師と共に協力して教授を生み出す生徒の知識とスキルにもよるのである。

　授業実践の社会的性格を認識することは、結果として診断とデザインをもたらす。リーダーシップと教授の関係は、教師同士の相互作用や生徒との関係、教授において用いる教材などの多層的なルートよりも、むしろスクールリーダーの働きと教師の教室での働きとの関連性を緊密すぎるほどに近づける。そしてリーダーシップを発揮するということは教師だけでなく、生徒や教材とも結びつく。リーダーシップは授業実践を定義する教師と生徒の両方であったり、教師とカリキュラムが構成要素をなすなど、これらコアな要素を多様なコンビネーションで結びつけるのである。

　要約していえば、リーダーシップに関する診断とデザインにおいて教授は前面に、また中心になくてはならない。教授は単に対象であるだけでなく、主題でもある。教授に関して広範な分析からはじめることは、本末転倒ではないかと心配する者もいるかもしれない。そうではなく、リーダーシップがもつ数多くの働きのなかでも、主として教授について検討がなされるよう、意図的に行うのである。さらに、本節ではリーダーシップの主題として教授に着目してきたが、それは単純なものでもなければ簡単なものでもない。授業実践は複雑な現象である。その時々の場所と時代に応じて、多層的に、社会的に、多様に定義されるのである。

第3節　教授を導くための実践に着目して

　過去何十年にもわたって、改革者や研究者はスクールリーダーシップに関する診断とデザインの枠組みを発展させるために「分散化された観点」とは何かについて、広く言及してきた（Gronn, 2000, 2002; Spillane and Diamond, 2007; Spillane et al., 1999, 2001）。分散化された認識や行動理論、ミクロ社会学など、分散化された観点はリーダーシップが単に組織上の質（Ogawa and Bossert, 1995; Pitner, 1988）を示すわけでもなければ、実践（Spillane, 2006）

第2章　教育機関における教授を導く実践とマネジメント

を意味するわけでもないことを強調する。このように教授を導くための実践は枠組み化され、大きな関心が払われてきた。

本章における中心的な議論であるリーダーによる診断とデザインは教授を導くための実践に焦点を当てなければならない。実践はデザインについて徹底的に関心をもたなければならず、またその改善は診断とデザインに伴う努力を対象としなければならない。教授を導く実践とは、スクールリーダーシップと授業実践との結節点である。リーダーシップの位置づけ、役割、責任、構造の問題というのは、日々、実践をどの程度導き、発展させることができるのかを問題としている。新しいリーダーシップの位置づけをつくりだしたり、リーダーシップの責任を再定義することは実践を導くにあたって、必ずしも変化をもたらすことや発展を保証するわけではない。ゆえに、診断とデザインに伴う努力は実践に関心を寄せなければならないのである。

実践が主題であるべきだという点については、同意を得やすい。しかし、それが何を意味するのか、その詳細については非常に複雑な様子を呈する。リーダーシップに対する共通理解に向けて分散化された観点から診断とデザインに取り組むうえで、次の三つの点が不可欠である。1) 個々人の活動だけでなく、人とのやりとりに参加すること、2) 執行部や代表者などの組織における上層部を排他的にみなす視点を乗り越えること、3) やりとりをするために状況に応じた視点をもつこと。この視点とは実践の段階や背後についてできるかぎりシンプルに検討することを意味する。

3.1　個々人の行動を乗り越えて：やりとりを生じさせる

リーダーシップを発揮することについては、半世紀以上にわたって研究がなされてきた（Fiedler, 1967; Hemphill, 1949）。そして振る舞いに関する実践の概念化は、スクールリーダー（多くが校長）それぞれを観察し、その結果が報告されることによって深められてきた。しかし、リーダーシップを発揮する実践の枠組み化は実世界の認識とはかけ離れたかたちで進んでもきた。人は社会

的に孤立して行動することはない。誰かが行動し、それに対して誰かが反応し、そのやりとりを通じて実践は形作られていく。したがって、実践は個々人の振る舞いや個々人の行動に限ったものではなくなるのである。

　分散化された観点からみれば、リーダーシップの実践は人との**相互作用**から形式化されたり、形作られたりする。それはたとえば教師や管理職、専門家であり、生徒や親、当該校区の行政担当者や学校査察者などの外部組織関係者との間のやりとりであり、これらの人々がもつ状況によって変わる。個々人の行動は他者との関係に応じて行われ、これらの日々のやりとりは実践の要素をなす。実践は、学校スタッフ間で共同してつくりだされるものである。実践を理解し、発展させる努力は、単に各リーダーの知識やスキルの成果としてのみならず、狭義の心理学的観点に焦点を当てることでもない。むしろこれらスタッフ間のやりとりを含んでいなければならないことを意味する。やりとりは、個々人の行動以上のものを意味しており、とりわけ重要なのである。

　もし実践がやりとりに基づいているのであれば、実践がもつ**即興性**は認識されなければならない。人が特定の方法に基づいて行動することを、多かれ少なかれあらかじめ見込むが、しかし他者がどのように反応するかをあらかじめ予期することは難しい。人物Aが行動し、人物Bが反応し、さらにそれに対して人物Aまたは人物Cが反応する。社会心理学者カール・ワイク（Karl Weick）は「二重相互作用」と呼んでいる。それは「対人関係の影響を叙述する基本的なユニット」（Weick, 1979, p.89）を意味する。人との相互作用は実践の積み重ねによって生まれる。しかしこれは事前に練られた計画や台本通りに展開されるというよりも、即興で生まれる反応や相互作用に規定される。社会規範やフォーマルな立場（状況に応じて他の観点も含まれる）は特定の状況によっては台本通りに相互作用が進むこともあるが、場合によっては特定の相互作用を生じさせたり、予期したりすることができないので、広範なスクリプトを提供することになる。こうして人は他者との相互作用を即興でつくりだしていくのである。

3.2 英雄的なリーダー像を乗り越えて

　社会的相互作用に枠付けられた実践が分析の中心的ユニットになったとき、たとえ学校長などの公的に任命された指導的立場に基づく振る舞いや行動、スタイルであっても、分析の対象から外すことは避ける必要がある。「英雄的なリーダー像に関するパラダイム」研究の信頼性が問われることになるからである（Yukl, 1999）。その代わりに私たちはリーダーシップがいかに責任を伴うものであるのかを理解し、多数の人々に仕事を割り振ることとなる。こうした認識のもと、分散化されたリーダーシップが好まれて書かれる一方で、スクールリーダーシップにおける校長の役割の重要性について否定されることはない。実際、分散化された観点からの経験的研究によれば（空論的な理論化とは区別して）、学校長の重要な役割について論じている（Camburn *et al.*, 2003; Spillane and Diamond, 2007）。

　分散化された観点においては、教授を導く働きかけを誰が行うのかを特定するだけでなく、スクールリーダーを構成するチームがその働きをいかにアレンジする責任を負うのかについても、検討しなければならない。たとえば100以上の地理的に異なる小学校に関する研究においては、リーダーシップに関する責任機能はリーダーチームに分散されていることが示されている。このチームは校長、副校長、主任を含むおおよそ3人から7人によって構成されている。校長はリーダーシップに関するすべての役割を担う傾向にあるが、監督者やその他の専門家は教授を導く仕事に集中する傾向にある（Camburn *et al.*, 2003）。その他に、30の小学校を対象とした研究からは、都市部の学校においては学校長を含んだフルタイム勤務にあるフォーマルなリーダーが平均して各校3.5人いることが示されている（Spillane and Healey, 2010; Spillane *et al.*, 2010）。教室での実践について責任があるだけでなく、リーダーシップに関する責任をもつ人々は増加傾向にある。その他の研究からはフォーマルにリーダーシップをとる立場にない教師であっても、学校長や外部のコンサルタント同様、リ

ダーシップの仕事に責任をもってかかわっていることが示されている（Harris, 2005; Heller and Firestone, 1995; Leithwood *et al*., 2007; Portin *et al*., 2003; Timperley, 2005）。

　リーダーシップが多数の人によっていかに分散化されているのかを正確に読み解くには、リーダーシップの機能によるタイプやルーティン（Camburn *et al*., 2003; Heller and Firestone, 1995）、教科の課題（Spillane, 2005）、学校規模（Camburn *et al*., 2003）、学校のタイプ（Portin *et al*., 2003）、学校のリーダーシップチームが十分に確立しているか、それともそうではないか（Copland, 2003; Harris, 2002）などのさまざまな要因によるところが大きい。スクールリーダーシップに関する分散化された観点は、リーダーシップの実践が単に実践としてではなく、さまざまな（複数の）リーダーやその関係者にも広く及んでいるものであることがわかる。

　リーダーシップの実践がさまざまなリーダーに及んでいることを認識することは、特定の学校において特定のリーダーシップのタスクを遂行するために必要な知識やスキルを必ずしも一人ひとりが十分にもっているわけではないことをも示唆する。したがって、少なくとも2人以上がリーダーシップのタスクを実行できる必要がある。たとえば、初等教育段階の学校で科学の教授に関する導入的なアプローチが必要な場面について考えてみよう。1年生を担当する教師は科学とペタゴジーに関する概念的知識が非常に豊富で、その知識をさらに深めるために惜しみない努力をしているが、教授に関して同僚同士で議論を促進するために必要なスキルについては十分にもっていない。これらの環境では、この学校における科学の教授に変化をもたらすタスクを学校スタッフメンバーが共同して行ってゆくことが不可欠である。リーダーシップのタスク――情報を共有し、議論する――とは相互作用を含むことであるという認識をすれば、スクールリーダーは新しい知識やスキルを一般化し、リーダーシップの実践を発展させることに貢献する。この方法において、分散化された観点をもって仕事を続けた場合、タスクを形成する専門家は該当する人だけでなく、個人間でもみられるようになる。このことは私たちがすべての人がリーダーであり、よ

り多くのリーダーがリーダーシップのタスクを担うべきであると単純に考えていることを必ずしも意味するわけではない。あまりにコックが多いとブイヨンを腐らせてしまうのである。

3.3 実践がおかれた文脈：内部から定義される実践

　すでに述べたとおり、社会的相互作用は実践を理解するための鍵となる。そして人にはそうした相互作用が不可欠なのである。しかし人は何もないところで他者とかかわろうとはしない。社会学者は、人の相互作用は「社会構造」と関連性をもったときに初めて起こりうることを指摘している。言語や社会規範、組織上のルーティン、労働条件やさまざまな種類のツールなどが考慮されたときに、人は他者と相互に影響し合うのである。社会構造が人との相互作用を生じさせる。この社会構造の特性は他者との相互作用を促したり強要することであり、実践を定義することでもある。「文脈に応じた課題」という表現は多用され、教育の世界で理解がなされている。学校改革者によってそれは有害なものとしてよく扱われ、研究者によってはなぜ介入が失敗または成功するのか「すべてを説明する要因」として扱われる。しかしこのどちらの位置づけも適切ではない。実践がおかれた文脈について、より高度に検討することが重要である。

　実践がおかれた文脈は単に人が他者と相互にかかわる舞台や場所を意味するだけではない。それはフォーマルな立場や組織上のルーティン、規範やプロトコルなどを含み、何を、いかに一人ひとりが他者と相互にやりとりするかを日々の実践から定義していくことを意味する。もちろん、リーダーシップに関する取り組みは理論家によって偶発的に行われるが、理論家は外部からのリーダーシップの影響として実践がおかれた文脈を扱うことが多い。なぜならば理論家は個人の振る舞いや活動を実践と同等視していることが多いからである。特に学校長の活動や振る舞いを実践と同等視しがちである。分散化された観点をもつことで実践とその文脈の間にある関係性をどう扱うかが変化する。文脈に対する視点は単に人が外部で何かをしたり、何かを計画したりする「影響」

をさしているわけではない。むしろ、実践の内部から変えていくことを意味する。すなわち、リーダーシップの実践において文脈は外部ではないのである。これら文脈に関する視点は、人がいかに他者と相互作用するかを定めるにあたって貢献し、また他者に強制したり、無理強いしたりするある種の社会的相互作用によって成し遂げられる。それゆえに、実践は内部から定義されるのである。この方法において、文脈はアウトカムとしての変数に関して人が何をするかのインパクトを和らげるだけでなく、むしろ人が行っている方法と大部分を同じくして、実践の核となる要素を定義するのである（Spillane, 2006）。結果として、文脈に対する視点はあまり考慮されず、それ自体によって認識されることもないまま、実践を定義していく。

　この方法によって、リーダーシップの実践は人だけではなく規範や組織上のルーティン、ツールなど、多様な要素が影響する。「すばらしい男性」や時には「すばらしい女性」といったときに、英雄主義的なリーダーシップが優勢の考えとなっている世界では、実践のための要素をつかむことは難しいのである。実践とは、心臓病チームが心臓手術に成功することや、中等学校のカリキュラムでリテラシースキルが教えられるよう、カリキュラムを改編させるためにチームワークを発揮する中等学校のリーダーシップなどを意味し、文脈に応じて基本的に形作られるのである。新しい科学技術は単に実践を多かれ少なかれつくりだすアクセサリーなのではなく、効果的で効率的なのである。新しい科学技術は実践の本質にまさに移行するのである。人はチェックリストやプロトコル（たとえば教室の観察におけるプロトコルや教師、生徒の評価を行うためのルーブリックなど）、生徒の学業成績を用いながら他者をみて、相互に作用するのである。これらのツールはいかに、何を人がみて、また同僚との相互作用において、何が内部から学校におけるリーダーシップの実践を形作っているのかを慎重に考慮するのである。こうすることによって、外部の偶発性によって外部から実践を形作っていくのではなく、むしろ学校における日々のリーダーシップに関する実践を内部から定義するのである。そのためにも診断とデザインは文脈に応じて慎重に行われる必要があり、いかに実践が定義されるのかを

診断し、それに応じてデザインし直すのである。

　異なる思考は実践やその文脈との関連性に照らして発展させていくべきである。人はいかに日々の物事が日々の実践を定義しているかを真摯に検討する。人と相互作用するために用いられる物事は、他でもない、そのものに焦点化し、枠組み化することによって定義されるのである。文脈に対する視点をもつことは、実践を定義するのに貢献する。それは誰が誰に、何について、どのように、いつといった観点をもつことで、またもたせることによってなされる。これらの状況に対する観点は実践を定義するのである。規範や信頼、教師を指導・監督するための組織上のルーティンなどは再生産され、変換される。日々の実践は時には一変したりするのである (Sherer and Spillane, 2010; Spillane *et al.*, 2011)。それがたとえ広範なものであっても、文脈に対する視点はスクリプトを提供し、特定の状況においていかに人が相互作用するのかを想定する。だがこれらのスクリプトはすべての偶発的な出来事を想定することができないため、実践では即興性が不可欠なのである。

　では教授を導く実践をつくりあげるために、どのように改善していけるのだろうか。

第4節　診断とデザイン：組織上のインフラと実践

　突然の変化や即興性が実践における重要なプロパティであるとすると、実践はデザインすることができない。校長に教員評価の実施や学校開発計画の促進に向けてのスクリプトやマニュアル、専門性開発、プロトコルを提供することはできる。しかし実践の即興的プロパティや相互作用の必要性について真剣にとらえた場合であってもリーダーシップや実践をデザインすることはできない。しかし、実践のためにデザインすることはできる (Spillane and Coldren, 2011)。

　具体的には文脈をなす要素や社会構造についてデザインすることができる。それは教授を導く実践をつくりあげるのに影響する組織上のルーティンや規範、

フォーマルな立場、ツールなどを含む。社会構造について考えた場合、それは教授を導く実践にとってのインフラであることがわかる。インフラは人間の活動のすべての分野において不可欠である。政策立案者や経済学者は都市や国家のインフラ——道路や鉄道、電力供給、銀行、水、汚水など——は経済生産性にとって不可欠であることを指摘している。それは私たちの働き方を形作る。学校などの組織はそこでの人の働き方を形作るインフラを備えている。これには建物や組織上のルーティン（たとえば、教員評価）、ツール（たとえば、カリキュラム、生徒の評価、教員評価のためのプロトコル、生徒のレポートカード）、規則（たとえば、出席に関する方針）を含む。組織上のインフラは特にベテランの組織メンバーにとっては決して平凡なものではなく、背後に属するものを意味する。実際、インフラが十分に構築されていなかったり、外的要因によって突然変化したときなど、兆候がみられることを事前に考慮しておかなければならない。よくも悪くも、組織上のインフラは、どこで、いつ、何について、誰と相互作用したかによって多かれ少なかれ、学校の日々の実践を定義してゆくことになる。

　インフラをデザインすることは教授を導く実践をつくりあげる牽引力となり、診断は不可欠な働きをする。診断によって、本質や原因を追求し、議論することができる。それは目標を定め、目標を達成するための方法を特定することを意味する。デザインとはこれらの目標を目的にあった方法で形作ることである。デザインは壮大な仕事としてみられがちだが、これは日常的な活動なのである (Norman, 1988)。

　診断やデザインについて議論することは教授を導く実践をつくりあげるにあたって不可欠である。本節以下では次の二つの点について論じる。一点目が組織上のルーティン——学校やすべての組織における留め具——を通じてインフラと実践の間にみられる弁証法的関係について検討する。二点目が学校における組織上のインフラの他の要素について特定することである。これらの要素は、組織上のルーティンを提案する際の枠組みにおいて用いられ、また教授を導く実践をつくりあげることとも関連している。

4.1 インフラと実践：組織上のルーティンの事例

　組織上のルーティンは学校の留め具（重要な要素）であり、教員評価や教員の採用、学校開発計画、学年別会議、生徒会活動などを含む。組織上のルーティンについては組織理論や学校改革に関する文献においては非難されがちである。慣行や現状の維持が優先され、変化に向けての取り組みは困難に直面する。しかし組織上のルーティンは、組織を機能させ、共同での活動を可能とさせる。また組織で仕事を進める際にコンフリクトを減少させることや人員に変化があっても一貫性を提供していくうえで不可欠なのである。組織上のルーティンは「繰り返しの多い」独立した活動から成り立っており、これには、複数のアクターが含まれる（Feldman and Pentland, 2003）。

　分析上、インフラと実践との関係性を理解するにあたって特に重要なのは、「明示的」で「能力的」な観点、この両方から組織上のルーティンについて考えることである（Feldman and Rafaeli, 2002）。明示的な観点は「原則に基づくルーティン」や理想化されたバージョンに言及しており、能力的な観点は特定の場所や時間における実践のルーティンに言及する。

　組織上のルーティンに対する明示的な観点は、学校スタッフ間の相互作用のパターン化によって、組織における実践を構造化する。広範なスクリプトや学年別の会議などのルーティンからなる明示的な観点は、学校スタッフ間（たとえば、同一学年を担当する教師同士はその他の学年を担当する教師）とよりも、特定の課題（たとえば、教授方法についてよりも教材）について頻繁にやりとりをする傾向がある。ここで大事なのは、組織上のルーティンに関する明示的な観点は、デザインや教授、学習、指導、生徒の成功などの学校の仕事における重要な観点について認知的表現を具体化することである。材料（たとえば、教室での観察のプロトコル）や抽象的な物事は教員が互いにやりとりをするために用いる。たとえば組織上のルーティンのための明示的なスクリプトは、「内面的モデル」を具体化し、特定の方法で教員の働きにおいて重要な観点を

示す。学校スタッフがこれらのものをどの程度利用するのかは、何にかれらが気づき、いかにしてかれらが自分たちで気づいた点に対して解釈できるかに左右される。それは単に個人的内面にとどまらず、頭の中にある知識や図式だけでなく、内面的精神モデルによって他者とやりとりするために何を用いるかを具体化するのである（Hutchins, 1995）。

同時に、組織上のルーティンに関する各種法令——能力的観点——は、そのつど学校のインフラに影響を与える。また基本的な方法について明示的なスクリプトを即興でそのつど修正したり、変化させたりするのである。日々の組織上のルーティンにおける共同的な実践はこれらの状況において即興でつくりだされる必要がある。なぜならば、スクリプトは広範で抽象的すぎて複数の多様な状況に対応することができないからである。組織上のルーティンにおける明示的な観点はスクールリーダーや教師などの他者とのやりとりを導くのである。特定の時間や特定の場所でのかれらのパフォーマンスは、特定のものを扱うというよりもむしろ広範で、共に実践を形作ることに影響を与える（Sherer and Spillane, 2010）。ルーティンによるパフォーマンスは変化しやすく、しばしば無計画であるが、それはまたルーティンに関する明示的な観点を変えるのである。同時に、特定のルーティンがいかに十分ではない状況下で働きを求められているのか気づくことによって、スクールリーダーはそのパフォーマンスを向上させるための明示的な観点を改めて計画し直すことになる（Spillane and Diamond, 2007）。それゆえ、特定のパフォーマンスに関するルーティンについては明示的な観点の枠組み化がなされる一方で、明示的なスクリプトはパフォーマンスのなかにあり、再生産され、また移行されるのである（Sherer and Spillane, 2010; Spillane *et al.*, 2011）。

組織上のルーティンに関するデザインとデザインの見直しはリスクの大きい政策の出現に対してスクールリーダーが最も共通にみせる反応である。スクールリーダーは政策および教室での教授方法についてより反応を示すために、学校組織上の新しいルーティンをスクールリーダーシップの実践へと移行していくようデザインする。そのためこれらのルーティンは政策や実践に対してより

責任をもつこととなる (Sherer and Spillane, 2010; Spillane et al., 2011)。これらのルーティンはいったん組織に持ち込まれ、学校での実践に転換されると、学校スタッフ間で主たる教科の教授についてのやりとりを増加させる (Sherer and Spillane, 2010; Spillane et al., 2011)。だがこれらのルーティンは教授に対して必ずしも中立的立場にあるわけではない。国による数学や読み書きのテストに対して、スクールリーダーはこれらのルーティンを計画し、学習や生徒の成功（たとえば叙述的な言葉や語彙の獲得）に対して特定の表現を具体化するようツールを開発する一方で、その他の描写（たとえば独自性）については除外する。こうして、学校スタッフ間で教授に関するこれらのやりとりが特定の教科（たとえば読み書き）においては増加し、教授についても特定の思考方法が用いられるが、その他の教科（たとえば科学）は対象とならない。

4.2 学校組織上のインフラ：要素と特徴

組織上のルーティンは学校組織をなすインフラの一つでしかない。その他の要素には、ツール（たとえば教室の観察プロトコル）やフォーマルな立場（たとえば代表者である校長）、メンタリングを担当する教師、各担当分野やサブユニット（たとえば担当教科や担当学年）などが含まれる。明示的で能力的な枠組みは学校組織上のインフラをなすこれらの他の要素に用いられる。多くが、組織上のルーティンと同様の方法で行われる。

スクールリーダーや教師は学校のインフラのうちいくつかの要素をデザインするが、それらの使用は外部のエージェンシー（たとえば政府組織や外部のシステム提供者）に委ねられる。標準化されたテストに基づいて生徒の学力を調査するということは、過去何十年にわたる政策の結果であり、アメリカの学校の特徴ともいえる。スクールリーダーや教師はこれらのデータを意思決定の際に使用することを、政府から求められている。これまで学力データを州に報告することが求められてきたが、新たに特定の生徒グループの非集計データを収集することも含まれることになった。この政策の転換は生徒の学力データを活

用するよう学校に新たに圧力をかけているだけではなく、学習や教授の改善をはかるものとしてデータを位置づけていることである。組織上のルーティンのように、これらのデータは生徒の学習についてのある特定の表示方法にすぎないが、学習に関するいくつかの観点について注意を向けるのである。これは生徒個々人や教室、学校レベルにおいて、生徒の学習や教室での実践などの複雑な地勢を単純化し、生徒が何を学び、そこから教師は何を（そしていかに）教えているのかを数値で評価することがなされている（Sauder and Espeland, 2009）。テストの得点データ（結果）という学習成果としての一つの表示方法を学校スタッフがどの程度意味があるものとしてみるかによるが、少なからず他でもなく教授や学習に関心が向けられる。

　この方法において、標準化されたテストデータなどのツールは、学習や教授にとって何を意味するのかを特定の方法で指し示す。これはリーダーシップに関する実践の総体をなし、またリーダーシップに関する実践の要素を規定する。デザインの機能やあらわれ方、その他の要素のコンビネーションなど、学校組織上のインフラは多かれ少なかれ、教授を導く実践を支えているのである。そしてインフラについてのデザインと再デザインを通じて、リーダーシップの実践は変化しうるのである。学校組織上のインフラは、教授を導く実践のあり方に違いを生じさせる。最新の研究からは、教師は赴任して最初の数年間、同学年を担当する教師から教授についてのアドバイスや情報を特に得たい傾向があることが指摘されている（Spillane *et al.*, forthcoming）。同様に、教師はフォーマルにリーダーシップをとる立場にある同僚から教授についてのアドバイスや情報を得たい傾向がある（Spillane *et al.*, forthcoming）。

　変化にさらされているとき（たとえば、新しいスクールリーダーシップのチームが形成されたり、政府の政策によって学校の通常業務が混乱しているとき）を除いて、インフラというのは日々の実践ではみえにくい。だが学校において不可欠で恒常的な実践がいったん組織に取り込まれると、インフラというのは「瞬く間にみえないものとなる」（Star, 1998）。内部から実践を定義することは、透明性や留意点、継続性やインフラの対象範囲などを組織のメンバー

に気づかせ、診断させることを難しくする。だが慎重な診断はインフラについてのデザインと再デザインにおいて不可欠である。

　インフラに関する診断とデザインについて検討することは、組織上の基盤における明示的な観点の特徴を検討することであり、多かれ少なかれ能力的な観点を効果的に検討することを含む。以下に仮のリストを示すが、これは教育システムに関する先行研究（Cohen and Spillane, 1992; Floden *et al.*, 1998）やフォーマルな仕事がどのような状況下で機能するのかについて着目した社会学分野の研究（Colyvas, 2012; Stinchcombe, 2001）を踏まえたものである。このリストは包括的であるだけでなく示唆的でもある。組織上のインフラに関する明示的な観点については、以下の五つの特徴が特定されている。これは能力的な観点とも関連があるものとして考えられる。

1）組織上のインフラと教授を関連づける

　一つの特徴として、スクールリーダーシップのためのインフラがどのように教授と関係があるのかを検討することがあげられる。私たちはスクールリーダーシップのインフラが教授と関係があると仮定することはできない。先行研究からは教授が学校のインフラや政府の政策と多少関係している、あるいはまったく関係していないことが指摘されている（Meyer and Rowan, 1977; Weick, 1976）。もしインフラが教授と固く結びついているのであれば、それはどのように関連付けられるべきなのか、教授に関するいくつもの要素（たとえば教師や生徒、教材など）から検討することが必要である。本章のはじめで議論した点になるが、授業は教師と生徒が相互作用しながら、特定の教材とともに作り出していくものである。この方法で枠組み化されると、組織上のインフラやリーダーシップの実践は教授に関するこれらそれぞれの要素——教師、生徒、教材——がやりとりをするなかで体系的に用いられる。それぞれに独立して行うよりも、教授を向上させる傾向にある。

2）経験知から導かれる妥当性

　学校組織上のインフラに対するその他の明示的な特徴は、いかに能力的な観点——実践——を強い、また可能とさせるかであり、それは「認知的妥当性」をさす（Colyvas, 2012; Stinchcombe, 2001）。認知的妥当性は組織上のインフラの「描写における正確性、活動をマネジメントする必要性を把握するために効率性に言及する。認知的経済性は仕事をしやすくし、さまざまな状況を対象とし、マネジメントすることができる（Stinchcombe, 2001, p.18）。明示性は能力的認知的妥当性についてマネジメントすることもなければ、決定づけることもない一方で、認知的妥当性は明示的な観点について思考することを促し、インフラの導きや教授、学習の認知的表現性をも含むのである。認知的妥当性は、どの程度ルーティンに関する明示的な観点に対して診断する必要性があるのかを強調し、教授を導く実践や教室での実践、生徒の学習について再現するのである。どの程度学校組織上のインフラを正確に、経済的・効率的・抽象的に教授を導く仕事を表現できているのだろうか。もしも学校のインフラにおける明示的観点において、実践の再現性がなされるならば、教師によって日々使用されることは不適切で、実践を方向づけることができていないことがうかがえる。

3）伝達性、腐敗性、正確性
——Stinchcombe（2001）が論じているいくつかのカテゴリーを引用

　明示的な観点における実践の再現性は、能力的観点にも適用されねばならない。もしこれが欠如していると、これらの再現性は特定の時間における特定の場所の実践を可能とさせることも、強いることもできないのである。さらに、組織上のインフラにおける明示的な観点はパフォーマンスあるいは実践に反することもありうる。もし組織上のルーティンにおける明示的な観点が上手く作用しなければ、たとえば学校スタッフが学年別の打ち合わせを目的なく行ってしまった場合など、明示的な観点はパフォーマンスに非効率的に作用する可能性がある。最終的に、明示的な観点は自ら修正する方法をもっているのか——正確性があるのか——を批判的に検討することが重要である。このことは明示

性がパフォーマンスと関連をもち、役立つものとして働きかけるうえで不可欠である。学校のインフラは実践と共にそのペースを維持しなければならず、また学校の日々の実践と関連がなければならない。そして必要な場合に修正したり、変更するための知識をある程度もっていることが大事である。

4) 一貫性

一貫性はいずれの要素にも含まれているが（特に組織上のルーティン）、学校組織上のインフラについて明示的な観点が実践を可能とさせ、強いる点に影響を与えた場合、一貫性が重要な要素となる。組織上のインフラの要素内に一貫性がないと、パフォーマンスに影響を与えられない傾向がある。

5) 権威と権力

学校組織上のインフラにおいて権威と権力がどの程度重視されているかは、組織を担うメンバーによって違う。これはフォーマルな権威がどの程度機能しているかによる。それはたとえば校長の立場や政府規則（フォーマルな立場や組織上のルーティンを誰が支えることが適切なのか）によって求められた学校組織上のインフラの観点による。同時に、組織上のインフラによる権威と権力は組織のメンバーによって所有されている機能の感覚にも左右される（Spillane and Anderson, under review）。権威と権力は組織上のインフラやそれについてのパーツが再デザインされ、変化するときに特に関連性をもつ。

第5節　結論

本章では教室での教授を導くこと——これは学校教育における核となる指導技術である——に着目してきた。本章で取り上げた多くの事例は、学校レベルでの教授を導くためのリーダーシップに関する実践であった。なぜならばリーダーシップというのは、学校レベルの条件に左右されるという前提はあるが、

教授の質と関連し、また生徒の学習に間接的に重要な影響を与えるからである（Hallinger and Heck, 1996a; Leithwood *et al.*, 2007; Lieberman *et al.*, 1994; Robinson, Lloyd and Rowe, 2008）。学校レベルにおけるリーダーシップと学習との間の関連性について十分に注意を払うことは、組織に十分な情報を与えること、また教授を導くことや教授の改善について制度レベルの検討を行ううえで重要である。

同時に、特定の教育制度下にある学校がいかに、その制度によって教室での教授が左右されているかという点を慎重に検討することも重要である。教育制度はそのようなアレンジメントに幅広く、さまざまに影響するのである。それらの差異は「中央集権化」対「脱中央集権化」という違いに分類されることもあるが、この分類が役立つことは少ない。教授の方向づけをする際に、教育制度間でみられる差異が最も重要なのである（Cohen and Spillane, 1992）。学校は教育制度に帰属している。ただし、診断とデザインに関して分散化された観点の立場からは、教授を導く実践においても、また学校を導く実践においても、その方法はそれぞれに異なることを、留意することが重要である。アメリカの多くの学校において、また多くの学校で想定されうることとして、教室での教授をサポートするための制度レベルのインフラは、十分に機能していない。そしてしばしば教授やその改善には逆効果であったり、十分に検討されていないメッセージが送られることとなる（Cohen and Moffitt, 2009）。こうした状況下では、学校が発展方法について自ら見つけ出さなければならないことを意味する。その一方で、教授についてのより一貫した広範な案内を学校に提供するだけでなく、誰が教授の専門性に従事でき、いかに教授のための準備をすべきなのかについて、十分に示唆する制度もある。学校制度のさまざまなレベルにおいて教授を導くこととその改善に向けて、教授を束ねる多様な教育制度を体系的に論じた議論については、本章では扱っていない。だが、それらは本章で深めた議論について今後検討する際に、重要となってくる。

本章で議論したように、教授を導くために分散化された観点をもつことは、教育制度のいかなるレベルにおいても（たとえば地域の教育機関や教育省など）、

第2章　教育機関における教授を導く実践とマネジメント

より慎重で思慮深く対応していくことが重要である。実際には、制度外のエージェンシー（たとえばチャータースクールのネットワークやコンプリヘンシヴスクール改革の実行者）をも含む。教育制度のいかなるレベルであっても除外することは問題を含むのである。なぜならば、一つのレベルで教授を導く観点について起きていることは、他のレベル――地域、州、連邦――や制度外のエージェンシーで起きていることと相互依存の関係にあるからである。教授を導くための学校レベルの努力は、他の教育制度のレベルにおける努力や課題と相互依存の関係にある。

　教育制度におけるいかなるレベルの組織であっても、制度的セクターとの関連はより広範にとらえるべきである。これは次の三つの理由から不可欠である。第一に、いかなるレベルにおいても、教授のためのリーダーシップは多かれ少なかれ、他のレベルの教授のためのリーダーシップに左右されるからである。学校レベルにおけるリーダーシップの向上について理解し、取り組むためには他のレベルとの相互関係について知識を得るだけでなく、これらの相互関係についても探求しなければならない。

　第二に、教育制度レベルにおいて教授を導くこと、また制度外の要素について理解することが必要だけでなく、制度分析も必要である。これは大きな課題であるが、必要なタスクである。さらに、制度を理解しようとする際に、政策レベル（たとえば連邦政府や州政府）から実践レベルに落として考える必要は必ずしもない。このようなトップダウンによる診断とデザインは、一般化した視点を提供してくれる。これは、教授のためのリーダーシップの向上が目標であった際には、有益な視点であるといえる。だが、制度というのはトップダウンとボトムアップの両方から理解する必要があるだけでなく、制度外または制度内あるいはその両方の視点からの理解も必要なのである。

　第三に、制度や機関別アプローチを採用することはさまざまな国の教授を導く実践について解釈するうえで不可欠である。さまざまな国におけるスクールリーダーシップに関する実証的研究から示唆されていることは、その仕事が行われている国の教育制度について慎重に考慮がなされたときに、はじめて理解

がなされ、また高く評価がなされるということである。このことによって、相互にシステムの比較がなされ、結論を一般化することが可能となる。私たちは多様な教育制度におけるこれらの課題を慎重に検討する限りにおいて、他の教育制度における教授を導くための取り組みから学ぶことができるのである。

註
1. スペンサー T. およびアン・W・オーリン財団（Spencer T. and Ann W. Olin）、ノースウェスタン大学学校教育における学習と組織的変化および社会政策所属、教授。

参考文献
Ball, S.J. (1981), *Beachside Comprehensive: A Case Study of Secondary Schooling*, Cambridge University Press, Cambridge, UK.

Burch, P. and J.P. Spillane (2003), "Elementary school leadership strategies and subject matter: Reforming mathematics and literacy instruction", *The Elementary School Journal*, 103 (5), 519-535.

Camburn, E.M., B. Rowan and J.E. Taylor (2003), "Distributed leadership in schools: The case of elementary schools adopting comprehensive school reform models", *Educational Evaulation and Policy Analysis*, 25 (4), 347-373.

Cohen, D.K. (2011), *Teaching and Its Predicaments*, Harvard University Press, Cambridge, MA.

Cohen, D.K., and D.L. Ball (1999), *Instruction, Capacity, and Improvement*, CPRE Research Report Serries RR-43, Consortium for Policy Research in Education (CPRE), Philadelphia, PA.

Cohen, D.K., and S.L. Moffitt (2009), *The Ordeal of Equality: Did Federal Regulation Fix the Schools?* Harvard University Press, Cambridge, MA.

Cohen, D.K. and J.P. Spillane (1992), "Policy and practice: The relations between governance and instruction", *Review of Research in Education*,18 (3) .

Colyvas, J.A. (2012), "Performance metrics as formal structures and through the lens of social mechanisms: When do they work and how do they influence?", *American Journal of Education*, 118 (2), 167-197.

Copland, M.A. (2003), "Leadership of inquiry: Building and sustaining capacity for school improvement", *Educational Evaluation and Policy Analysis*, 25 (4), 375-395.

Cuban, L. (1988), *The Managerial Imperative and the Practice of Leadership in Schools*, SUNY (State University of New York) Press, Albany, NY.

Drake, C., J.P. Spillane and K. Hufferd-Ackles (2001), "Storied identities: Teacher learning and subject-matter context", *Journal of Curriculum Studies*, 33 (1), 1-13.

Feldman, M. S. and B.T. Pentland (2003), "Reconceptualizing organizational routines as a source of flexibility and change", *Administrative Science Quarterly*, 48 (1), 94-118.

Feldman, M.S. and A. Rafaeli (2002), "Organizational routines as sources of connections and understandings", *Journal of Management Studies*, 39 (3), 309-331.

Fiedler, F.E. (1967), *A Theory of Leadership Effectiveness* (Vol. III), McGraw-Hill, New York.

Floden, R.E. et al. (1988), "Instructional leadership at the district level: A closer look at autonomy and control", *Educational Administration Quarterly*, 24 (2), 96-124.

Gronn, P. (2002), "Distributed leadership as a unit of analysis", *The Leadership Quarterly*, 13 (4), 423-451.

Gronn, P. (2000), "Distributed properties: A new architecture for leadership", *Educational Management Administration Leadership*, 28 (3), 317-338.

Grossman, P. L. and S.S. Stodolsky (1995), "Content as context: The role of school subjects in secondary school teaching", *Educational Researcher*, 24 (8), 5-23.

Grossman, P.L. and S.S. Stodolsky (1994), "Considerations of content and the circumstances of secondary school teaching", in L. Darling-Hammond (ed.), *Review of Research in Education* (Vol. 20), American Educational Research Association, Washington, DC, 179-222.

Hallinger, P. (2005), "Instructional leadership and the school principal: A passing fancy that refuses to fade away", *Leadership and Policy in Schools*, 4 (3), 221-239.

Hallinger, P. and R.H. Heck (1996a), "Reassessing the principal's role in school effectiveness: A review of empirical research, 1980-1995", *Educational Administration Quarterly*, 32 (1) , 5-44.

Hallinger, P. and R.H. Heck (1996b), "The principal's role in school effectiveness: A review of methodological issues", in K.A. Leithwood (ed.), *The International Handbook of Educational Leadership and Administration*, Kluwer, Dordrecht, Netherlands.

Harris, A. (2005), "Leading or misleading? Distributed leadership and school improvement", *Journal of Curriculum Studies*, 37 (3), 255-265.

Harris, A. (2002), "Effective leadership in schools facing challenging contexts",

School Leadership and Management, 22 (1), 15-26.
Hayton, P. and J.P. Spillane (2005), *Professional Community or Communities? School Subject Matter and Elementary School Teachers' Work Environments*, IPR Working Paper Series, Institute for Policy Research, Evanston, IL.
Heck, R.H. and P. Hallinger (1999), "Next generation methods for the study of leadership and school improvement" in J. Murphy and K. S. Louis (eds.), *Handbook of Research on Educational Administration*, Jossey-Bass, San Francisco.
Heck, R.H., T.J. Larsen and G.A. Marcoulides (1990), "Instructional leadership and school achievement: Validation of a causal model", *Educational Administration Quarterly*, 26 (2), 94-125.
Heller, M.F. and W.A. Firestone (1995), "Who's in charge here? Sources of leadership for change in eight schools", *Elementary School Journal*, 96 (1), 65-86.
Hemphill, J.K. (1949), "The leader and his group", *Educational Research Bulletin*, 28 (9), 225-229.
Hutchins, E. (1995), *Cognition in the Wild*, MIT Press, Cambridge, MA.
Leithwood, K.A. *et al.* (2007), "Distributing leadership to make schools smarter: Taking the ego out of the system", *Leadership and Policy in Schools*, 6 (1), 37-67.
Lieberman, A., B. Falk and L. Alexander (1994), *A Culture in the Making: Leadership in Learner-Centered Schools*, National Center for Restructuring Education, School, and Teaching, New York.
Little, J.W. (1993), "Teachers' professional development in a climate of educational reform", *Educational Evaluation and Policy Analysis*, 15 (2), 129-151.
Louis, K.S. and S.D. Kruse (1995), *Professionalism and Community: Perspectives on Reforming Urban Schools*, Corwin Press, Newbury Park, CA.
McLaughlin, M.W. and J.E. Talbert (1993), "How the world of students and teachers challenges policy coherence", in S. Fuhrman (ed.), *Designing Coherent Education Policy: Improving the System*, Jossey-Bass, San Francisco.
Meyer, J.W. and B. Rowan (1977), "Institutionalized organizations: Formal structure as myth and ceremony", *American Journal of Sociology*, 83 (2), 340-363.
Norman, D.A. (1988), *The Psychology of Everyday Things*, Basic Books, New York. (『誰のためのデザイン？：認知科学者のデザイン原論』D.A.ノーマン著、野島久雄訳、新曜社、1990年）
Ogawa, R.T. and S.T. Bossert (1995), "Leadership as an organizational quality", *Educational Administration Quarterly*, 31 (2), 224-243.
Pitner, N. (1988), "The study of administrator effects and effectiveness", in N. Boyan

(ed.), *Handbook of Research in Educational Administration*, Longman, New York, 99-122.

Portin, B., P. Schneider, M. DeArmond and L. Gundlach (2003), *Making Sense of Leading Schools: A Study of the School Principalship*, Center on Reinventing Public Education, Washington University, Seattle, WA.

Robinson, V.M.J., C.A. Lloyd and K.J. Rowe. (2008), "The impact of leadership on student outcomes: An analysis of the differential effects of leadership types", *Educational Administration Quarterly*, 44 (5), 635-674.

Rosenholtz, S.J. (1989), "Workplace conditions that affect teacher quality and commitment: Implications for teacher induction programs", *The Elementary School Journal*, 89 (4), 421-439.

Rowan, B. (2002), "Teachers' work and instructional management, Part I: Alternative views of the task of teaching", in W.K. Hoy and C.G. Miskel (eds.), *Theory and research in educational administration*, Information Age Publishing, Charlotte, NC.

Rowan, B. (1990), "Commitment and control: Alternative strategies for the organizational design of schools", *Review of Research in Education*, 16, 353-389.

Sauder, M. and W.N. Espeland (2009), "The discipline of rankings: Tight coupling and organizational change", *American Sociological Review*, 74 (20), 63-82.

Sherer, J.Z. and J.P. Spillane (2010), "Constancy and change in school work practice: Exploring the role of organizational routines", *Teachers College Record*, 113 (3).

Siskin, L.S. (1994), *Realms of Knowledge: Academic Departments in Secondary Schools*, Routledge and Falmer, Washington, DC.

Siskin, L.S. (1991), "Departments as different worlds: Subject subcultures in secondary schools", *Educational Administration Quarterly*, 27 (2), 134-160.

Spillane, J.P. (2006), *Distributed Leadership*, Jossey-Bass, San Francisco.

Spillane, J.P. (2005), "Primary school leadership practice: How the subject matters", *School Leadership and Management*, 25 (4), 383-397.

Spillane, J.P. (2000). A fifth-grade teacher's reconstruction of mathematics and literacy teaching: Exploring interactions among identity, learning, and subject matter. *The Elementary School Journal, 100* (4), 307-330.

Spillane, J.P. and L.M. Anderson (under review), "Policy, practice, and professionalism: Negotiating policy meanings in practice in a shifting institutional environment", *Sociology of Education*.

Spillane, J.P. and P. Burch (2006), "The institutional environment and instructional practice: Changing patterns of guidance and control in public education", in H.-D. Meyer and B. Rowan (eds.), *The NewInstitutionalism in Education*, SUNY Press, Albany, NY.

Spillane, J.P. and A.F. Coldren (2011), *Diagnosis and Design for School Improvement: Using a Distributed Perspective to Lead and Manage Change*, Teachers College Press, New York.

Spillane, J.P. and J.B. Diamond (2007), *Distributed Leadership in Practice*, Teachers College Press, New York.

Spillane, J.P., R. Halverson and J.B. Diamond (2001), "Investigating school leadership practice: A distributed perspective", *Educational Researcher*, 30 (3), 23-28.

Spillane, J.P., R. Halverson and J.B. Diamond (1999), *Distributed Leadership: Toward a Theory of School Leadership Practice*, Institute for Policy Research, Evanston, IL.

Spillane, J.P. and K. Healey (2010), "Conceptualizing school leadership and management from a distributed perspective", *The Elementary School Journal*, 111 (2), 253-281.

Spillane, J.P., K. Healey and C.M. Kim (2010), "Leading and managing instruction: Using social network analysis to explore formal and informal aspects of the elementary school organization", in A.J. Daly (ed.), *Social Network Theory and Educational Change*, Harvard Education Press, Cambridge, MA, 129-156.

Spillane, J.P., C.M. Kim and K.A. Frank (in press), "Instructional advice and information seeking behavior in elementary schools: Exploring tie formation as a building block in social capital development", *American Educational Research Journal*.

Spillane, J.P., L.M. Parise and J.Z. Sherer (2011), "Organizational routines as coupling mechanisms: policy, school administration, and the technical core", *American Educational Research Journal*, 48 (3), 586-620.

Star, S. (1998), "Working together: Symbolic interactionism, activity theory, and information systems", in Y. Engeström and D.S. Middleton (eds.), *Cognition and Communication at Work*, Cambridge University Press, New York, 296-318.

Stinchcombe, A.L. (2001), *When Formality Works: Authority and Abstraction in Law and Organizations*, University of Chicago Press, Chicago.

Stodolsky, S.S. (1988), *The Subject Matters: Classroom Activity in Math and Social Studies*, Univeristy of Chicago Press, Chicago.

Timperley, H.S. (2005), "Distributed leadership: Developing theory from practice", *Journal of Curriculum Studies*, 37 (4), 395-420.

Weick, K.E. (1979), "Cognitive processes in organizations", *Research in Organizational Behavior*, 1, 41-74.

Weick, K.E. (1976), "Educational organizations as loosely coupled systems", *Administrative Science Quarterly*, 21 (1), 1-19.

Weiss, J.A. (1990), "Control in school organizations: Theoretical perspectives", in W. Clune and J. Witte (eds.), *Choice and Control in American Education*, Volume 1, The Falmer Press, Bristol, PA, 91-134.

Yukl, G. (1999), "An evaluation of conceptual weaknesses in transformational and charistmatic leadership theories", *The Leadership Quarterly*, 10 (2), 285-305.

第3章

変化する世界において学習を導く

ジョン・マクベス[1]（ケンブリッジ大学, 英国）
 John MacBeath（University of Cambridge, UK）
大西公恵 訳

　本章では、ジョン・マクベスが説明的・倫理的な意味でのリーダーシップの性格を検討する。学習をリードする際には、学びたいという意欲を刺激し、教師の参加を支える不断の努力が必要である。さらに、質の高い洞察や「鑑識眼」も必要である。ここでは、学習づくりのリーダーシップの五つの原則が示される。それは、1) 焦点化した学習、2) 学習にふさわしい創造性、3) 対話、4) 参加を支える組織および行動を通したリーダーシップの共有、5) アカウンタビリティの自覚の共有、の五つである。学習コミュニティを創造し、自己評価を行い、新任の教師を導くリーダーシップの実現へ向けた挑戦に関する議論が示されている。最終節では、ノンフォーマルに設定されたり、フォーマルとノンフォーマルの中間にある学習づくりのリーダーシップが示される。こういった学習環境のあり方は、将来性を大いに期待させ、特に若い人々に対して優れたリーダーシップを発揮してきた。それらは、これまで「学校と呼ばれる場所」において支配的であった専門家の実践やそれに対する理解を問い直す挑戦的な提言を示すものである。

第1節　はじめに

　本章では、説明的な、そして倫理的な意味でのリーダーシップの性格について検討する。「学習」およびそれを「先導」することについての解釈は多様に開かれている。そのため、これらの概念は、多くの政策的文脈において、一方では学校管理職の地位に、他方では達成の方法に、あまりにも安直に結びつけられ、その価値が減ぜられている。学習を導くためには、最も重要な原則へと立ち戻ろうとする意志と勇気が必要である。その原則とはすなわち、学校が子どもたちの可能性をどのように伸ばし、あるいは抑え込んでいるのかを検討し、学習することと導くことの両者を改めて見つめることである。学習を適切に導くには、子どもたちがもっている学びたいという本来の欲求を活発に保つために努力するだけでなく、教師が競争的な目標を達成するにあたってプレッシャーに直面したとしても、常に理想を貫くために努力することが求められる。そのためには、教師や生徒、親が、慣習やそれに基づく知恵を基盤とした保守的な空間に引き戻される際に、どのような力が働いているのかを認識する洞察力が必要である。学習を導くことは、変化の到達点はどこか、そして学習コミュニティとは何かという問いにつながるものである。それは、リーダーや教師が、政策の射程から自らの姿を隠そうとする際に力となる性格や柔軟性をもつ。そして、本章の最終節では、話題を転じて、学校の内外で行われる模範的な方法を示し、学習がどのようにして導かれるのかを論じる。そこでは、学校の内と外を隔てる境界を越えて、確実性や一貫性、適合性が、自発性、リスク、自主性に取って代わられる「ディレンマとなる空間」に入ることによって、学習が導かれる。

第2節　リーダーシップの性格

　「リーダーシップ」という用語は、日常的な会話で使われ、一般的にかなり定着しているため、初めてこの言葉を聞いたかのように、改めてその意味を考えるのは非常に困難である。リーダーという語は、目的に対する信念と善意をもち、他の人々の支持によって与えられた権威と権限をもって行動する、組織のピラミッドの頂点にいる個人として理解されることがきわめて一般的であろう。リーダーがもっている権限が正当であるかどうかは、その傘下にある人々が、リーダーというものは正しいことを正当に行うはずだ考えており、リーダーはそうした支持を受けて行動するものだという信頼に基づいている。

　リーダーシップの性格については、二つの異なる側面からアプローチすることが可能である。まず、リーダーシップという役割がもつ特徴について説明する概念である。すなわち「リーダーが正式に期待されたことを、うまく達成したときに、リーダーが何を行ったか」を説明するものである。その一方で、リーダーシップの「性格」は強い倫理的な響きをもつものとして理解される。学校の文脈では、それはコミュニティにおける良心や道徳的な指針、すなわち正しく、公正で、公平なことが行われる指針として語られる。

　リーダーシップは、学校にかかわる者の序列的なヒエラルキーのなかで、はっきりと目に見えるものとして位置づけられることもあれば、それほど明確には認識できない場合もある。なぜなら、リーダーシップは、仲間に対して個別あるいは共同で責任を負う人々による自発的な協力が求められる一方で、制度的な権威はそれほど備わっていないと広く認識されているからである。これら二つのリーダーシップの様態、すなわち、構造的な秩序によって定義づけられる様態、そして、学校コミュニティのメンバーが携わる活動のなかで姿を現す様態は、明確に認識できる場合もそうでない場合でも、緊張状態におかれていることが多い。

「学習者とは誰か?」「リーダーとは誰か?」という問いに対しては、明確な構造をもつ学校においては、単純に決まりきった答えが返される。これは、学校の構造が、学校生活の日常的な行為や、教室のつくられ方、(情報への)アクセスや特権をめぐるヒエラルキーのもとでつくられるからである。学校に新しく入ってきた子どもたちや、新たに進級した生徒、新しく着任した教師、学校を訪問する保護者は、誰が学習者で誰がリーダーか、誰が誰に従うのかを質問する必要はない。こうした明確な関係性が成立しない場、すなわちリーダーと学習者の間に明確な区別のない場は確かに進歩的ではあるが、(関係性を把握する点で)わずらわしさが存在するだろう。

　制度上の権威であれ個人的な権威であれ、そうしたものを利用しつつ巧みにリーダーシップを発揮している人を際立たせているものは、「鑑識眼」である。これは、学校や教室における複雑で共時的な生活のなかに現れる出来事を知覚する能力である。教育的な「鑑識眼」を活用して、リーダーは既知の現象に目を向けるのではなく、自分の目に見えるものを理解しながら先入観や判断を留保する方法を学んできた。リーダーは、生徒、教師、学習の組織やシステムといった学習の本質、そしてそれらの相互関係について深く理解している。

　エイブラハム・ヘスケルによると、「洞察」すなわち内にあるものをみるということは、「ものごとの広がりをみて判断することではなく、そこで起こっていることを理解すること」(Heschel, 1969, p.3) である。学校や学級をとらえる際に、学習に焦点を当てて、単に何であるかではなく、何でありうるかという点に注目してものごとをとらえる能力を獲得すると、なぜ子どもに対する期待があまりに不十分なものになってしまうのかを、深く理解できるようになる。そして、リスクの高い未知の場所に挑戦的に足を踏み入れるのではなく、自らの行為の基盤となっている立脚点にとどまろうとして、快適で慣れ親しんだ領域に引き返そうとする際に、どのような力が働くのかといったことを、リーダーは深い洞察によってつかむことができる。

　模範的なスクールリーダーに関するヘッセルバインらの議論によると、リーダーを特徴づける強さとは、快適な領域から危険な領域へと自らを押し出す能

力なのだという（Hesselbein *et al.*, 1996, p.78）。すなわち「人生のある時点で成功を収めたがゆえに自分はすべてのことを知っていると考えるのが当然であるような場合であっても、リーダーは他人の考えや異なる考えに対して開かれた態度をとっている」ということである。つまり、教師よりも子どものほうが多くを知っている場合、教師に必要なのは、自分よりも幼く、小さく、力のない者から学ぶ謙虚さや意思をもつことなのである。

　自分自身の実践を別の光に照らして見ることは居心地の悪い経験である。なぜなら、実際の状況と理想的な状況との間にあるギャップに直面せざるをえないからである。自分の学校が子どもにとってよい場所でなくても構わないと考えるリーダーや、自分の学級が自分自身そして受け持ちの生徒にとって魅力的な場所になることを望まない教師などいないだろう。しかし、さまざまな制約が課せられているシニアリーダーやベテランの教師は、成功することが変化にとっての敵となりうるという矛盾に直面するものだ。「成功するということは、失敗しないことである」とピーター・ゼンゲは1990年に書いている（Senge, 1990）。これは、競争における優位性、優れた報告書、高得点の獲得、チェック項目の多さによって示される評価について指摘した言葉である。

　洞察力を備えると、一貫性のない政策的働きかけに対して思慮深い対応を行うことができる。デイヴィッド・ハーグリーヴス（David Hargreaves）は、そのためには「レーダーの届かない場所へと飛び降りる」能力と勇気が必要であると述べている。スコットランドのスクールリーダーに関する研究（MacBeath *et al.*, 2009）では、リーダーが自らを定義する五つのカテゴリーが示されている。「忠実に従うこと」「慎重な実用主義」「安定した自己への信頼」「確固とした自己主張」、自分を信じて「リスクに挑むこと」である。後のカテゴリーほど、自分たちの学校を隷属させたり尊大に導くようなことはせず、自分の良心や信念によって、自らが認めたルールを壊してゆく。このようなリーダーは、政策の側からの要請を無視するリスクとそれがもたらす結果についてしっかりと理解したうえで、正しいと信じる道を進んでいる。かれらは、自己を信頼しており——ある校長は「あなたには私を脅すことなどできない、なぜなら子どもたち

は私の手の中にあるのだから」と述べた——そのことが、事実を観察し、受け入れ難い政策上の要請を注意深くすり抜けようとする信念の源泉となっている。

同時に、挑戦的なリーダーは、自らが権威を行使する相手に対するのと同様に、雇用主に対しても責任を負っていることを現実的に認識している。それは、外部および内部に対するアカウンタビリティのバランスをとろうとする際にリーダーシップが直面する深刻なディレンマである。すなわち、自己抑制的な要因によって変化を志向する強い意志がおびやかされるような状態である。このディレンマは、英国の独自の文脈で行われる学校運営とその主導に関する、ある試行的な場でみられたが、そこでは、生徒の希望を何より優先するという信念に対する外部からの圧力を上手にかわすような方法がとられた。

> 私の頭には3丁の銃がつきつけられている。まず、通常の査察に加えて、視学官によって実施される訪問査察のために学校を整備しておかねばならない。なぜなら私たちは学校査察の特別措置の対象となっているからである。次に、学校の閉鎖を迫る地方の権力に対抗するための案を示さなければならない。そして「挑戦的な試みを実践している学校」としてその地位を高めるために、数値的な達成度を上げなければならない。さらにそれに加えて、日常の基本的活動として学校運営を主導したり、生徒やコミュニティの要求に応えるためのこまごまとした課題もあるのだ。(Frost, 2005, p.76)

生徒の要求はさまざまな解釈が可能であるが、生徒の要求を明らかにして、それに応じる努力が、責任をもってなされなくてはならない。「要求」は複雑で矛盾をはらんでおり、論争的である。それだけでなく、慎重な対応や妥協によってこうした要求に十分応えることができなくなることがある。生徒たちの学習が始まるとリーダーは最初に非常に大きな衝撃を受ける。このとき、よく知っていて慣れ親しんだ場所へとリーダーを押し戻したり、向上心を減退させたり、通常とは異なることをあえて実行しようとするのにかかる労力の大きさをことさら意識させるような潮流が、リーダーに向かって絶え間なく押し寄せ

ているかのようにみえる。

　最も深い意味において生徒を理解し学習を導くために、リーダーは最も重要な原則や原理に立ち戻らなくてはならない。この原則や原理とは、学習の本質や目的、リズム、文脈といったものであり、そこに立ち戻ることによって「私たちが学校と呼ぶ制度に縛られることによって、そうした義務はどの範囲まで付随してくるものなのか?」といった疑問を生じさせる。それは、まだ見ぬものを見る能力、まだ問われていないことを問う能力、学校や学校化されたものとして何世代にもわたって受け継がれてきたものに焦点を当てる能力を必要とする。また、リーダーシップは、個人的なレベルでの深い洞察力だけでなく、それらの洞察力によって得られた見識を他人と共有する能力や、他人の見識を引き出す能力を含むものである。

第3節　学習づくりのリーダーシップの五つの原則

　オーストラリア、オーストリア、デンマーク、ギリシャ、ノルウェー、英国、アメリカの7か国は、2002年に「学習づくりのリーダーシップ」に関する共同研究を行った。3年間の研究期間を経て、五つの共通原則が示された。理論的な議論を通して新たな枠組みがつくられ、学校や教室における実践のなかで検証された結果、これら五つの原則が、個人、協同、組織、政策のレベルで、学習そのものや学習を導く活動の関係を構築するような、確かな妥当性をもつものであることが証明された。

　第一の原則は残り四つの原則の鍵を握っている。学習については、それがもつ広範な含意を捨象して単純化を求め、いかに実用的で力強いかという点が注目される。学習に注目することは、学習をすべての中心に位置づけることを意味している。ここでは、単に生徒だけでなく、学習コミュニティの構築を期待される学校のすべての構成員に言及している。

　学習に関する重要な問題が存在するところでは、学習にふさわしい環境をつ

くるという第二の原則が、当然のように付随してくる。第一の原則では、すべての人が学習を進展させるためには、学習の性質や技術、プロセスについて熟考したり、学習を励まし賞賛する現実的で社会的な場を与えるような機会を授ける文化が存在するということが前提となっている。人は誰でも、安全で安定した環境におかれることによって、学習や授業実践について熟考するスキルや戦略を身につけ、リスクに挑んだり、失敗を乗り越え積極的に挑戦することができるようになる。

対話という第三の原則は、最初の二つの原則を前提とする。学習づくりのリーダーシップが明示的になり、議論や描写が可能となるような対話の質が生まれることによって、学習が注目され、学習の文化が構築され、支えられる。対話を通して、共通の目的をもち、価値や理解や実践を共有することによって、活発で協働的な探究が生まれる。対話がもたらすこうした影響が評価されている。

学校のコミュニティと同時に学習者のコミュニティが発展するにつれて、リーダーのコミュニティも発展してゆく。そこで、第四の原則は「学習づくりのリーダーシップには、教師が参加する組織や活動において、リーダーシップの共有が実現できるような状況をつくることが含まれる」というものである。リーダーシップの共有は、学校における活動の日常的な展開において象徴的にみられる。どのような人でも、仕事や文脈を共有するパイオニアから勇気づけられる。スタッフや生徒、保護者と接してきた経験や高度な専門的知識は、価値があり、力をもった資源とみなされ、頼りにされる。担当する教科や学校での役割、地位の違いを越えて、仕事や活動が協働的に行われるとき、その価値が認められ、促進される。

そのような協働的な精神的風土のもとでは、アカウンタビリティの意識が共有される。これが第五の原則である。まずは学校の内部において相互のアカウンタビリティが存在しており、外部機関に対して負うべき責任の所在が事前に調整される。そしてその学校を支える中心的な価値に適合する範囲内で、国の政策が解釈され、採用されたり適用されたりする。持続可能で成功が見込まれ、長く受け継がれるものに注目して、政治的な現実に配慮しつつ、自らの物語を

どのように語るのかを学校は選択する。

3.1　学習コミュニティにおける五つの原則の定着

　日々の現実的な実践の現場において、こうした五つの重要な原則が定着している真の学習コミュニティに参加できる新任の教師は幸運である。そのような文化をもつ現場では、継続的に探究すべき課題として学習が主題化されるだけでなく、コミュニティの成員間で規範化され推奨されている共通の立脚点からエネルギーとインスピレーションが引き出され、教師の学習過程が評価され支持される。新任の教師は、知識や感情の面で参照できる枠組みを獲得し、経験の地平を広げてくれるような良質なサポートを必要としている。こうしたコミュニティに属する教師はそうした利益を享受することができるのである。

　マクローリンとタルバートによる2001年の研究（Mclaughlin and Talbert, 2001）が示すように、そのようなコミュニティに属している教師は、そうでない者に比べてより多くの力を獲得したと感じ、自分たちの仕事を意味あるものとみなす傾向がある。かれらは学校と良好な関係にあり、それほど力をもたない専門家のコミュニティで仕事する教師に比べて、仕事への満足感をより高いことが示されている。集団によるサポートがなく、専門家としての学習を実現するためのリーダーシップが存在しておらず、相互のアカウンタビリティがそれほど自覚されていないコミュニティでは、ストレスや不満、摩擦の度合いが大きいことを示す証拠が、世界的にみても広く示されている。学習の目的を共有しているという自覚をもって共に働くことにより、教師は自らが直面する困難を努力して乗り越えることができる。さらには、学校スタッフが「団結して協力的であり、組織的な雰囲気」（Ingersoll, 2003, p.194）をもつコミュニティのなかで働いていれば、生徒たちはまず最初に、健全な対人関係という価値を経験するのである。

　リーダーシップを発揮するための挑戦的な取り組みによっては、教師は探究的で創造性に富んだ感覚を子どもたちと共有しつつ、教師としての任務を遂行

するにあたって、自らもまた学習者であることの意味を具現化できるようになる。子どもたちの弾力性や自信を育てるには、教師自身もまたそれを引き出すような人的資本や社会関係資本の源泉をもっている必要があるということを、そのようなリーダーは認識している。また、目標を達成できなかったときに、すべての教師がそれに耐える力をもっているわけではないことについても、リーダーはしっかりと認識している。教師は、高いレベルのエネルギーを常に維持できるわけでもなく、挫折や失望を乗り越える意欲を常に回復できるわけでもないのである。生徒のニーズと同様にスタッフのニーズを認識すると、挑戦することと多様なサポートを行うこととの間のバランスをとることに高い優先順位をおくべきことがわかる。そして、教師それぞれが平等に権利をもつリーダーシップのあり方が正しいものだということがわかる。

　職業世界に入っていく際には、より高度な技能を獲得して成果を生み出す存在になることをめざして積極的に参加し、取り組むものである。教師の仕事には目新しい挑戦や新しい地平から刺激を受けたり再活性化されることがないため、日常の業務にスムーズに入っていける。そして、コンプライアンスに対する外的なプレッシャーがあるために、避けることが困難に思えるようなことにも容易に取り組むことができる。こうした点についてオコネル・ラストは、職業世界に入る際の研修を大幅に再検討しなければならないと指摘した。教員養成は、慣習的な思考を揺さぶるという点においては、効果があるとは言えないのである。オコネル・ラストは、職についたばかりの教師は「おそらく、心の奥に抱いている信念を保持したままで教員養成プログラムを修了し、試補として観察を行っている間にも、自分がそれまでに学んできたとおりに教える準備をしているのだ」と述べている（O'Connell Rust, 1994, p.215）。これは職業世界に新たに参入した教師が「内部者」であるということによって起こる恒常的な課題である（Hoy and Murphy, 2001）。すなわち、自らの経験をもとに形成された教育観は、過去の場面に立ち戻り、記憶や先入観によって完成されている。教育に関する考え方は、大学で受けてきた高度な教育や研修といった後発の経験から影響を受けることがないのである。こうした教師は、学級を「発見」した

り、新しい視点で学級を見る必要などないと感じることもある。自分たちはその領域についてはすでに慣れ親しんでおり、よく似た場所で12年にわたって、自らの生活を送ってきたからだ、というのがその理由である（Pajares, 1993）。

　リーダーは、教師が信じ、追求しようとしていることと、学級で毎日実際に行っていることとの間にある非連続性を、どのように処理するかという問題を探究しつづけねばならない。ジョイスとシャワーズが指摘しているように（Joyce and Showers, 2002）、教師にとって、自分が何をすべきであるかを知ることは簡単なことだが、それを実行できるかどうかは難しく、日常的な実践のなかにそれを定着させることはさらに困難である。これはメアリー・ケネディ（Kennedy, 1999）によって「実行上の課題」と呼ばれるものである。すなわち、教師が効果的な実践や筋の通った行動へと組み換えを行う際に直面する困難である。正しいとされる原則と、状況において適切であるものとを橋渡ししようとすると、かれらが拠り所にしてきた信念が揺さぶられてしまうのである。こうした問題を顕在化させ、議論の俎上に載せる学習コミュニティに自らが属していると実感できない限り、原則と実態との間の断絶は、認識されたり理解されたり注目されることなく、そのまま存在し続けるだろう。

　それでは、リーダーはどのようにして「コミュニティ」、すなわちこういった問題を探究しようとする場をつくりだすのだろうか。リーダーはどのようにして、新任の教師だけでなく、長期にわたってこの仕事に携わり「学習が喫緊の課題」ではなくなってしまったスタッフのなかにも深く浸透している葛藤や暗黙の理論を浮かび上げることができるのだろうか。新人の教師を授業に没頭させ、あるいはその他の人たちの意欲に再び火をつけて自らのおかれている領域に挑戦しそれを広げるような活動に従事させたり、仲間を支え、励まそうとする理想を、リーダーはどのようにして持ち続けることができるのだろうか。教育の仕事に新たに参入した人々の多くは、教育の外側にある世界での経歴をもつ中途採用者である。そして、チームのなかで働くこと、そして、きわめて重要な支援者である同僚から教師が切り離され、社会的孤立状態に陥ることで生じる困難についてよく知っている。教師が自分の教室のドアを閉じて同僚が

入ってくるのを拒否すると、自分自身の学びや専門家としての鍛練から自らを締め出すことになる。日本やニュージーランド、シンガポールなど多様な国において効力があるとされてきた資源やチャンスから自らを締め出すことになるのである。

教育およびアメリカの将来に関する国家委員会（NCTAF, 2003）の10年前の報告によると、同僚と一緒に、あるいは高度な新人研修のサポートによって、省察の機会が生み出されるような文化を保持している場では、特に重要な移行期間（教授や学習に関する理論を獲得し、それを教室での実践に転換させることが期待される最初の1年間）に、教師が離職することなく、学び続ける傾向が強い。そして生徒の学習を支援するという点で、より高い効果を上げる。

ブリギッテ・マルムは、スウェーデンにおいてこれからの教師にとって必要とされる能力や資質について述べている。これは、教師であること、そして教師になるにあたって、信念や感情がもつ批判的役割について、広く議論を行う最初のポイントであるとみなされている（Malm, 2009）。彼女は新しい能力について、次の6点をあげている。

- 創造的で省察的な思考能力を育てること。
- 批判的思考を高めること。
- 教師の哲学的・教授学的な意識を高めること。
- 教授の感情的側面とともに認知的側面を強調すること。
- 共感や対人関係の協同にかかわる教師の能力を鍛えること。
- 道徳的・倫理的な職業としての教授とは何かについて各自が理解を深めてゆくこと。

これらの点をみると、六つの目的を達成することが可能となるような同僚性の質の向上を実現するために、いかなるリーダーシップが求められるのか、疑問がわいてくる。1点目については、教師がどのようにして専門職へと導かれるのか、そして教師が専門性を維持し続けるためにどのような方法をとるのか

という疑問が浮かんでくる。教えるという感情を伴う知的作業について語る機会がなく、伝統的な知恵に対する反省や批判的な再評価も行われないならば、教師は同じ方法をただ繰り返すだけになってしまう。さらに危惧すべきこととして、高い規範意識のもとで教師が教え、子どもたちが学んでいた神話の時代の講義中心の方法に後退してしまうことも起こりうる。

　ハンプデン＝ターナーの概念を用いて述べると、安定した状態と混乱した状態との間、よく知られており慣れ親しんだものと不確定な未来との間に生まれる「ディレンマとなる空間」を理解し、それに取り組むことが、リーダーにとって重大で論争的な問題である（Hampden-Turner, 2007）。安定した価値とは、堅実さ、確実性、実行、競争、透明性といったものである。これに対置するものとして、ハンプデン＝ターナーは、選ばれたもの価値の不確実性、多様性、ダイナミズム、自発性、自治をあげている。確実性と不確実性、個人化と協同、過去の快適さと未来のリスクとの間にある緊張関係に取り組んで失敗したとしても、それは先見性をもったリーダーシップにおける失敗であると、ハンプデン＝ターナーはみなしている。

　当然とされている考えが揺さぶられ、洞察力が育てられ、新たに参加する活力が生まれるなら、学校において、自己評価、反省、賞賛の機会が増えるだろう。こういった機会があると、学習の性質や様式が規範化され、可視化され、内面化されるのである。学校で真の学習が阻害されていると確信をもって指摘されるようになれば、リーダーシップは探究と自己評価の文化を通して、教室での日々のルーティンに深く埋め込まれる。そしてどのような手段をとるべきであるかについての判断力が高められると、事態がどのように変わっていくのかを見通すことができるようになる（Aguerrondo and Vezub, 2011）。

3.2　自己評価：学習コミュニティの特徴

　「自己評価」という概念は多様な意味でとらえられ、多様な政治的関心によって意味が取捨選択されてきた。そのため、この優れたアイディアは、その先

にある深い省察や対話に発展することがほとんどなかったのである。非常に優れた実践においては、教師や学校によってなされる知的で道徳的な探究が、深い学習への言及を避けるような方向に向かわないようにリーダーが導くことによって、自己評価が行われる。そして、その評価は、実践のプロセスを検討することによってなされる。一方で、専門的に遂行される自己評価という真正のツールは、社会的文脈のなかにおかれており、学習とそれを促進する状態に注目する。そして対話を強化し、リーダーシップとアカウンタビリティの質に対する批判的考察が可能となる。

　自己評価が定着している国では、深い見識に基づくリーダーシップがよりよく遂行されることによってそれが実現している。学校で教師は安心して冒険できると感じ、自信をもってリスクに挑むことができ、発達という第一の目標の達成に寄与する自己評価という手段が備わっていると感じている。そして教師は、学習と指導の核心に向かうと考えられる手立てを採用し、適合させようとする。核心にある手立ては、新しい状況と新たな挑戦とを適合、順応、適応させるような性質をもっている。しかしこうした手段は、教室での出来事や生徒の学習だけでなく、組織やリーダーシップについても学習するよう教師に求める。また、教師が思考や実践においてどの程度進歩しているのか、そして学校がリーダーのコミュニティとしてどの程度発展しているのかを評価する。アカウンタビリティはもはや恐れるものではなく、歓迎されるべきものである。なぜなら、それは最も重要な証拠に基づいて物語を語る足場となるからである。

　ルソーの言葉でいう「時間を守るために時間を失う」ような自己評価を行う教師は、生徒とともに、学習の本質や過程、謎を探究するために時間を割く。そして、どのように、何を、いつ、どこで、誰と学ぶのが最善であるかを生徒がより深く理解できたとき、「失われた」時間が回復できたことに気づくのである。「何」という問いは、学習や教師の教科アイデンティティの性格を定義づけてきたが、避けることのできない社会の変化から刺激を受け、「なぜ」や「どのように」、そして「どこ」や「いつ」が問われるようになってきた。「なぜ」という問いは、かつては深刻な問題を抱えている反抗的な生徒に言及する際に発せら

れたが、今日では正当性を獲得しており、歓迎される問いですらある。「なぜなら私がそう言ったからだ」という答えには、今や説得力などないのである。

　これら六つの疑問詞からなる問いは、「5W1H」と呼ばれることもあるが、自己評価において、単純だが非常に生産的な枠組みを提供する。スクールリーダーと教師が参加するワークショップで、この六つに優先順位をつける場合、「何を」学習するかが最後になることが多い。「誰が」という問題については、親や教師だけでなく兄弟や友達についても言及され、最も優先順位が高いとみなされる。仲間（あるいは「構成員」）の影響については多くの調査がなされており、「誰と一緒に通学するか」という問題は、親が自分の子どものために行う重要で決定的な選択として、繰り返し確認されてきた。社会的文脈にかかわる「どこで」そして「いつ」という問いによって、教室での学習の性質やその限界、家庭学習の環境、現実世界において常に起こりうる学習への衝動という論点が浮かび上がる。一方、「どのように」という問いによって、教室における学習の一般的な伝達モードに対抗するものとして、技術的そして横断的に関係づけられた学習という論点がうかびあがる。そして最も問われることが少ないが、最も重要な問いが「なぜ」である。

　ヘールト・ホフステードは世界中の学校システムに関する調査を実施したが、そこでは「どのように」、そして「なぜ」という問いの探究を通して、制度化された力の相対的な使用について測定し、リーダーシップを発揮する人々が挑戦することに対してどの程度前向きであるか、性別によってどのような性格の差が現れるのかを検討した（Hofstede, 1991）。彼は、何を問われるか、誰がそれを問うのか、誤った答えや質問に対する制裁は何か、といったことが異なる社会においてどのような要因から生じるのかという点に興味をもった。彼は、正しい解答が求められる状況に対して、「あいまいな表現を許容する能力」こそが、リーダーシップの重要な側面であると述べた。不確かであいまいなものとともに生きることは、精神的に苦しい経験となる可能性があるが、そうした経験は自己評価の欲求を生み出すものとなりうる。ある学校の生徒の言葉を借りると、外部調査と自己評価とを比較すると、後者は「遺体を埋葬する場所へ

と自らをいざなう」ようなものであるということである。

　生徒の声に注意を払うことにより、ここ20年間に多くの国で自己評価のあり方が進歩してきた。ニュージーランドでは（2011年にOECD調査の一部として著者も訪問したのだが）、学校の質を評価するうえで、外部評価とともに生徒たちが重要な役割を担う様子が見られた（Nusche et al., 2011参照）。生徒の「声」は単に自然発生的で素朴な反応を示すだけでなく、よりよい状況をめざそうとする意図をもっている。そして声を上げることにより、若者は選別や評価、批評の言葉を深く理解することへの関心を表現しようとする。そして自信と思慮深い批評をもって自らの見解を明言する機会を得るのである。ニュージーランドの学校調査によると、こうした課題は真剣に受け止められており、スタッフは、よい学習をもたらすものは何か、そしてよい学校を実現させるものは何かという教授学をしっかりと理解したうえで、話すスキルや語彙を、生徒たちに身につけさせていることが示されている。一般的に、ニュージーランドでは学校スタッフと教員組織は、自己評価と外部調査に対して積極的に応答するが、その本質が脅かされることはない。こうした応答は、優れた実践に積極的に注目することによって、さらに多様な声をあげ、や学校の発展のために努力すること、そして何よりもまず自己評価の形成的な性質を受容することから生まれているのである。

　香港では、教育的文脈における権力関係の隔たりが次第に縮小してきたように見受けられる。これは、学校での教育実践に自己評価が埋め込まれ、生徒の声を尊重するようになったことによる。ここ10年にわたる調査の過程で、生徒によってもたらされる洞察が教師に受け入れられるようになった。360度を網羅する自己評価が歓迎され受け入れられたことに伴って、生徒による教師へのフィードバック、そして教師による上級のリーダーへのフィードバックが、自己省察と教授学の変化を生み出してきた。現在、最も優れているとされる学校の特徴を示すものとして、協働的な授業計画、授業研究、内部評価があげられる。これらの活動は、教師と中級・上級管理職、（そして時には生徒も含めた）人々、すなわち等しく権限をもつ学習のリーダーからなる学校改革チーム

によって支えられている（MacBeath, 2009）。

　香港のある校長が著者に語ったところによると、彼が職に就いた最初の年は、毎日昼食時に自分のオフィスにさまざまな生徒や教師のグループを招いて対話を行い、「聞いて学び、文化を感じて経験すること」に専念していたのだという。この校長は相手から信頼を得たと感じたときにはじめて、同僚や生徒から学ぶために「思いきって前に進む」ように教師たちを励まし始めた。「満足させるもの」と「満足させないもの」すなわち学習を高めたり、動機や参加を低下させるような学校や教室での活動や様子について、何が述べられているのかを識別することによって、教師の専門性が高まっていった。教師の意欲を打ち消す要因を深く理解することによって、自己評価というツールは、教師の経験の入れ子構造を認識するレベルにまで発展した。その入れ子構造とは、目に見えないが教師の日常的な仕事に影響を与えている、かれら自身の教室、部局、学校、ローカルな隣人関係やローカルな政策、国家政策や国際標準指針といったものの内部にかれらの経験がおかれているということである。

　パシ・サールベリは『フィンランドから学ぶ（*Finnish Lessons*）』（Sahlberg, 2011）という最近刊行された著書で、教師集団がもつ批判的思考や、自らの実践への挑戦を受容する力、教育的な交流の前提となる本質的な要素について指摘している。フィンランドの高度に発展した教育システムは、多くの西洋諸国の教育システムとは対立するような方針を採用している。すなわちフィンランドでは、標準化や規格化、企業世界の管理モデルの導入、利害の大きいアカウンタビリティを強化するような政策、管理や懲戒的な監査といったものによって、教育システムを構築しているのではない。

　　フィンランドの教師は、知識や学習の理論的基盤を探究し、それらと調和させるために学校カリキュラムを再構築した。しかしこのとき、英国、ドイツ、フランス、アメリカ合衆国の教師は、増大する学校調査や外部から課される論争的な学習スタンダード、時に教師に離職を決断させるほどの競争に悩まされていたのである。(Sahlberg, 2011, p.5)

第4節　変化する学習の文脈

　「高度な実践システム」という概念をどう考えるかは、教育の目的および子どもと教師に対する期待をどう考えるかにかかっている。学習の文脈が広がりをみせ、多様化していくにつれて、価値のある実践として何を評価するかは、当然変化するものである。学習や教授の文脈の変化について、メイヤーらは次のように述べている。

　　挑戦的なカリキュラムに期待が集まったり、学習者が多様化するにつれ、文脈がもたらす影響や、教授や学習における学習者の流動性を理解するために、教師は洗練していくことが求められる。日常のルーティンを遂行する代わりに、教師は、さまざまな状況のもとで効果が見込めるような、指導場面を評価する能力や指導における応答を発達させる能力を磨いてゆく必要がある。(Mayer et al., 2012, p.115)

　情報の伝達速度が爆発的に加速し、情報にアクセスしやすくなるにつれて、教師の役割は、高度な専門的知識の提供者から、仲介者・学習者へと移行する。「知識基盤型社会」といわれる社会においては、新たな理解の型を創造するスキルが必要とされることが強調されている。

　　これらは問題解決、コミュニケーション、協同、実験、批判的思考、創造的表現の技能である。これらの技能は彼ら自身のなかにあるカリキュラム上の目標や、新たな評価の対象になる。おそらく最も重要な目標は、生徒たちにとって彼ら自身の学習の到達点と計画、すなわち彼らがすでに知っていることを確かなものとし、自らの長所と短所を判断し、学習計画をデザインし、活動に従事し、自ら進んでゆき、成功を成し遂げ、失敗を正すようなことを可能とするような計画を作

ることができるということである。これらは学習社会へ参画するにあたって、一生使える技能である。(UNESCO, 2012, p.17)

「さまざまな状況のもとで」というのは、効果的な言い回しである。なぜならそれは学級のおかれている環境への挑戦だからだ。それは、ある事象を知っている人から知らない人への伝達が行われる快適な空間への挑戦である。それによって、すでにおかれている状況と「構築された場所」における振る舞い方を再検討することになる。前者は、物理的な環境に対する人間の条件反射について示しており、かれら自身はそうした状況におかれている。後者は、我々が集合し、欲望や決心を抑止したり高めたりするような場所や人々によって、知性が「構築される」方法を示している。

第5節　学校教育を超えた学習

ジョン・デューイによると、学校における成功とは「新しい状況で知性に基づいて行動できる力」を与えることである。「どれだけの生徒が無情にもアイディアを揺さぶられたか？ 生徒たちが経験した学習のやり方や学習の方法によって、学びたいという衝動がどれほど失われたか？」(Dewey, 1938, p.7)。

我々も知っているように、学校での最も顕著な失敗は、生活にかかわる学習が学校の外で起こっているにもかかわらず、学校での学習が教室のなかにずっととどまっているために、生活にかかわる学習に距離が生まれ、隔離されることである。先見の明があるデューイのコメントは、現在では経験的な実証研究によって、学校という独特の領域を示し、そこで子どもたちが獲得する「特別なスキル」として理解されている。こうしたスキルを獲得させる技術は、学校における「戦術的な学習」に成功する人と失敗する人とを区別する最も重要な要因の一つであるということが示されている。それは、グレイとその共同研究者によって、深く重要な学習に代わってなされる「戦術的な学習」として位置

づけられている（Gray et al., 1999）。

　2010年、アラブ首長国連邦での会議において、オックスフォードの研究者であるグリーンフィールド男爵夫人が、11歳の子どもたちの時間の過ごし方について報告した。学年暦の1年間のなかで、子どもたちが学校で過ごす900時間というのは、学校外で過ごす1,277時間や、バーチャルな空間で過ごす1,934時間に比べると見劣りする。さらに、おそらくこうした異なる状況下における相対的な時間の差よりも、異なる文脈のもとで行われる学習活動の性質のちがいが重要である。教室での学習と比較してみると、インフォーマルな環境での学習は、まず第一に、社会的、自発的、挑戦的な性質をもつ。泳ぐこと、自転車に乗ること、ピアノを弾くこと、地図を読むこと、なじみのない土地を案内すること、チームを指揮すること、問題を解決すること、これらの学びを通して、日常的なことがらから利益を得る。それらは関係に埋め込まれており、学習者が中心におかれ、技術や習慣とかかわって文脈化されており、危険を伴わずに楽しめるもので、挑戦的ではなく協力的で、警告を伴わずリラックスしていて、年齢を問わない。

　ガードナー、パーキンズ、デュエックらは、教師の主導性によって組織された教室における学習は、組織されていない曖昧な「開かれた場」と比較すると、成功の度合いが非常に低いことを示している。2008年3月にストラクスライド大学での講演でデイヴィッド・パーキンズが行った議論によると、これは三つの要因によるという。第一点は生徒たちが問題を発見できるようにならなくてはならないこと、第二点は生徒が課題に取り組みたいと思う動機づけが必要であるということ、第三点はさらに課題を解決するために最も適切なツールを選別し、使用する能力をもつ必要があるということである。ハワード・ガードナーの著作『学校化されていない精神（*The Unschooled Mind*）』（Gardner, 1991）には、大学生についても同様のことが観察されたという報告が掲載されている。彼は、物理学を学ぶ学生は、最初に体験したこととわずかに異なる状況におかれると、最も基本的な問題すら解けなくなることを発見した。そして、正答できた学生は、幼い子どもがそうするように、子どもの頃に身につけた絶対的な

理論に立ち戻って、かつて混乱や誤解を経験したときにしたのと同様なやり方で問題に答えた。

　教室における問題解決では、問題を与えるのは教師であり、問題を解く方法を示すのもまた教師であることが多い。心理学者ロベルト・スターンバーグは、大学において、優秀で、よく学校化され、テストの点数がよい学生には、実際の生活のなかで現実に起こることに対し、実践的・創造的に攻略できる知性が備わっていないと述べている（Sternberg, 2007）。ガードナーは、彼が示したよく知られた七つの知性について再考し、自然的（環境的）知性と呼ぶリストに、自分自身の進むべき道を発見したり、教室の廊下の先にある複雑な社会でうまく歩んでいけるような8番目の知能をさらにつけ加えた。

　学校の外でも真に熟達した存在になるには、子どもや若者は状況に対応できる能力を発達させなければならない。学校では、「学校から学校外へ直接置き換えられることほとんどない」という状況を生み出すことによって、学習は一般化されている。デュエックは次のような対比を示している（Dweck, 1986, p.12）。

「学校での個人的な認識」対「学校外で共有される認識」
「学校での純粋な精神的活動」対「学校外で巧みに扱われる道具」
「学校での象徴的な巧みな操作」対「学校外と関連づけられる推論」
「学校で一般化された学習」対「学校外での状況に対応できる能力」

　学校外での学習の本質や過程について知れば知るほど、家族の生活や、これから生まれてくる子どもに対して、学校の教師こそが社会的なインパクトや経済を修復できるのだという主張を正当化できなくなる。教育政策の力が増大し、避けがたいものとなると、学校はより効率的になり、責任が強化され、透明性が高くなる。そして学校間の違いを生み出すのはリーダーシップであって、環境や家族や社会的経済的要因や文化や歴史ではないことを表明せよという重荷が、スクールリーダーに直接的にふりかかることとなる。しかし同時に教師は、「他の学習経験」の機会を増やすことが非常に重要なことを認識している。

香港では現在、カリキュラムの15％を「学校外での学習経験（OLE）」に充てなければならないとされている。しかし、マカオやシンガポール、中国本土を訪れるコミュニティプロジェクトの場合、そうした学習は教師にとって慣れ親しんだものではなく、教室で行われる学習ほど厳密に組み立てられていない。そのため、学校的規範の文脈におかれていない若者と活動することによって、教師がすでにもっている知識や専門的知識に対して、明らかに大きなインパクトが与えられる。別の例をあげると、教師はそうした学習においては、教師／話し手としての役割を担うのではなく、知識や専門性、権威的な位置づけから自由になった状態だといえる。学校のリーダーを見分けるポイントは、経歴の蓄積の度合いといった単純なものではなく、「他の」学習経験を発見する能力や洞察力であることを、OLEの評価結果は示している。むしろ、最も優れた教師は、OLEの活動を、外部から受けるインパクト、好奇心を刺激するもの、発明すること、動機づけを新たにするもの、それによって教室での学習が再び活気づけられるものとみなしていた。

　学校外での学習経験（OLE）の評価結果は、学校や学校外での学習に不可避的につきまとう逆説の一つをあぶりだした。学校生活も残すところ２年となった高校生を対象に、OLEについての見解を自由に記述する方法で問う調査が行われた。この調査では、生徒たちはＡ４の紙に描かれた風景の真ん中に一本の水平線を描くように、そして線の上に最も魅力を感じた学習経験を、線の下に最も魅力がなかった学習経験を書くように指示され、それによって彼らのそれまでの学校生活をレビューするよう求められる。非常に多くの場合、「ラインより上」に置かれたものはOLEの活動について言及するものだった。若者がこうした認識に到達していることは驚くべきことである。そしてさらに少数ではあるが、彼らの上級マネジャーの助けを得るだけでなく、教師や生徒自身がリーダーシップを発揮することによって、学校におけるリーダーシップの質の大部分に起因する関係を得た生徒もいた。かれらはまた「深い学習」の概念を理解し、自分自身のメタ認知的活動と「壁のない」教育について確信をもって話すことができていた。

5.1　壁のない学校

　20年前、バーチャルな世界が発明される前は、学校の外にある世界は生涯学習のためのオルタナティブな舞台を提供していた。フィラデルフィアのパークウェイは、机の前に座って学ぶことを前提とした学習に対するもう一つの有力な選択肢を象徴的に示すものだった。街の中心を貫く中央幹線であるパークウェイは、街の生活を構成する行政機関を中心として、すべてのカリキュラムに利用できる学習空間を提供した。校舎はないが、街全体が教室であり、学習のための目に見えない資源がまさにそこにあった。これは、数百万ドルの校舎や教科書、膨大な教育予算のかかる行政機関を縮小し設備にかかわる経費を節約しただけでなく、学校が与える認定単位以上に、若者がイニシアティブを発揮する大きな力を得ることを示すことができた。

　パークウェイモデルは、1970年代のスコットランドで二つの中等学校での取り組みに力を与えた。二つのクラスの若者が、中等学校3年生の3学期にグラスゴーやその周辺地域での学習経験を楽しんだ。生徒たちは学校にまったくこない代わりに街の至る所で、自分自身で選択した学習の到達点をめざして自発的に学習した。これらの学習はAA（自動車協会）、救急サービス、病院、自動車工場、自動車市場、工場（製造現場）、店舗、農場、ロイヤルスコティッシュ管弦楽団、グラスゴー大学天文台、イギリス海軍、動物園、グラスゴーミュージアム、アートギャラリーでの活動を含むものであった。これらの場は若者をもてなすだけでなく、かれらとともに一貫性をもつ教育的プログラムをつくり上げ、構造化し、特色をつくりだした。

　壁のない学習の急速な広がりは、スコットランドにおける別の試みでも示されている。現在、世界中の学校から集まった15歳の生徒たちに対して、ラーニングスクールとして4週間、シェットランド島で入門的な研修を行い、その後、生徒を9か月間の教師を伴わない世界調査旅行に送り出す。生徒の任務は、ドイツ、スウェーデン、チェコ共和国、南アフリカ、韓国、香港、日本、ニュ

ージーランド、アメリカ合衆国といった国で学校生活を行うことと、14年にわたる人生の中で、彼らがこれまでに学習してきたことを評価することである。調査旅行で訪れる国で、参加した若者は4週間、ホストファミリーとともに生活する。若者たちは、近所づきあいやコミュニティでの生活を経験し、友人とともに学校へ行き、評価の戦略方針を獲得し、滞在の後、学校へ戻ってレポートを作成し報告する。

　生徒たちが共同で著した『グローバルクラスルームにおける自己評価（*Self-Evaluation in the Global Classroom*）』（MacBeath and Sugimine, 2003）という本は、かれらが経験したことを記した成果の一つである。そこでは、かれらが直面した挑戦的な経験について二つの重要な側面から記述がなされている。この本では、教授や学習に対して記述された生徒の側からの批判的な報告が前向きにとらえられ注目されている一方で、これらの調査に初めて参加する生徒の意見について述べた章では、教師にとって耳の痛い内容も含まれていた。さらに家族の価値や期待といった困難な問題に取り組むことに挑戦する生徒もいた。たとえば、ソフィーは南アフリカの町で黒人家族とともに生活したのだが、滞在初日に彼女と同じ年齢の娘が白人に対して嫌悪感を示した。このことは、それまでにそうした明らかな人種差別に直面したことがないソフィーにとってショックな出来事であったと語られている。こうした経験は、彼女が後に「自分の人生にとって重要な教訓を得た」と書いているように、自分自身が生まれ育ったごく限られた世界からくる無知に気づき、厳しいが価値のある経験に直面することによって、ソフィーが彼女自身の先入観を省察することを助ける契機となった。16歳のジョリーヌは「私はおそらく学校での13年間で学んだのと同じくらいのことをこの10か月で学んだ」という言葉で、彼女の経験をまとめている。

　このような広がりをもった柔軟な状況で学習をリードするのは誰か。私たちがラーニングスクールから学ぶ最も重要な教訓の一つは、非常に挑戦的で予測困難な状況において、若者の隠れた力がぐんぐんと引き上げられ、リーダーシップの獲得へ向けた挑戦がなされていくということである。この大胆なプログ

ラムの発案者であるスチュワート・ヘイ（Stewart Hay）は、強い確信に加えてあるビジョンをもっていた。その確信とは、新しくて時には手ごわい障害に直面したときに、若者はエージェンシーや自らの力をよりどころにしてリーダーシップを発揮し、これを共有することをいち早く学ぶだろう、というものである。若者が出くわす状況や克服すべき障害によって、かれら自身のアイデンティティの枠組みを作りなおすことが求められ、単なる生徒や「他の人々の知恵の消費者」としてではなく、自分自身のリーダー、他の生徒の学習のリーダーとして自らを位置づけることが求められる。

新しい挑戦や危機的状況においてほぼ日常的に目にすることであるが、若者はリーダーシップを共有する実践的な活動のなかで、自ら解決方法を見いだす。スチュワート・ヘイが証言するように、まもなく学習のリーダーとなる150人以上の若者にかかわってきた14年以上の間に、ヘイを失望させたり、信頼を裏切ったりする者はいなかった。ある16歳のシェットランド出身の生徒は次のように述べている。

　今年になるまで、私たちは全員、ほぼ垂直に上昇する学習曲線をたどるような充実した教育を受けてきた。私たちは自分がこの学習の機会を最大限活用していたかどうか心配になることがあった。しかし今、この特別な旅について漠然と距離をおいて考えてみると、自分自身のなかにあるものとは異なる文化を観察したり感じることによって、どれほど多くのことを学んできたのかを知ることができる。自分の好きなようにするということは、最もすばらしい教育の方法である。学校では決して教わることのない学習内容、そして直接の経験を通して、私たちが生きる世界を理解したいという欲求を育てること。この１年間の経験によって、自分自身を学術的に検証し続けたい、そして異なる社会や文化や人々についてさらに知りたいという真の欲求を私たちは感じてきた。そして、きっと、ラーニングスクール２に属するすべての人がこう感じている。(Colin, in MacBeath and Sugimine, 2003, p.36)

「世界を理解したいという欲求を育てる」というのは深みのある言葉である。試験に役立つ凝縮された説明を再生することに常に注意を払ってきた若者たちの学校経験を相対化して、自分が世界を体験してきたかのように解釈するものの見方を提供するのである。ある韓国出身の16歳の生徒は、ラーニングスクール3の修了時に行われたケンブリッジの会議での情感あふれるスピーチのなかで、10年間の学校生活を終え、どのようにして自分自身の考えを見いだしたのかを述べた。ハードワークに没頭し、試験のためのつめこみと放課後の猛勉強を行っていると、自分自身について考える時間も動機も残されておらず、教師から知恵を受け取ることに対して、何の疑問ももつことはなかったという。

5.2　子ども大学

「子ども大学」（Children's University, CU）以上に、学校を超えて学習する力が保障されている場所はない。設立から4年目の現在、ウェブサイトではこの学校について次のように説明されている。

> 「子ども大学」は、7歳から14歳までの子どもたち（そして家族と一緒に暮らす5歳と6歳の子どもたち）に、学校で過ごす通常の時間以外に、質が高く刺激的でイノベーティブな学習活動や経験を与えることによって、そしてそうした学習活動や経験を実現する際の学習のパートナーとしてより広いコミュニティにかかわることによって、社会移動を促進することを目的とする。この仕事の核心には、どこで生まれたのかという背景を若者が気にすることなく、自らの能力や関心を最大限に伸ばすことができるように、向上心を伸長させたり達成を押し上げ、学習への愛を育成しようとする志が存在している。（*http://www.childrensuniversity.co.uk/about-us*）

その目的は、子どもたちが学校外で質の高い多様な学習活動に自発的に取り組むことにある。子どもたちを新しい学習の場や新しい経験に向かわせるこう

第3章　変化する世界において学習を導く

した活動は、「学習の到達点」として認識されており、国の枠組みに沿って設立された「子ども大学」によって承認されている。そしてアートギャラリーやドック（船渠）、駅、空港、田舎の大邸宅や庭、DIYの店舗、アーバントレイルのようなインフォーマルな環境において、学習の質を保証のためのガイドが示されている。子どもたちは自身の学習に責任をもち、「卒業」へ向けて単位を積み上げていく。イングランドの資格カリキュラム局（QCA）の首席主任であるミック・ウォーターズは、バングスらに対する未公刊のインタビューで、「子ども大学」における学習が自発的で活動的な性質をもつものであることを強調している（Bangs et al., 2010、MacBeath, 2012, p.18より再構成）。

　自然なことを行い、結果として出発点を横切るよう手助けするときに子どもの学習は最もうまくいく。子どもは、ものを作り、活動し、修理する。冒険をして、演劇をプロデュースし、演じ、楽器を演奏し、異なる言語を使い、ものを育て、生き物を大事にし、コレクションを集める。これらすべては教師がより明るい未来へと子どもを導く入口への回路である。子ども大学は、時間をやりくりすることは非常に骨が折れるが、いかに楽しいことであるか、そして学習によってどれほど活動の地平を魅力的なものに変えることができるのかを示すことにより、明るい未来を子どもたちに与えることをめざしている。

2012年4月までに、英国各地には80の「子ども大学」が作られた。3,000校の学校やアカデミーには10万人の子どもたちが参加し、延べ200万時間以上を過ごしたと説明されている。子どものパスポートと呼ばれる参加証にはスタンプが押され、全国175か所のどの目的地へ訪問したかが記録される。30、60、90、120時間の単位を得ると大学で副学長から表彰され、卒業のための単位として認定される。こういったフォーマルな機会は、恵まれない環境出身の子どもとその親に対して、大学が何のためにあるのか、そして以前には夢ですらなかった（大学卒業という）最終目標への道筋を示す。大人が現実世界での国際パスポートを紛失するのが17％なのに対して、子どもたちがもっている25万

のパスポートのうち紛失するのは約2％にすぎない。

　「子ども大学」の重要な原則は、参加が自発的だという点である。特徴的な性格をもった多くの種類の活動を擁し、さまざまなスタッフや仲間のグループメンバーを伴うことが多いという点において、他の学校よりも意図的である。「子ども大学」の意義を示す究極の特徴は、若者が自分の時間を投げうって参加していること、学習が「生活のなかのよりよい場へ導いてくれるサテライトナビゲーション」になりうることに気づきはじめることにある。子どもの参加が進み責任が増大するに従って、将来の活動に関するアイディアを生み出す際に先進的な役割を引き受けはじめ、突出したリーダーシップに対する自信を膨らませていく。しかし、「子ども大学」と通常の学校との差異という点で注目され、学校を補完するもの、あるいは学校の代替とみなされるのであれば、組織的な変化をめざす視野はそこには存在しない。「子ども大学」の成功を評価する際に用いられる批判的な指標は、学級での経験にさらなるフィードバックをすることであり、学校内外での学習とリーダーシップの間に橋渡しをすることが重要である。

　学校外で学ぶ可能性が多ければ多いほど、結果は独創的で思いがけないものとなり、子どもの教室の経験の性質に対してさらに挑戦的なものとなる。教室での調査から得られた一連の学習のフィールドに最近加えられたものとして、共同墓地がある。共同墓地での、構造化され、焦点化された探究活動によって、どのような問いが生まれ、追求されることになったのだろうか。家族の歴史、家族規模の数年にわたる変化、子どもの死、人生を変える期待、医学的ケアの発展は、まさに想定されるいくつかの例である。

　各「子ども大学」のインターネット上のサイトは、プログラムや講義を提供する「成人」大学へとリンクされている。たとえば、世界各地の昆虫、放火常習犯、「ファインディング・ニモ」の背後にある真実、エジプト学において世界をリードする専門家によって導かれるミイラの制作や、古代エジプトの神々、象形文字の書物、エジプトの数システムやパズルといった体験的な活動を提供する「ミイラプロジェクト」などがある。土曜日の朝には、DIYの店が独自の

講座やワークショップを開いている。国内各地のコミュニティにおいて、地方の図書館は学習のフィールドとして登録され、そのロゴを提示しているが、子どもたちが詩の言葉を一つひとつ探し求め、自分自身の詩を作るためにそれらの言葉を使う、「あなたの詩のことばを食べる」「子どものための詩のパーティー」「子どもの詩の宝探し」といった活動に取り組み、読書や仲間内での書評に対して履修証明が与えられる（MacBeath, 2012, p.15）。

「子ども大学」の評価が示しているように（MacBeath, 2012）、想像力や感動や活力が学習のなかでみられる。それは制限された境界や慣習にとらわれることを拒否する模範的なリーダーシップやインスピレーションをもつ人々によってもたらされたものである。生徒たちと同様に教師にとっても生活の変化をもたらす迷いから野心が生まれ、失敗が成功に転じることもある。教室から飛び出すと、教師は、時間のプレッシャーや対象から解き放たれ、子どもの生活や学習について新たに理解することができ、さまざまな環境で子どもにかかわったり、子どもの話を聞くことができるようになる。親にとっても、子どものやる気から有益な見返りを得たり、子どもから新しい見識を得ることがある。

学習をリードすることと学習づくりのリーダーシップに関する一連の提案と原理は、さまざまな独創的な試みや「子ども大学」の国家的な評価から立ち上がってきたものである。

- 教えられるというかたちを通して学習がなされるのではないという視野をもつことは、子どもたちの学習と教師の教授を補完し豊かにする。
- 学習が社会的活動であると認識することは、子どもや若者がお互い支え合い、共有し、挑戦できるような方法に対する配慮を必要とする。
- 活動に参加して、そこから何かを得ることは、探究や発見を促進するために学習の機会が支えられる文脈において実現される。
- 学習のための場の構築の可能性は、いまだに十分に探究されていないが、生涯学習において貢献してきた。
- 教室での学習は、それがすべてなのではなく、他の場所での学習と関連づ

けて発展させつつ、学校外で学習されるものを補完するものとみなされるべきである。

　これらの原則と提案は、学校がいまだに未来を予見できるものとして私たちのなかに存在していることを前提としている。しかし、学校にできる最善の事柄や、別の文脈や組織を通して学ぶ最善の事柄を明確に示しつつも、学校が独占的な位置にあって、拠点や手段としての役割を果たすものとして想定されてはいない。内とともに外へと視線を向け、教室に「閉じられた」ところから「開かれた」ところへと、学習の機会を制限するのではなく解放することで実現するリーダーシップの挑戦がここにある。リーダーシップの今後についていえば、固定された教室での学びは、他のやり方や場、関係のもち方によってさらに異議を唱えられ、補完されることが確実であろう。指導の質は開かれた資源や可能性によって形作られ、さらに豊かになることが、ある確信のもとに想定されている。

　教室を超えた学習の場の開発について取り上げられる機会が増えれば増えるほど、学校や関連した組織における力量形成の場で、学習をリードする人に求められるものは増大するだろう。個別的な、そして協働的な活動のレパートリーを広げるために、教師を助けることが求められるだろう。子どもたちや若者自身が自らの学びをコントロールするということを想定すればするほど、教師やリーダーには、教育的洞察や適応力がますます求められるだろう。子どもたちや若者が自立的で相互依存的な学習者になればなるほど、リードする人の学習や子どもたちの学習は、より戦略的に豊かなものとなる。真の意味で学習者の相互作用が多くなればなるほど、状況の要求に応じて導き、ガイドし、干渉したり、あるいは手を引くような、教師が子どもにかかわる力の重要性が高まる。これは、たとえば質問と回答形式の授業や、提示や直接的指示のような伝統的な教授方針を排除するものではない。しかし、こうした方式はより縮小され、教師のレパートリーを補完する一部分となり、学習過程のなかで、いつどこでどのように行われるか、そして最終的なものは何かといった適切な判断が

求められる。

　若者に対して「構築された場」の範囲が示される場合には、教える者にとっての明白な原理が存在している。四方を壁に囲まれた学級のなかで、キャリアすべてを実現させる教師たちは、生徒たちが楽しむようなある種のより広い経験を奪われ、「現実の生活」が制限され限定的な状況におかれる。教室を超えて移動する機会を与えられると、教師たちはさまざまな経済的領域へと旅をし、異なる労働環境を経験し、チームあるいは個人で活動したりリーダーシップを共有する機会を通して学び、刺激や報酬の新たなかたちから学ぶよう勇気づけられ、実際に学べるようになる。継続的に変化することを認識し行動できるようになると、指導と学習とを蘇生することができる。そして、学習のリーダーは新たな挑戦的な時代をめざすことができるようになる。

註
1. ケンブリッジ大学教育学部名誉教授。

参考文献

Aguerrondo, I. and L. Vezub (2011), "Leadership for effective school improvement: Support for schools and teachers' professional development in the Latin American region", in T. Townsend and J. MacBeath (eds.), *International Handbook of Leadership for Learning, Springer*, Rotterdam.

Bangs, J., J. MacBeath and M. Galton (2010), *Reinventing Schools, Reforming Teaching: From Political Visions to Classroom Reality*, Routledge, London.

Dewey, J. (1938), *Experience and Education*, Kappa Delta Pi, New York.（『経験と教育』ジョン・デューイ著、市村尚久訳、講談社学術文庫、2004 年）

Dweck, C.S. (1986), "Motivational processes affecting learning", *American Psychologist*, 41 (10), 10-48.

Frost, D. (2005), "Resisting the juggernaut: Building capacity through teacher leadership in spite of it all", *Leading and Managing*, 10 (2), 70-87.

Garavan, T. (1997), "The learning organization: A review and evaluation", *The Learning Organization*, 4 (1), 18-29.

Gardner, H. (1991), *The Unschooled Mind: How Children Think and How Schools*

Should Teach, Basic Books, Philadelphia, PA.

Gray, J. et al. (1999), *Improving Schools: Performance and Potential*, Open University Press, Buckingham.

Hampden-Turner, C. (2007), "Keynote address", Leadership of Learning Seminar, Peterhouse College, Cambridge, April.

Heschel, A.J. (1969), *The Prophets*, Harper Rowe, New York. (『イスラエル預言者（上・下）』A.J.ヘッシェル著、森泉弘次訳、教文館、1992年)

Hesselbein, F., M. Goldsmith, R. Beckard and P. Drucker (1996), *The Leader of the Future*, Jossey-Bass, San Francisco. (『未来組織のリーダー：ビジョン・戦略・実践の革新』フランシス・ヘッセルバイン，マーシャル・ゴールドスミス，リチャード・ベカード編、田代正美訳、ダイヤモンド社、1998年)

Hofstede, G. (1991), *Culture and Organisations*, McGraw-Hill, London.

Hoy, A. and P. Murphy (2001), "Teaching educational psychology to the implicit mind", in B. Torff, and R. Sternberg (eds.), *Understanding and Teaching the Intuitive Mind: Student and Teacher Learning*, Lawrence Erlbaum Associates, Mahwah, NJ, 145-86.

Ingersoll, R.M. (2003), *Is There Really a Teacher Shortage?* Center for the Study of Teaching and Policy, University of Washington, Seattle.

Joyce, B. and B. Showers (2002), *Student Achievement through Staff Development*, 3rd edition, Longman, New York.

Kennedy, M.M. (1999), "The role of pre-service teacher education", in L. Darling-Hammond and G. Sykes (eds.), *Teaching as the Learning Profession: Handbook of Teaching and Policy*, Jossey Bass, San Francisco, 54-86.

MacBeath, J. (2012), *Evaluating Provision, Progress and Quality of Learning in the Children's University*, Fourth Report to the CU Trust, Faculty of Education, University of Cambridge, Cambridge UK.

MacBeath, J. (2009), *Impact Study on the Implementation of School Development and Accountability Framework for Enhancing School Improvement in Hong Kong*, Education Manpower Bureau, Hong Kong.

MacBeath, J. et al. (2009), *The Recruitment and Retention of Headteachers in Scotland*, Scottish Government, Edinburgh.

MacBeath, J. and N. Dempster (eds.) (2008), *Connecting Leadership and Learning: Principles for Practice*, Routledge, London.

MacBeath, J. and H. Sugimine, with Gregor Sutherland, Miki Nishimura and the students of the Learning School (2003), *Self-Evaluation in the Global Classroom*,

第3章 変化する世界において学習を導く

Routledge Falmer, London.
MacBeath, J. and G. Graus (undated), *Planning for Learning; A National Framework for Validating Learning*, Children's University, Manchester.
Malm, B. (2009), "Towards a new professionalism: enhancing personal and professional development in teacher education", *Journal of Education for Teaching*, 35 (1), 77-91.
Martin, P.R. (1997), *The Sickening Mind*, Flamingo, London.(『病をおこす心 病を癒す心』ポール・マーチン著、吉永陽子, 高橋和江訳、創芸出版、2000)
Mayer, D., R. Pecheone and N. Merino (2012), "Rethinking teacher education in Australia", in L. Darling-Hammond and A. Lieberman (eds.), *Teacher Education Around the World*, New York, Routledge.
McLaughlin, M,W. and J.E. Talbert (2001), *Professional Communities and the Work of High School Teaching*, University of Chicago Press, Chicago.
NCTAF (2003), *No Dream Denied: A Pledge to America's Children*, National Commission on Teaching and America's Future, Washington, DC.
Nusche, D., D. Laveault, J. MacBeath and P. Santiago (2011), *OECD Reviews of Evaluation and Assessment in Education: New Zealand*, OECD Publishing, Paris. http://dx.doi.org/10.1787/9789264116917-en.
O'Connell Rust, F. (1994), "The first year of teaching: It's not what they expected", *Teaching and Teacher Education*, 10 (2), 205-217.
Pajares, F. (1993), "Pre-service teachers' beliefs: A focus for teacher education", *Action in Education*, 15 (2), 45-54.
Sahlberg, P. (2011), *Finnish Lessons: What Can the World Learn from Educational Change in Finland?* Teachers College Press, Columbia University, New York.
Senge, P. (1990), *The Fifth Discipline: The Art and Practice of the Learning Organization*, Doubleday Currency, New York.(『最強組織の法則：新時代のチームワークとは何か』ピーター・M・センゲ著、守部信之[ほか]訳、徳間書店、1995年）
Sternberg, R.J. (2007), *Wisdom, Intelligence, and Creativity Synthesized*, Cambridge University Press, New York.
UNESCO (2011), *UNESCO ICT Competency Framework for Teachers*, UNESCO (United Nations Educational, Scientific and Cultural Organization), Paris.
Wright, D.P., M.D. McKibbin and P.A. Walton (1987), *The Effectiveness of the Teacher Trainee Program: An Alternative Route into Teaching in California*, California Commission on Teacher Credentialing, Sacramento, CA.

第4章

21世紀型学習をつくるリーダーシップ：シンガポールの成績優秀校を事例に

クレイヴ・ディモック（グラスゴー大学）
 Clive Dimmock（University of Glasgow）
デニス・クウェック（南洋理工大学国立教育研修所，シンガポール）
 Dennis Kwek（National Institute of Education, Nanyang Technological University, Singapore）
ヤンシー・トー（南洋理工大学国立教育研修所，シンガポール）
 Yancy Toh（National Institute of Education, Nanyang Technological University, Singapore）
三浦綾希子 訳

　本章では、21世紀にふさわしい学習中心型リーダーシップを発展させるためのモデルを提示する。ここでは、「逆向きマッピング（backward mapping）」や反復方法論とは異なる「学校設計モデル（school design model）」のアプローチを用いる。まず、「21世紀型知識、スキル」について検討するところから始める。「21世紀型知識、スキル」には、グローバル意識、健康リテラシー、創造性、金融・経済リテラシー、シティズンシップ、批判的思考力、問題解決能力、デジタルリテラシーなどが含まれる。次に、カリキュラムを取り扱う学習支援システム、教授法、評価と基準、組織構造、専門性開発、文化や環境など、教授に付随する問題に移る。最後に、これらの議論に基づき、学習中心型リーダーシップ、分散型リーダーシップ、コミュニティ・ネットワーク型リーダーシップの三つについて検討する。学習中心型リーダーシップは、教授と学習、カリキュラムにおけるリーダーシップを重視する。分散型リーダーシップは、教師をエンパワメントし、能力を向上させる。また、コミュニティ・ネットワーク型リーダーシップは、他校やコミュニティからの資源を確保できるよう、コミュニティとのつながりを促進する。本章では、このモデルを10年以上学習中心型リーダーシップを実践しているシンガポールの二つの学校に適用していく。

第1節　はじめに

　本章では、21世紀の学校改善、学校改革にふさわしい学習中心型リーダーシップを発展させるためのモデルを提示する。そしてこのモデルをイノベーティブな21世紀型学習環境のために、学習中心型リーダーシップを10年以上実践しているシンガポールの二つの学校に適用する。ここでは、「逆向きマッピング」や反復方法論とは異なる「学校設計モデル」のアプローチを用いる。

　このモデルをシンガポールに適用するのには、大きく二つの理由がある。第一に、シンガポールは一般的に国際的な基準のなかで、伝統的な教授法にこだわりながら、高い成績を収めるアジア系学校システムをもつ社会とみなされているからである。それでも、なかには、学校設計やリーダーシップという現代的な概念に立脚しながら、イノベーティブな学習環境の必要性を感じ、10年以上にわたって改革を行っている大胆な学校もある。こうした学校は、グローバル市場におけるシンガポールの競争力や革新性を維持するために必要な知識やスキルを生徒に身につけさせようとしている。第二に、これまで学校設計モデルは、アングロサクソン系社会、特に、アメリカ社会で広く適用されており、アジアやシンガポールなどその他の社会では適用された例はほとんどないためである。

第2節　シンガポールの学校システム

　シンガポールは、小さな島からなる共和制国家である。1965年に180万人だった人口は、2011年には510万人にまで増加した。シンガポールには、350校の学校があるが、そのうち独立校はわずか20校である。1959年に長きにわたった英国植民地支配が終わりを告げ、その後、シンガポールは都市国家として

第4章　21世紀型学習をつくるリーダーシップ：シンガポールの成績優秀校を事例に

1965年にマレーシアから分離独立する。経済を飛躍的に発展させたシンガポールは、第三世界から先進国へと仲間入りした。現在の一人当たりの国内総生産はイギリスよりも高くなっている。都市化や人口集中が進んでいるため、学校数は比較的少なく、規模も小さく、均一化されている。そのため、初等学校、中等学校における平均生徒数は、それぞれ多くて1,500人、1,300人である（Barber et al., 2010）。シンガポールの生徒は、国際的な学力テストの数学や科学でトップレベルの成績を数年にわたって収めており、シンガポールは世界でも優れたシステムをもっている社会として評判を得ている（Mourshed et al., 2010）。

シンガポールの教育システムは、30年前に再組織化や統合、改革が行われたが、依然として高度に中央集権化されている（Gopinathan, 1985; Hogan and Gopinathan, 2008）。ただ、この5年間に関していえば、部分的にではあるが、行政的権限や教育的権限が分権化しつつある。すべての教師は、国立教育研究所（National Institute of Education, NIE）でトレーニングを受けるが、国立教育研究所の政策や実践、教育研究課題は、教育省（Ministry of Education, MOE）の優先事項や学校のニーズに合わせたものになっている。

1997年から出されている教育省の戦略的政策は、トップダウン方式で学校変革の基盤をつくるというものである。この政策のもと、教師を専門職化し、その専門性を高め、イノベーティブな教授法や教育実践を取り入れようとする試みが行われてきた。しかし、教育省が出資したシステム全体にかかわる調査（Hogan et al., 2013）で明らかになったのは、政策の基盤がいくらイノベーティブな学習環境を促そうとしていても、実際に教室で行われている実践は依然として教科ベースのカリキュラム知識を伝達し、評価する（「再生産」）実践であるということである。この調査によれば、新しい教授法ではなく、伝統的な教授法が教育システムの大半を占めているという。全国的に行われる成績評価の影響力が大きいことなど、さまざまなことがその理由としてあげられる。シンガポールでは、圧倒的に多数の教師たちが一斉授業の形態をとり、質疑応答形式の授業を行っているといえよう。

第3節　21世紀型リーダシップモデル

　学校設計モデルの基本原則は、知識やスキル、自分の価値観をもった学生が将来社会に貢献できるように、また、学生が充実した幸福な人生を送れるように準備を行うことである。イノベーティブな学校の学習環境は、変化し続ける社会、経済の動向、なかでも未来の働き方を反映したものである必要がある。ディビッド・ハーグリーブスが述べているように、「我々は、今日の働き方のなかで最もすばらしいものを精査し、将来の知識基盤型経済のなかで生き残るために必要な準備を行う学校を再設計するべきである」(Hargreaves, 2003, p.3)。こうした規模で学校を変えていく際には、単に段階的に手直しを行うだけでなく、リーダーや教師の役割や実践、組織文化や組織の構造を変える強いリーダーシップが必要である。そのためには、リーダーシップ、特に学習中心型リーダーシップを再考することが求められる。より総体的にいえば、イノベーティブな21世紀型学習環境をつくりあげ、それを下支えする要素に注目した戦略的展望が必要である。既存の20世紀型組織モデルの枠にあてはまらないリーダーシップのあり方を理解したうえで、この設計プロセス自体を形作る、目的や目標、学習成果、学習動機など、幅広い要素を互いに結びつけるということが、ここでいう「戦略的」の意味である。

　21世紀の目的に合った学習環境に学校を変えていくための戦略的アプローチが学校設計モデルである（Dimmock, 2000, 2012参照）。これは、教授や学習を構造的、技術的に支援するだけでなく、カリキュラムや目的、内容、評価システム、学習プロセス、教育実践などの要素を相互に関連させる鍵となる。このモデルで重要なのは、リーダーシップとその再概念化である。複雑な社会組織である学校のなかで、リーダーシップは変化を起こす際の調整、実行、持続、レベルの向上にあたって、主な原動力としての役割を担う。変化を起こすには、通常、何年にもわたってリーダーシップを維持する必要がある。それは、スム

ーズにいくものでもなければ、アルゴリズムのように一連の手順を踏めばよいというものでは決してない。

学校設計モデルには、五つの際立った特徴がある。第一に、学校の主要素を21世紀型の学習環境にあったものへと抜本的に再設計する。第二に、一つのものが変化したら、同時に関連する他のものも変化するというように、相互の関連性を前提としている。第三に、多くのものが変化し、そのプロセスが秩序と論拠をもつ規則となると、それはきわめて重要になる。第四に、リーダーシップは、学校の再設計を完全に行うための鍵となるものであり、基本的に、新しいリーダーシップを再概念化するのは、学校設計モデルと新しい学習環境それ自体である。第五に、このモデルは、「逆向きマッピング」として知られる系統だった方法論に支えられている。

3.1　学校設計モデルを支える逆向きマッピング

21世紀型学習環境の運営にかかわる複雑な作業を、カリキュラムや質の高い教授、学習とかかわらせながら見直すにあたっては、確実なモデルが求められる。そのモデルは、鍵となる要素を互いに関連づける必要がある。また、それは、ある要素に生じた変化をきっかけに、関連する要素にどのような同時的な変化が生じるのかを予期しなくてはならない。さらに、要素を再設計し、変化させるための順番や順序を決めるだけでなく、その論理的根拠を正当化する戦略もつくるモデルである必要がある。

伝統的に、改革戦略というのは、政策立案者によってつくられ、トップダウン方式で行われる。そのため、改革戦略が教育現場に浸透するようになるまでには、元々の政策目標は曲解され、冗長されてしまい、実践者は当事者意識を最小限にしか感じることができない。エルモア（Elmore, 1979-80）は、改革はより一貫性をもつものであるべきだと主張する。もし、改革のプロセスが逆になれば、政策立案者は、現場レベルの実践や成果をもとに、改革戦略を描けるようになる。また、システム全体の異なる層においてそれぞれの主体が感じと

るものの違いを把握することもできる。「逆向きマッピング」は、元々の政策目標を遵守するものであり、実践者が継続的に政策に関与するため、改革を実施する実践者に当事者意識をもたせることができる。この意味で、これはボトムアップアプローチであるといえる。

　逆向きマッピングの原則は、コーヴィーの格言の一つと合致する。その格言とは、成功者は「目的をもって始める」(Covey, 1989) というものである。すなわち、ここで問うべきは21世紀の学習者に求められる学習成果——知識、スキル、価値——とは何かという目的に関することである。この問いにはっきりと答えられれば、カリキュラムをはじめとした学習環境の特性を再考することができるだろう。どのような中身、構造のカリキュラムが21世紀の学習者に必要な知識、スキル、価値の獲得を最も促すのだろうか。

　さらに、逆向きマッピングには、以下のような問いもついてまわる。どのような学習プロセス、スキル、知識が生徒に望ましい成果をもたらすのか。さまざまな背景をもつ生徒は、どのように学ぶのが最もよいのか。すべての生徒が学ぶことができるようになるためには、どうしたらよいのか。また、生徒の学習到達度を測るにはどのような評価プロセスが必要か。認知的評価になるのか、情動的評価なのか、道徳的評価、あるいは物理的評価か。

　さらに逆向きマッピングを進めると、次のようなことが問題となる。どのような教育実践が学習経験を最も支援するのか。いかなる方法で教師はすべての生徒が学べるようにするのか。そして、新しい教授、学習の準備を支持する場合、こうした学習環境を支えるためには、どのように教室や組織、構造を変えていけばよいのだろうか。特にここで重要になるのは、時間割や教室の物理的レイアウトであり、教授と学習における指導技術の役割である。

　逆向きマッピングの次なる段階では、教師教育が問題となる。評価、学習、教授などのいわゆる「核となる指導技術」に変化をもたらすには、教師が新しいスキルを獲得し、教育実践を行えるようになる必要があり、そのためには教師教育の発展が不可欠である。

　最後に、前述の逆向きマッピングのすべての過程において、戦略を練り、組

第4章　21世紀型学習をつくるリーダーシップ：シンガポールの成績優秀校を事例に

織し、維持し、拡大する際、リーダーシップがかかわってくる。リーダーが中心的に果たす役割は、イノベーティブな学習環境をつくるために学校を変え、適切な支援をし、教師の専門性を発展させ、社会、コミュニティ、保護者から提供される利用可能な資源を使うことである。教授と学習という核となる指導技術がこのモデルの中心をなし、このモデルを実行するうえで求められるリーダーシップが、新しいリーダーシップ概念をつくりだす。学習成果から、学習、教授、指導、組織構造という鍵となる要素の結びつき、リーダーシップまでを示した逆向きマッピングのプロセスは、図4.1にまとめている。

図4.1　学校設計モデル：21世紀型学習をつくるリーダーシップの枠組み

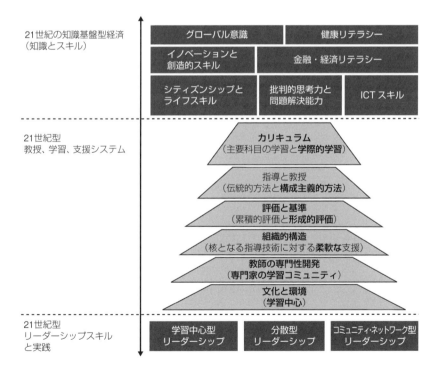

出典：Dismmock, C. and J.W.P. Goh（2011）.

学校設計モデルは、総体的、包括的なものであり、逆向きマッピング法は、論理的で一連の手順に沿ったアルゴリズム的なものである。組織的構造や実践、またその相乗効果、それぞれの一貫性を確保することがこの二つの目的であるが、本質的に、両方とも、単純化された抽象的なものである。学校改革を行う際、このような総体的モデルやアルゴリズム的方法を戦略にそのまま適用することはできない。しかしながら、学校改革は何年にもわたってさまざまな段階を経るため、この段階のなかで、学校設計モデルの多くの、もしくはすべての要素が学校改革に含まれるようになる。変化の順序は、逆向きマッピングのように包括的ではない。しかし、学校設計モデルは、堅実で総体的な戦略と方法に基づいて、どの程度学校全体が変わったかを査定し、評価するために必要な問題発見ツールを示してくれる。

3.2　知識基盤型経済のための21世紀型学習成果

　図4.1は、21世紀の知識基盤型経済に必要な知識とスキルを示している。現代社会は、グローバルに統合される一方、競争が激化しており、グローバル意識とリテラシーをもつことが重視されている。国家は、国家内の所得と富の格差を広げること、あるいは社会的流動性を抑えることに関心を寄せている。どちらもグローバル化した社会において、人々の国家への忠誠や誇りが脅かされるかもしれないという前提に立っている。このような関心は、シティズンシップや生活スキルの重視へとつながってゆく。政府は自らの期待と要求を満たす国家予算を立てようと必死になるため、市民は国家から経済的に自立できるような、より優れた金融・経済リテラシーをもつ必要がある。同様に、よりよい健康教育はより優れた労働力をつくりだすだけでなく、健康に関する法案をも減らすだろう。21世紀の職場では、イノベーティブで創造的なスキルや批判的思考力、問題解決能力、高いICTスキルをもつことが働き手には求められる。

3.3 21世紀型学習成果をもたらすカリキュラムと学習経験

　期待される学習成果を設定し、そこから始める逆向きマッピングは、学習経験を重視したカリキュラムの形成に貢献する。この学習経験は、期待される学習成果の達成を助ける。図4.1に示してあるように、今後は、数学や科学、歴史などの主要科目が重視された現行のカリキュラムに加えて、実社会の複雑な問題に対応できるような、より学際的な知識も求められてくる。
　教科学習に加えて、学際的な高い思考力を獲得し、発展させることが求められるようになれば、カリキュラムや教育実践も次のような能力を育成するものとなる必要がある。

- メタ認知スキル、思考力の獲得の仕方を学ぶ。
- チームで協同して学ぶ。
- 新しい知識を求め、創る。
- 漠然とした状況や予想できない問題に取り組む。
- 読んだり、書いたり、言語的なコミュニケーションをとる。
- 創造的、革新的、起業家的になる。
- 教科の知識とともに学際的知識も学ぶ。

　ここで重要なのは、以下の二つの側面である。一つは総体的な教育である。21世紀の学習者に必要不可欠なソフトスキルと呼ばれる、リーダーシップやチームワーク、シティズンシップなどのスキルの多くが相対的な教育には組み込まれる。二つ目は上記で示したような学習能力を体現し、教授法を変化させるきっかけを作るような指導技術である。
　このような学際的で、統合されたプロジェクトベースの活動は、生徒に次のようなことを経験する機会を与える。1) 独立学習の機会、2) 口頭によるものでも、文書によるものでも、対人コミュニケーションだけでない共同作業を行う

機会、3) さまざまな教科から得た知識やスキルを統合する機会、4) オンラインの掲示板や生徒のブログのような多様なコミュニケーション方法を通して自分の見方や学習をプレゼンテーションする機会である。これらは、すべて21世紀に必要なスキルである。こうした実践は部門や分野を超えて学校全体で行われる必要があるし、すべての教師によって学校のなかで深く行われる必要がある。

3.4　学習経験と成果の提供

　教師やリーダー、組織構造が上記で述べたようなかたちで生徒の学習を支援するには、学校全体に変化を浸透させる必要がある。教師やリーダーは、生徒が獲得すべきとされる知識、スキル、素質に合わせることが求められる（Hargreaves, 2003）。一定の状況において効果をもつ伝統的な教授法をすべて否定する必要はないが、教師たちは指導戦略や指導方法のレパートリーを広げてゆくべきである。教師はいつ、どのような指導法を使うかということに関わる教育的判断力だけでなく、指導法を効果的に使う知識やスキルをもつ必要があるのだ（Dimmock, 2000参照）。

　教授法の幅を広げるにあたって、教師は教師中心の教授法だけでなく生徒中心の教授法を用い、道徳的方法だけでなく構成主義的方法を使い、一斉教授だけでなく個別学習やグループ学習を取り入れる。自分の専門分野ですでにエキスパートであっても、その科目と他の科目との関連性について理解し、それを説明することが求められる。学際的でかつ統合されたカリキュラムや学習機会をつくるには、教師が学際的な実践を受け入れる柔軟な考え方をもつ必要がある。問題解決型学習や探求型学習において、知識というのはより複雑で厄介なものとなるため、すべての生徒が成功した学習経験をもつには、より個別的なアプローチが必要になってくる。

3.5　テクノロジーと21世紀型学習環境

　情報技術（IT）は、21世紀の学校の変革的学習環境を形成するにあたって、非常に重要な役割を果たし、その役割は多岐にわたっている。情報技術を使えば、いつでもどこでも必要なときに得たい知識を獲得することができる。また、独立学習やチームワーク、問題解決などに必要とされる高い能力を伸ばすことができる。また一方で、情報技術は教師にとっても強力なツールとなる。幅広い指導を可能とし、生徒中心的な学習を手助けし、教室における教授と学習の垣根を取り払うことを可能にする。特に、モバイルテクノロジーは、教授と学習を行う時間、場所、方法を定義し直すほど大きな影響力をもつ。

　10年以上にわたって行われている学校のテクノロジー化に対する批判は、大きく以下の三つにまとめられる。1）ITを担う教師の幅が広く、熱心に取り入れる者からITに不得手な者までさまざまである。2）ITへのアクセス状況が生徒によって異なるため、裕福な生徒のほうが優位になりやすい。3）カリキュラムへの取り込み方の程度が教科によって異なる。ある教科では、ITを全面的に取り入れ、別の教科ではそこまで取り入れないということがありうる。このような懸念は依然としてあるが、学校のテクノロジー化は目覚ましい進歩を遂げている。今日では、テクノロジーを揶揄する教師はほとんどいない。生徒、教師、もしくは社会全体のなかで広くモバイル機器が浸透し、手頃に利用できるようになったため、多くの教師たちもその流れに遅れをとらないようテクノロジーを使うようになった。さらにいえば、ITが深刻な悪影響を生徒に及ぼすため、生徒にITの学習機会を制限するという学校はほとんどない。ITは今後、カリキュラム、教授、学習においてより広い関心を集めるだろう。つまり、ITそれ自体を学ぶことが目的ではなく、目的のための手段として、重視される。しかし、21世紀の知識基盤型経済においてITの影響力は、ますます増大するため、ITそれ自体も強力な力をもつものとして理解されなければならない。

3.6　多様な形式の評価方法

　ビッグス（Biggs, 1999）は、カリキュラム、教授法、評価方法には「構成主義的統合」が必要だと述べる。評価方法を変えずにカリキュラムや教授法を変えようとしても、教師には受け入れられないことが多い。新しいカリキュラムの知識、スキル、価値を適切に測る評価法があって教師は初めて納得する。多くの21世紀型スキルは、伝統的な試験では直ちに測ることはできない。したがって、生徒の学習を評価するには、伝統的な試験の他に形成的で、非定量的な評価法が新しく必要となる。

3.7　21世紀に向けた組織構造

　過去の学校改革の多くは、時間割や教科ごとにまとめられ、その独立性を守ろうとする教師、単一的な教室のレイアウトなど、学校の硬直的な構造を前に失敗している。期待される学習成果から始める逆向きマッピングの段階的なプロセスでは、改革を実行できる柔軟な組織構造があるという思い込みをもたずに、図4.1に示されているカリキュラムと教育実践を行う。新しいカリキュラムや教授、学習がつくられれば、組織的な構造、特に教師のグループ分けや時間割、教室のレイアウト、物理的な空間やテクノロジー、設備の使用などにも変化が起こる可能性がある。

協同的な学際チーム
　専門科目は異なっても互いに関連する科目を担当している教師たちが協同するという新しいかたちが学際的なカリキュラムの作成と実行には必要である。そうすると、教師たちは生徒と同じ認知プロセスを経験することになる。教師チームの協同的で学際的な取り組みは、問題基盤型学習と統合されたカリキュラムの実施を促す。教師を四つのコアチームに分け、ある生徒集団に対するカ

リキュラムの実施全体の責任を担わせ、そのチームですべてのことを行うようにする。それによって、教師たちは担当の生徒の長所と短所をよく理解できるようになる。チームを作る際には、言語、音楽、体育の専門的教師を各チームに入れるようにする。

柔軟な時間の利用

　改革のために学校設計モデルを実施するにあたっての必要条件は、時間割を柔軟にすることである。たとえば、問題解決基盤型学習や学際的な学習は、通常の40分授業では実施できない。そのため、ブロック化された時間割の制限をなくし、柔軟な学習時間を設定する必要がある（Dimmock, 2000）。ブロック化された時間割の場合、各教科の授業時間数は月や学期ごとに決まった時間が割り当てられてはいるが、基本的にカリキュラムの裁量権は教師に委ねられている。

　学年歴や授業日に関して、学校はより柔軟になってよいだろう。1年のうち半分程度しか開かれていない学校もあれば、典型的に8時半から16時まで授業を行う学校もある。1年間のうち学校を開く日をもう少し多くしたり、夕方の時間に教師がついて宿題をするクラスを設けて学校の開放時間を長くしたり、週末などに体育館や図書館を利用できるようにする余地はあるはずだ。

教室の再構成

　イノベーティブな授業実践を行うにあたっては、教室空間や教室のレイアウトを再構成する必要がある。たとえば、無線テクノロジーがある教室で、椅子や机を自由に動かせれば、一斉教授からグループ学習、個別の問題解決まで、さまざまな教授法に合わせて、教師は机のレイアウトを変えることができる。教師の机を教室の一番前におかないことも学習者中心の学習アプローチでは重要である。ワイヤレスネットワークやネットワークに接続できる可動式の机があれば、グループ学習や個別学習の際にすべての生徒がインターネットに簡単にアクセスすることができる。教室空間の再設計は、学習環境を多角的に発展

させるには欠かせないものである。柔軟性のある容器を中庭学習やエコトレイル学習で使うように、折りたたみ式のパーテーションは、空間の再構成を可能にする。柔軟性やテクノロジー、設備へのアクセスのしやすさ、空間の利用など、こうした状況の整備が新しい教授と学習を可能とする。

しかしながら、上記であげた学校設計モデルを構成するすべての要素は、教師の専門性開発を新たにどう行い、新たなリーダーシップのかたちを学校全体がどの程度受容するかに依存している。教師の専門性開発や大胆でイノベーティブなリーダーシップの有り様に関心を向けなければ、持続可能でイノベーティブな学習環境をつくるために必要とされる目標や努力は、実現されず水の泡となるだろう。

3.8 核となる新しい指導技術をとるリーダーの育成

学校で行われる変革は、通常10年以上かかるが、優れたリーダーシップ、特に校長のリーダーシップは、例外なく重要である。優秀なリーダーは、生徒の学習成果に影響を与える重要な要素を変えようと効果的に時間を使う。かれらは、学校運営だけに時間を割かない。学校の学習環境を変えるリーダーシップは、学校設計モデルの要素を逆向きマッピングの方法で精査することによって、演繹的に導きだされる。21世紀型学習環境に向けた学校改革のためのリーダーシップは下記のようなものがある。まず、カリキュラム、教授と学習におけるリーダーシップを重視する**学習中心型リーダーシップ**である。次に、教師をエンパワメントし、利用可能な人的資本を増やす**分散型リーダーシップ**があげられる。そして、他の学校やコミュニティからの資源を利用する**コミュニティ・ネットワーク型リーダーシップ**がある（Dimmock, 2000, 2012）。

学習中心型のリーダーは、教授と教育、すなわち、教師と生徒を学校のリーダーシップの中心にする。学習中心の学校をつくるには、学習プロセスを継続させるリーダーシップが求められる（MacBeath and Dempster, 2008）。学習中心型のリーダーは、イノベーティブなカリキュラムや教授法、評価法を教師

たちに受容させるための知識とスキルと素質をもっている。また、かれらは同僚の教師たちとコミュニケーションをとり、影響力のある会話をし、専門的で親密な関係を築くための技術的、専門的な知恵ももっている。このようなリーダーシップは、学校での学習成果を改善する戦略的見通しや目標を重視しているだけでなく、変革を実行するための組織的運営や調和のとれた組織も重視している。

　21世紀型学習環境の構築には、学習中心型リーダーシップも必要だが、リーダーシップを校長中心のものから分散させることも必要である（Heck and Hallinger, 2009; Spillane and Diamond, 2007）。学校は、利用可能な資源を最大化する必要がある。そのためには、すべてのレベルのリーダーをエンパワメントし、よりフラットな構造を作り、民主主義的方法で資源を作ることが求められる。端的にいえば、経験の浅い教師のリーダーシップは、先輩の教師によって育まれ、リーダーシップそれ自体は、中間、あるいは上級管理職レベルで分散され、共有される。分散型のリーダーシップは、学校の上級管理職、特に校長に大きな責任を課す。かれらには方針の一貫性を維持し、学校の枠を超えたリーダーシップ実践を調整し、行うことが求められる。フラットな構造ができあがれば、校長や上級管理職たちは教師たちとより親密で実用的な関係を築くことになるだろう。

　三つ目のコミュニティ・ネットワーク型リーダーシップは、他の学校やコミュニティとつながり、資源を共有することにかかわる。変革に向けて見通しや戦略を立て、それを実践するにあたって、リーダーはさまざまなところからアイディアや資源を集める必要がある。すでに変革を終えた学校がアイディアや情報を与えてくれることもあるだろう。文献や事例研究がエビデンスに基づいたアプローチのための枠組みやモデルを示唆してくれる場合もある。また、すでに変革を経験したスタッフの暗黙知が蓄積されていることもある（Guile, 2006）。特に校長は、生徒が21世紀の働き方に向けた準備ができるよう、学校全体での変革を行う場合、そのニーズを見極めるためにコミュニティをよく見ておく必要がある。保護者やコミュニティは、伝統から脱しようとするときに

反対することが多い。特に教授に関連することや重要性の高い評価や規律に関することにはなおさら反対しやすい。しかし、保護者の支援を利用することは、校長が学校変革を目的通りに行うにあたって戦略的に必要なことである。

　学習中心型リーダーシップ、分散型リーダーシップ、コミュニティ・ネットワーク型リーダーシップの三つのリーダーシップはすべて、学校の資源のなかで最も重要であるスタッフの育成にかかわる。イノベーティブな学習環境が構築できるかどうかは、教師の専門性開発の質にかかっていると同時に、リーダーシップの質にもかかっている。

3.9　教師の専門性開発の促進

　リーダーは、21世紀に必要な知識や能力、価値観を育成する教師の専門性開発に重要な責任を負っている。カリキュラムや教授法、評価法を全校的に深く行うにあたって、それぞれの教師が学校外で短い研修を受けるというような伝統的な形式の専門性開発はまったく効果をもたない。そうではなく専門性開発は、専門家の学習コミュニティ（PLC）に関わるものとして再概念化される必要がある（Wenger, 1998; Hord, 2008）。スクールリーダー、特に校長は、教師が求められた改革を認知し、実行するにあたって、PLCを奨励し、維持し、評価するという重要な役割を担う（Bolam *et al.*, 2005; Louis and Kruse, 1995）。PLCでは、すべての教師が自らの専門学習に責任をもち、ピア・ラーニングや協同作業を行う。リーダーは、PLCチームの有効性を監督し、以下のことを保証する責任を負う。それは、教師の学習がカリキュラムや教授目標に関連していること。すべての教師が自らの実践を追求し、自己評価すること。新しく改善された教育実践とその実施のために必要なエビデンスを調査し、集めるためにすべての教師が協同し、アイディアを共有すること。そして、新しい教育実践を受容する際の相乗効果を、学校の枠を超えて達成することである。最も重要なのは、エビデンス情報に基づく実践を受容する際に、教師の意思決定の共有を促すことである。エビデンス情報に基づく実践が暗黙知によってつくられ

たピア・ラーニングに基づくものであるか、学術研究によるものかは関係ない。

　教師たちがPLCの活動にきちんと参加できるようになるには、リーダーたちが資源を投じて、教師の研究、評価能力を向上させ、かれらの自由時間を確保し、仕事を効率よく行うための枠組みや手段を教える必要がある。全校をあげたPLCへの取り組みは、教師たちの間に学習文化をつくりだす。また、PLCは、リーダーたち自身の専門性開発にとっても重要な役割を果たす。PLCでは、学校設計モデルのなかの要素やそれぞれの機能的つながりを理解するための能力や、新しいカリキュラムや教授法を実施するために必要なリーダーシップや組織構造を戦略的につくりあげる能力の育成が行われる。さらに、PLCは、教師の専門性開発と緊密にかかわって、学校や学校のもつネットワークを用いながら、リーダーシップを浸透させ、発展させるための機会を提供する（DeFour and Eaker, 1998）。

　リーダーシップは、本質的に学校の社会関係資本や知性の開発、優れた学習成果をもたらすための戦略を展開するにあたって中心的な役割を果たす。このようなリーダーシップ活動は、学習中心の学校文化をつくり、維持するためには欠かせないものである。

第4節　二つの学校における事例研究

　前節では、全体論的な学校設計モデルから派生した学習中心型リーダーシップについて概観してきた。その目的は、21世紀型学習環境に向けて学校を変革することであった。またそれは、実際に学校全体で変革を行う際に必要なものを分析し、明らかにするための発見的な手段を示してくれるものであった。本節では、シンガポールの二つの学校を事例に学習中心型リーダーシップの適用例をみていきたい。

4.1　事例1：フォーティチュード小学校

　フォーティチュード小学校（FPS）は、中国からの移民子弟に基本的な教育を受けさせるために、1940年に中国系の宗族集団が作った学校である。FPSは、政府補助校であり、政府から部分的に資金援助を受け、民間から補足資金を得ている。1,900人ほどの生徒と130人ほどの教師を有する一般的な大きさの学校である。成績優秀校としての評判も高い。

成功した証拠
　FPSは、イノベーティブなテクノロジーを使うことによって、教師中心的なものから生徒中心的なものへとその教育実践を変えていった。10年以上にわたり、教育の中にテクノロジーを取り込むことによって、評価を受けてきた。「マイクロソフト・ワールドワイド・メンタースクール（Microsoft Worldwide Mentor School）」やシンガポール教育省の指定する情報技術の中核的研究教育拠点にも選ばれた。政府が指定する15の「未来の学校」にも選出され、ICT教育をカリキュラムや教授法、評価法など、すべてのレベルに取り込んだ模範的学校とされている。しかし、多くの学校とは違うこの学校の特徴は、テクノロジーが教授法の刷新に断片的に使われるのではなく、全体的な学校改革を促すものとして使われていることである。

学校再設計のための取り組み
　FPSは、2002年からテクノロジーを重視したカリキュラムを使って、学習と教授を再設計してきた。全体的な学校改革は、段階的なプロセスを経るが、2007年に新しい校長が着任したことによりその推進力は増すことになった。再設計にあたっては、テクノロジーの使用が前提とされ、21世紀の学校設計モデルの二つの側面が組み込まれた。その二つの側面とは、1）リーダーシップスキルの獲得とそれを使った実践方法を学ぶこと、2）教授と学習スキルと

支援システムを組み込むことである。なお、この事例研究は、インタビュー、授業や打ち合わせの観察、資料分析を使った質的研究である。

21世紀型リーダーシップスキルと実践

　前校長も現在の校長もFPSの発展の方向性を形作るうえで重要な役割を果たしてきた。双方とも、ICT教育を教授と学習の質を上げるものとして想定した。かれらは、参加型学習の促進や、教室以外で得られる幅広い知識とのかかわりをもたせるにあたって、ICT教育の重要性を理解していた。また、テクノロジーを利用することによって、生徒が将来「ナレッジ・ワーカー」となるための準備ができると考えていた。2人の校長は教育学的見地から、テクノロジーは教育実践を変え、生徒中心的なものへと教室を変えていくための触媒となり、21世紀の学習ニーズと本質的に親和性があると考えていたのである。

　集団的なアカウンタビリティを促すために、2005年に戦略的な決定が下された。意思決定の権限が学校組織のなかの異なる層に、徐々に分散されていったのである。特に、ICTプログラムに着手し、拡大する際の決定に関しては、その決定権が分散されていた。結果的にそれは、教師や中間レベルのリーダーに自らの参加を主張するための主導権を与え、かれらをエンパワメントすることになった。また、情報に基づいて選択を行うために必要な組織の専門的資本を強化することにもなった。中間レベルのリーダーと教師とともに校長は、知識学習と21世紀型能力、価値観の習得とのバランスをとることをめざして、学習における優先順位を見直し、教育の枠組みを発展させていった。21世紀型能力、価値観の習得には、次の三つの要素が重要となってくる。1）生徒のメディアリテラシーの向上、2）社会的、情緒的行動や能力の育成、3）カリキュラムリーダーシップのための能力の育成である。テクノロジーは、この三つの要素すべてをまとめるものである。

　同時に、上級管理職のリーダーシップによって、ICT教育の利用に関する包括的なカリキュラムの枠組みが明らかにされた。その枠組みというのは、国の教育政策推進の要と意図的に足並みを揃えたものであった。最初のICT教育

改革が始まってから10年が過ぎた2010年に、校長は、ブライスとパーキンス（Blythe and Perkins, 1998）の提唱する「理解のための教育」の枠組みを取り入れることを決める。この枠組みは、共同学習や自主学習を促すだけでなく、生徒の深い理解を導きだす方法であるととらえられている。いずれも教育省が強調する21世紀型能力を育成する。また、スタッフを支援するために取り入れられた枠組みは、サファイヤーとゴゥワー（Saphier and Gower, 1997）のいわゆる「能力のある教師」をモデルにしたもので、テクノロジーは、生徒の多様なニーズを満たすものであるという考えを組み込んだものである。

　時間とともに、能力開発戦略は、次第に構造化され、枝分かれし、以下のようなことが起こった。1）NIEの助言を利用することで、研究者としての教師の能力が向上した。2）学習サークルを奨励することによって、イノベーティブな文化が深化した。3）教師の専門性開発のニーズを認め、それに対応する計画が考案された。4）多様な共通基盤とフィードバックセッションを通じて、省察のための仕組みが作られた。

　複雑なICT関連の改革には、文化、教授法、カリキュラム、評価を変える一致団結した努力が必要である。学校は、「一人旅はできない」。ゆえに、リーダーシップは、企業や高等教育機関とつながりをもつべきだが、こうしたパートナーは、教師仲間の価値を高めるためにも慎重に選ぶべきである。たとえば、2009年にこの学校はNIEと提携し、組織内に研究センターを作った。2012年の6月には、マイクロソフトシンガポールとマイクロソフトリサーチアジアが提携に参加し、さらなる技術的助言を得られるようになった。海外のコンサルタントとのネットワークは、生徒の学習ツールを確保するための追加的な資金援助の獲得を手助けするものとなる。

　しかし、かかわる主体やプロジェクトが増えるにつれて、組織的緊張も生み出されるようになる。1）まず、研究と実践の乖離である。最も明確なのは、ICTの利用を理念的に信奉する者と現実的にその利用を考える者との違いである。2）次に、イデオロギー的違いである。たとえば、テクノロジーは必要不可欠なものとして教室の中で毎日のように使うべきか否かという点での考え方

の違いである。3）学校と企業と研究機関は、官僚的な関心と商業的関心の違いから相反することがあり、結果的に苛立たしい遅れやコストの追加が生じる。これらの緊張は、上級レベル、中間レベルのリーダーの間で集団的に議論され、次のような方法がとられた。開放的な雰囲気やイノベーションの精神をつくりだし、鍵となる学習、教授上の目標に関して統一されたアジェンダを作り、改革を支える財政的、組織的、専門的、時間的資源を準備した。また、保護者、教師、研究者、宗族集団など主要な関係者と、問題へ介入することの論理的根拠やその結果に関して対話をもつ機会を設けた。そして、学校全体の改革プログラムにするため、理念を実証できるプロジェクトを体系的に拡大し、用意周到に改革をすすめた。

──学習中心型リーダーシップ

本章前半でまとめた21世紀型学校設計モデルの枠組みと対比するため、ここでは三つのリーダーシップを並記する。前校長も現在の校長も学習中心型リーダーシップを掲げているように見える。なぜなら、テクノロジーの利用を正当化する際や教師の反省を促す仕組みを作る際に、生徒中心的原理を重視していたからである。2008年以降に就任した新しい校長は、すべてのICTプロジェクトを支える単一的なカリキュラムと教育的枠組みへの支援を表明しており、それは進行中の変化モデルを継続、維持させるものであった。

──分散型リーダーシップ

リーダーシップは、アジェンダが変わった最初の段階から徐々に分散されていた。その証拠に、意思決定プロセスのなかで具体化された認識がヒエラルキーのなかに浸透していき、持続可能な改革のための鍵は分散型リーダーシップであるという信念が影響力をもつようになった。

──コミュニティ・ネットワーク型リーダーシップ

三つ目のリーダーシップは、戦略的パートナーシップが結ばれるにしたがって徐々に高度化していった。戦略的パートナーシップは、学校設計モデルに合わせて、学校の社会関係資本を増大させるために結ばれた。前校長も現在の校長も社会的、政治的動向を理解するために学校のおかれている状況を調べた。

学校を変えようとする試みを社会全体の政策決定動向と一致させるためである。校長たちは、学校が改革に向けた準備ができているかどうかを査定し、主要な関係者間の緊張関係を和らげるためにエネルギーを費やし、テクノロジー関連型改革を拡大するための資金源を探した。これらすべてにおいて、政治的洞察力と運用術が特別な意味合いをもつことになる。ゆえに、「政治的能力」を重視することが学校設計モデルのなかで示されているコミュニティ・ネットワーク型リーダーシップには、必要不可欠である。

21世紀型教授・学習スキルと支援システムの組み込み

　学校のリーダーたちは、新しい教育実践を成功させるためには、教授・学習スキルと支援システムを改革プロセスのなかで相互に関連づけることが重要だと考えていた。改革プロセスのなかでよく言及され、重視されるものとして時間的要素があるが、これは「組織の記憶」をつくる社会関係資本となる。そして、FPSは、イノベーティブな成長の軌跡を辿ることになった。

──カリキュラム

　初期のICTプロジェクトの多くは、一時的なものであり、限定的な影響力しかもたないものであることが認識されていたため、FPSはより統合された学習プログラムを2005年に開始し、全校レベルでそれを拡大させていった。同時に、カリキュラム開発が部分的なプロジェクトから学校全体のプロジェクトへと発展し、教育研究のなかで重要な位置を占めるようになった。概念を実証するさらなるプロジェクトが各部門の枠を超えて統合され、より部門横断的な協同が行われるようになった。

──指導と教授法：

　教師たちが初期段階で主に行われていた電子ワークシートの使用から離れ、教師はより広く生徒中心的学習アプローチのなかでのICTの位置づけや目標について考えるようになり、ICTに関する意見が一致するようになった。ICTの利用を理念的に信奉する者と現実的にその利用を考える者との違いはあるが、多くの教師はICT教育に構成主義的実践を取り入れようとしている。

―― **評価と基準**

　評価と基準は、特に変えるのが難しい。2008年につくられたカリキュラムと教育枠組みの変化に伴ってできた新たな試みは、これまでの評価をより時代に合った価値あるものにすること、累積的評価をより自由で高度な思考スキルを評価できるものにすることであった。

―― **組織構造**

　2009年から改革を成功させるための取り組みを拡大したFPSは、組織的な再編成の必要に迫られるようになった。共通の関心によって教師グループが再編成されたり、中央集権的な重要プロジェクトへの取り組みを通して教師グループがつくられたりした。さらに、2週に1度、3時間の理科の時間が追加された。教師たちはまた、1時間半ごとに分けられた時間割を使ってプロジェクトについて議論する時間をとった。さらに、協同学習を促すためにコンピュータ室の設備もまた再編成され、生徒がいつでも電子機器を充電できるように教室の配線はつくりかえられた。

―― **専門性開発**

　時間が経つにつれ、ICTによる教師の専門性開発は技術的には停滞し、新しい教授法や学習法をつくるにはテクノロジーのもつ潜在力が基盤となるという認識が広まっていった。小規模のカスタマイズされたプロジェクトによる能力開発にその焦点が移ると、教師の専門性開発のために豊富な機会が準備された。カリキュラム改革やその実施課題を検討し、教授方略や専門家としての見解、指導戦略を向上させるにあたってICTによる専門性開発は枝分かれしていった。

―― **文化と環境**

　文化を再度つくりあげるプロセスは、FPSの改革プロセス全体に浸透していった。2001年頃、学習サークルがつくられ、それが徐々に広く深く広まっていった。すべてのスタッフが少なくとも一つの学習サークルにかかわっていた。「失敗」に対する寛容さが学校の精神とされ、劣っていることによって罰せられる教師はいなくなり、安全でリスクを許容する環境がつくられた。

　FPSの改革は、このような新しい相互作用的なフィードバックを基本として

展開した。前校長も現在の校長も改革がどのように進むか、もしくは進むべきかについて、はじめのうちはきちんとした見通しをもっていなかった。その代わりに、さまざまなレベルの主体が相互にかかわり、影響力を与え合うことによって、改革の軌跡は形作られてきた。2人の校長は、学校改革を促す強力な主体であった。さらに、かれらは、テクノロジーは教育に取って代わるべきでなく、学習目標は21世紀の学習者のニーズにあったものであるべきだという信念をもっており、その信念に導かれて改革を行った。FPSのリーダーたちは、リーダーシップスキルを発揮することを通して、幅広い支援システムをつくりだした。それは、学校コミュニティが集団的に取り組むことによって多くの利益がもたらされるようなシステムであった。

4.2　事例2：シンガポール女子中等学校

シンガポール女子中等学校（SGSS）は、独立した一流の女子中等学校である。国立学校に比べると、スタッフ配置、給料、財政、運営やカリキュラムの点で自由な部分が多い。1,800人の生徒が在籍し、その多くが中間層から高所得者層出身である。教職員は160人である。2004年までは一般教育資格（GCE）のOレベル試験を生徒に受験させていたが、2004年に中高一貫6年教育を保障する政府主導の「統合プログラム（IP）」へと切り替えた。より柔軟で幅広い学習経験、学習成果を保障することが目的だった。

成功した証拠

SGSSは、一般教育資格（GCE）でAレベルをとるなど、従来の指標ではトップ校に位置づけられる学校である。この学校は、教師、保護者、生徒、政策決定者からも、未来志向的で先進的な学校として位置づけられている。2012年には、非常に優れた学校として表彰され、最優秀学校賞も受賞している。

教育省は、全校規模の改革がSGSSにおけるIPカリキュラムの成功につながったと評価している。SGSSは、カリキュラムに力点をおく教育から生徒中心

の教育へと方向を変え、生徒の参加度、個別学習、対話的教育、厳しい規律実践、メタ認知的スキル、認知や知識に関する柔軟性を高いレベルで確保してきた。さらに、開放的でゆるい構造をもつ真正なパフォーマンスタスクを取り入れることによって、教科横断的に学習を統合し、生徒が創造的な問題解決に関与できる環境をつくった。あらゆる指標において、SGSSはシンガポールで最も優れた中等学校である。

21世紀型リーダーシップスキルと実践

　IPカリキュラムを導入する以前、SGSSは受験に焦点化した伝統的なやり方で優秀な生徒を輩出していた。しかし、2001年に校長は基本的な教育目標を見直し、IPカリキュラムを導入した。教授や学習の本質、学問や生徒のアイデンティティに関して議論を重ねた結果、「人間、思想者、リーダー、先駆者」となる生徒を育てるという教育指針が打ち立てられた。グローバル意識、リーダーシップスキル、イノベーション、起業家精神、創造的な批判的思考力、問題解決能力など、21世紀型知識とスキルがこの教育指針のなかでは重視されている。

　校長は、学校内のその他のリーダーたちに、「デザインによる理解(Understanding by Design, UbD)」(Wiggins and McTighe, 2005)という枠組みを紹介した。これは、教師がカリキュラムマップを設計する際の手助けをするものである。リーダーたちは、2004年までに成果を生み出すため、教育指針の鍵となるIPカリキュラムを実施する準備を入念に行った。UbDを基盤としたカリキュラムによって、部分的に部門レベルで行われていた改革は、全校規模の、リスクもリターンも高い改革へと変化していくことをリーダーたちは理解していた。新たな教育指針においては、21世紀型の知識とスキルに合わせるため、評価や教育実践、教師の能力、学校文化を変えることが求められた。この教育指針を主軸としながら、校長は学校を生徒中心的な学習に向けて戦略的に変容させる段階へと導いていった。

　2004年から全校的に始まったIPカリキュラムへの移行は、遠大でリスクの

高いものだった。教師など多くの関係者は、このIPカリキュラムへの移行の善し悪しについて確信をもてていなかった。校長は、このカリキュラムの移行に教師を関与させ、教師の疲労を少しでも軽減するため、教師に自信を与え、新しい教育指針を共有し、この移行こそが未来の生徒のために必要なことだと強調した。校長はスタッフの能力の向上のため、相当な専門的、経済的支援を行った。スタッフをエンパワーし、かれらの意欲を向上させることもリーダーシップに必要な能力である。校長は、リーダー層にいる者たちに改革プロセスの管理をさせるようにした。「主任」たちは、組織的責任をもつことになり、結果としてリーダーシップは校長、副校長、主任、各部門の長へと広まっていった。2008年までは校長が改革の実施を管理、監視していたが、それは全校的な改革を継続させ、発展させるためには必要なことであった。下からの改革、下からのリーダーシップが重視されるようになったのは、主な改革が終了した後だった。

　新しい教育指針と学校目標を調整するため、リーダーたちは保護者、生徒、卒業生と何度も話し合いを行った。生徒中心的な学習と教授について保護者、生徒にその正当性を説明するにあたって、コミュニティ内に強い関係性が築かれるようになった。改革の実施全体にわたって、保護者や生徒からの継続的なフィードバックが求められた。リーダーたちは、他の学校とも話し合いを行い、改革の経験を共有した。こうしたコミュニケーションやフィードバックに基づいて、リーダーたちは問題に応え、改革の方向性やそのペースを調整した。収入や財政的支援を増大させるため、企業との連携も行った。また、教師や学校全体の研究能力の向上のため、研究機関とも協働した。

　建築家が新しいビルを監督するように、校長も学校の教育指針を維持しただけではなく、その交渉を実現するために改革が着実に進む道筋を確認した。学校設計モデルとの関係でいえば、校長のリーダーシップは、次の三つに分けられる。

――**学習中心型リーダーシップ**

　校長は改革に向けて計画を練り、改革を前進させるため、研究によって裏付

けされた資源を利用した。また、専門的、技術的、教育的知識を使い、すべてのレベルのスタッフと平等な関係を築いた。そして、学校を学習組織として支援するロールモデルや財政的、組織的、専門的資源を利用して学習するよう、スタッフに促した。フィードバックを行う基盤など、省察のメカニズムを利用することによって、リーダーたちは問題に素早く対処し、改革の方向性やそのペースを調整することができた。

――分散型リーダーシップ

校長は、改革を管理し、誘導を手助けする新たな役職を作ることはあったが、改革の重要段階においてはトップダウン方式のリーダーシップが求められると固く信じていた。リーダーシップが分散され、ボトムアップが重視されるようになったのは、主な改革が終わった後だった。

――コミュニティ・ネットワーク型リーダーシップ

IPカリキュラムの先駆的存在であったため、この学校は他の学校の経験や資源に依存することはできなかった。しかし、関係者たちが改革に強くかかわり、関係者間で頻繁に話し合いが行われたため、新しい教育指針や生徒中心的な教育、学習実践を共有することが可能だった。その後、学校は他の学校や研究者、政策決定者と改革の経験を共有するようになった。企業や研究機関との連携は、学校の財政や研究能力を高めた。

これらのリーダーシップに加えて、リーダーがSGSSの改革にあたって最も重要だと考えるリーダーシップが「リスク管理型リーダーシップ」である。これは、改革プロセスに本質的に備わっている不確実性に対処する役割を担うものである（Hancock, 2012）。そして、困難な課題や好機を受け入れながら、変革のプロセスを意図通りに進める。このリーダーシップは特に関係者のもつ不確実性を軽減する役割も果たし、教育指針によって導かれる結果を常に重視する。さらに、改革によって得られる利益がリスクよりも高くなるようとりはからう。

21世紀型教授・学習スキルと支援システムの組み込み

　SGSSの全校的改革は、21世紀型知識とスキルの目的論的構想に長期間関与することのもつ価値を示した。リーダーたちは、21世紀型教授、学習スキルと支援システムを根本から改革することによって、この将来方針は実現されると考えていた。

——カリキュラム

　カリキュラムの再設計は、UbDの枠組みを用いた研究から始められた。校長は、リーダーや教師たちにこの新しいカリキュラム設計を理解させるため、国際的なコンサルタントを雇った。各部門の長らによって管理され、進められた改革とともに、UbDの枠組みを用いた研究は、すべての部門で同時に行われた。カリキュラム再設計に関する取り組みは、部門ごとに異なっていたが、2008年までにはすべての部門が学際的な設計に向けて、あるいは高度分化されたカリキュラムに向けて動きだしていた。

——指導と教授法

　IPカリキュラムでは生徒中心的な教授法と教育実践が求められたため、全校に生徒中心的原理が導入され、教授能力の向上にむけて学校内で集中研修が行われた。教師は改革のなかで、教授法を学び、2008年までにはほとんどの教師が21世紀に必要なスキル、知識、素質を重視する生徒中心的な教授法をとるようになった。近年では、教授法の改革とともに、生徒に1台ずつコンピュータを提供するという実践も始められている。

——評価と基準

　評価の再設計は、カリキュラムの再設計に次いで2番目に重要な改革事項である。UbDの枠組みに真正なパフォーマンス課題や代替評価が必要とされることは、リーダーたちによって理解されていた。そのため、国際的なコンサルタントのアドバイスのもと、これらの評価は各部門に取り入れられた。このような実践、課題、基準は生徒中心的学習やカリキュラムに合わせて調整され、21世紀に必要な知識やスキルに合わせた課題設計、カリキュラムの見通しが立てられた。

──組織構造

真正なパフォーマンス課題の設計、実践には、部門間の学際的な連携が必要とされる。評価や実践を設計し、調整するために、各部門の教師たちは特定の期間、連携することとなった。学校の時間割は、各教科の授業時間を延長し、それぞれの授業を強化するため、2週間スケジュールとなった。しかし、この学校は古い建物であったため、スペースが限られており、教室のレイアウトを自由にすることはできなかった。近いうちに新しいキャンパスに移る予定である。

──教師の専門性開発

教師の学習を改革するために、多様な専門家の学習コミュニティ（PLC）がつくられた。学校組織のすべてのスタッフがカリキュラムを設計し、実践を共有し、全校的な改革を行うために連携した。校長は、非常に多くのPLCやワークショップに参加した。新任教員に対しては、3年間の専門性開発プログラムが義務づけられた。他の教育機関とのつながりをもったり、新しい知識を得たり、研究活動を行ったり、大学院で学んだりすることによって、専門性は向上するとされた。2010年には、NIEとの間に提携が結ばれた。その目的は、学校を基盤とした研究を行い、教師の研究能力を向上させ、他の学校と知識を共有し、継続的に教師を専門家として育成することであった。

──文化と環境

新しい組織構造がつくられることによって、学習環境も向上した。改革をうまく行うためには、学習文化の存在が非常に重要だと校長は考えていた。学校の変化に対する理解が深まるにつれ、学習文化は徐々に洗練されていった。学校の変化を理解するため、また、カリキュラムや評価、教授法に関する新たな理解を記録するために、共通のメタ言語や土台がつくられ、展開していった。

まとめると、21世紀型教授や学習の実践、スキル、支援システムというのは、上記であげたサブシステム間の枠を超えて展開される。それは単線的なものではなく、それぞれがつながり合っている。カリキュラム、評価、教授法、教師の専門性開発のような、サブシステムは21世紀型知識やスキルのための教育

指針を常に参照にしているわけではない。学習スキルや支援システムは、学校のリーダー、特に学習中心型リーダーシップや分散型リーダーシップによって、決定される。学校再設計のプロセスは、8年以上かかって、段階的に行われた。カリキュラム改革がまず先に行われ、次に評価の改革、その後に教授法の改革が行われたのである。同時に、それぞれのサブプロセスも発展していった。2人目の校長のもとでも、21世紀型知識、スキル、素質を生徒に獲得させるために必要なイノベーティブな方法は常に模索され、改革は継続された。

4.3　改革のプロセスとリーダーシップの比較

　ここで取り上げた学校のうち、一つは政府システムのなかに位置づけられる小学校、もう一つは政府から独立した中等学校という違いはあるが、この二つの事例は学校の改革に関していくつかの類似性ももつ。第一に、両校とも生徒あるいは社会全体のために、将来の学校教育を見据えた長期的な構想をもち、その実現に尽力した。伝統的なかたちの改革は、狭い意味での学習成果の達成には有効かもしれないが、21世紀に向けた教育にはもはや有効性を発揮しない。第二に、両校ともその改革の中心をカリキュラムや評価、独自の教育戦略、あるいは技術的、教育的改革によって実現される生徒中心的学習においている。第三に、各校ともそのやり方は異なっても、分散型リーダーシップの必要性を認識していた。シンガポール女子中等学校（SGSS）は校長からのトップダウン方式で慎重に分散型リーダーシップを展開させていったのに対し、フォーティチュード小学校（FPS）ではより自然なボトムアップ形式で分散型リーダーシップが展開した。第四に、両校ともリーダーたちは、改革が成功するか否かは、教師にどこまで責任をもたせるかにかかっていると考え、教師の専門性開発を強化した。また、両校とも教師主導の研究と学習のモデルによって、専門性開発の実践は強化された。第五に、両校とも主な関係者たちと進んでコミュニケーションをとり、アイディアや資源を得ようと努力し、他校との情報共有も行った。

また、この二つの学校の間には、重要な違いもある。この二つの学校では、イノベーションの原動力が異なり、そのペースや学校設計モデルの要素の統合のされ方にも違いがある。SGSSの改革は、新しくIPカリキュラムが導入されるにあたって、学習や教授、評価を抜本的に再考し、統合することが求められたことによって進められた。それに対し、FPSの改革は、教授や学習における新しいテクノロジーの利用が広く求められたことによって進められたものである。教師の専門性開発や全体的なカリキュラム改革など、学校設計モデルの要素が統合されたのは、最近になってのことである。

　FPSの分散型リーダーシップは、当初からトップダウンとボトムアップが混ざり合ったハイブリッドなかたちで展開していた。一方で、SGSSは意図的にトップダウン方式で進められ、徐々にトップダウンとボトムアップが混ざり合うようになった。

　FPSは、テクノロジーが完備された環境をつくるうえで必要な組織的な資本をつくりだすため、企業や社会機関との関係を利用した。それに対し、SGSSは財政的に独立していたため、外部機関との交流はそこまで活発ではなかった。

　SGSSにおける専門家の学習コミュニティ（PLC）は、校長が主導権をもち、その方向性や継続性、アカウンタビリティに対して校長が直接的にかかわる。一方、FPSにおける専門家の学習コミュニティは、より独立したインフォーマルなものである。FPSにおいても改革が始まったばかりの頃には、自分たちの学習サークルをつくるよう上から求められたこともあったが、段々と分散され、より小規模で「実践的な」集まりを求める教師の意向に合わせてカスタマイズされていった。

　両校とも21世紀型知識やスキルにかかわってカリキュラム改革を行ったが、SGSSが改革、創造的能力、シティズンシップ、生活能力、批判的思考力、問題解決能力やグローバル意識を重視したのに対し、FPSは新しい学習目標を達成するための手段としてコミュニケーションテクノロジーの利用を重視した。

　両事例とも、改革プロセスのなかのリーダーシップは学校設計モデルを参考に展開されたとまとめることができる。SGSSの校長は、学校設計モデルのそ

れぞれの要素が多様に統合されることは認識していた。しかし、実際には、改革によって引き起こされる問題や新たな機会によってもたらされる変化に対応するなかで、改革プロセスは展開していった。多くの学校設計モデルの要素は、順番に変わっていったというよりも改革の勢いが増したときに、一気に変わっていったのである。校長は、改革を主導し、維持し、拡大していくうえで欠かせないと考えた領域に焦点化し、その領域の改革にエネルギーを費やした。反対に、FPSではあらかじめ考えられた計画や戦略などはなかった。当初は、別々の小さな改革があっただけであり、その後、時間が経つにつれ、それぞれの改革が統合され、包括されるようになった。新しい校長が就任した2010年には、まとまりのある構想がつくられ、「集団的知識」の形成に多くの関係者たちがかかわることになった。しかしながら、全体を通して改革のプロセスは、二つの中心的な考えによって進められていた。それは、すべての改革の中心は生徒の幸福であり、テクノロジーは教授や学習を向上させるというものである。

第5節　結論

　学校設計モデルを用い、シンガポールの二つの事例の改革プロセスを理解することによって、以下のような結論が導きだされる。第一に、学校改革の責任は基本的に、各学校とそのリーダーシップ、特に校長にある。これは、シンガポールのような伝統的に中央集権的システムをもつところでも明らかである。シンガポールでは、21世紀型学習環境をつくるにあたって、教育省の政策枠組みが各学校の構想を裏付けている。一般的にいって、スクールリーダーシップを重視する機運は世界的にも高まっている。中央省庁に校長が依存しすぎることを改め、改革を実行するためにスクールリーダーシップは求められている。第二に、優秀でない学校のみが再生のため、21世紀型学習環境に向けた改革を行うのではない。本章で取り上げた二つのシンガポールの学校は、その評価のされ方は異なるが、非常に成功した学校といわれている。伝統的な指標であ

第4章　21世紀型学習をつくるリーダーシップ：シンガポールの成績優秀校を事例に

る公的な試験、テスト結果からみても申し分ない。だが、自分たちの学校を「教育ゲーム」のなかで、競争のなかで上位に位置づけ続けるには、上位校も改革に無関心ではいられない。第三に、学校設計モデルは、リーダーシップや方法など、イノベーティブな学習環境のために改革を行うにあって必要な要素を包括する。このモデルは、それぞれの学校ごとに異なる独自の改革の道筋を提供する。

我々のうちの一人がすでに他の論文で示しているように（Dimmock, 2000）、学校再設計の原理や原則は全体的なものである。学習環境の改革を行う学校は、どのような学校であっても必ず、学校設計モデルで扱われている共通要素を検討しなくてはならない。改革を成功させるためには、以下のことが必要である。

- 改革の主な原動力は何なのかを明らかにし、それを最大限活かす。
- 学校設計モデルで扱われる要素とそれぞれの要素の相互依存関係を認識しつつ、リーダーが戦略的に調整を行い、要素間の機能的な相互関係を確保する。
- 逆向きマッピング、反復マッピングに示されているように、調和と一貫性が確保され、相乗効果が得られる方法で、各要素を再設計する順序をつける。

知識、スキル、価値観など、得られる学習成果や卒業生像を思い描き、その実現のために意欲をもつことが改革の出発点である。その他に重要な要素は、成果を生み出すプロセスにかかわる。ここでいう成果とは、カリキュラム、教授法、評価、テクノロジーを新しくし、時間割や生徒と教師のグループ分けのような支援構造を変更し、また、学習者中心の、分散的、ネットワーク的リーダーシップを変えることである。「全校的」で「学校のすべてのレベルに浸透する」改革には、これらすべての要素が含まれ、機能的に相互にかかわっている。したがって、改革は定着し、維持され、さらに広がっていく。学校設計モデルの見地からいえば、実際の多くの学校の改革は、まだ不十分である。学校設計モデルに近づけようと取り組んではいるが、いくつかの要素を再設計する

中間期に達したにすぎない。もしくは、これはより問題だが、重要な要素間の相乗的、運用的、論理的関係をつくりだす学校設計モデルを参照せずに、部分的でバラバラな改革だけを定期的に行っている学校もある。

　リーダーシップは、学校設計モデルにおいて、欠かすことのできない重要な構成要素である。リーダーシップのなかでも注目される三つの側面は、21世紀型学習環境の特徴に由来している。つまり、逆向きマッピング、反復マッピングでも暗に示されているが、21世紀型学習環境のなかで求められるリーダーシップとは何か、ということが問われている。これはまた、「前進するにはどのようなタイプのリーダーシップが必要か?」「どのような学習や教授法がリーダーを成長させるか?」というような疑問を投げかける伝統的な考えを裏返したものである。逆向きマッピングや反復方法論から導かれた学習中心型リーダーシップ、分散型リーダーシップ、コミュニティ・ネットワーク型リーダーシップという三つの形態のリーダーシップは、相互に排他的なものはなく、全校的な改革に必要なリーダーシップの中心をなすものである。シンガポールの二つの事例からわかるように、戦略をよく練り、政治的洞察力をもち、リスクを負って大胆さをもつこともまた重要である。これらすべてのことが21世紀の学校改革には非常に重要である。

　どのような順序、ペースで各要素を改革するか、ある特定の要素に重点をおくかどうか、そのようなリーダーシップのスタイルやパターンをとるかということは、改革を行う学校ごとによって異なる。モデルを有効に活用しようとすると、必然的にそれぞれの文化規範、リーダーシップや管理形態を反映した各学校、各システムの独自性を取り入れることになる。学校のタイプ、目標、規模、在籍者数、利用できる資源、教師の専門度によって学校の独自性は異なり、とりわけ、改革に着手したばかりの出発点の状況によっても異なってくる。また、改革の主な担い手が誰かによっても学校の独自性は違ってくる。特に、文化的規範は、改革を行うリーダーシップのスタイルやパターンを規定する。たとえば、「分散型リーダーシップ」の有り様は、アングロサクソン的な社会構造のなかにある学校と、アジア的な階層社会にある学校とでは異なってくるだ

ろう (Dimmock, 2012)。

　今後10年間、学校は21世紀型学習環境に向けた改革をさまざまな方法で行うだろう。それに合わせて、改革の実現に関する学校の権限は大きくなり、専門化された教師やリーダーも増えるだろう。学校設計モデルは、本質的に応用可能であり、高い有効性をもつと結論づけられる。主な担い手が誰であっても、どのようなプロセスで、運営上何が重視されても、各学校システムの文脈に合わせて変化する。最後に、21世紀の教育システムの改革に必要なのは、標準化であり、調和であり、意見の合致である。これらはすべて望ましいものであると考える。

参考文献

Barber M., F. Whelan and M. Clark (2010), *Capturing the Leadership Premium: How the World's Top School Systems are Building Leadership Capacity for the Future*, McKinsey & Company, www.mckinsey.com/clientservice/Social_Sector/our_practices/Education/Knowledge_Highlights/~/media/Reports/SSO/schoolleadership_final.ashx (accessed 29 December 2011).

Biggs, J. (1999), *Teaching for Quality Learning at University*, Open University Press, Buckingham.

Bolam, R. et al. (2005), *Creating and Sustaining Effective Professional Learning Communities*, Research Report No. 637, Department for Education and Skills, UK.

Blythe, T. and D. Perkins (1998), "Understanding understanding", in T. Blythe (ed.), *The Teaching for Understanding Guide*, Jossey-Bass, San Francisco, 9-16.

Covey, S.R. (1989), *The Seven Habits of Highly Effective People*, Free Press, New York. (『人生を成功させる7つの秘訣』スティーヴン・コーヴィー著、日下公人、土屋京子訳、講談社、1990年)

Dimmock, C. (2012), *Leadership, Capacity Building and School Improvement: Concepts, Themes and Impact*, Routledge, London.

Dimmock, C. (2000), *Designing the Learning-Centred School: A Cross-Cultural Perspective*, The Falmer Press, London.

Dimmock, C. and J.W.P Goh (2011), *Transformative pedagogy, leadership and school organisation for the 21st century knowledge-based economy: the case of Singapore*,

School Leadership and Management, vol. 31. 3, 215-234.

DuFour, R. and R. Eaker (1998), *Professional Learning Communities at Work: Best Practices for Enhancing Student Achievement*, Solution Tree, Bloomington, IN.

Elmore, R.F. (1979-80), "Backward mapping: Implementation research and policy decisions", *Political Science Quarterly*, 94 (4), 601-616.

Gopinathan, S. (1985), "Education in Singapore: Progress and prospect", in J.S.T. Quah, H.C. Chan, and C.M. Seah (eds.), *Government and Politics of Singapore*, Oxford University Press, Singapore, 197-232.

Guile, D. (2006), "What is distinctive about the knowledge economy? Implications for education", in H. Lauder, P. Brown, J.A. Dillabough and A.H. Halsey (eds.), *Education, Globalization, and Social Change*, Oxford University Press, Oxford, 355-366.

Hancock, D. (2012), "The case for risk leadership", *Strategic Risk*, November 2012, at *www.strategic-risk-global.com/the-case-for-risk-leadership/1399431*. article (accessed 14 May 2013).

Hargreaves, D.H. (2003), "From improvement to transformation", Keynote lecture at International Congress for School Effectiveness and Improvement, Schooling in the Knowledge Society. Sydney, Australia, 5 January 2003.

Heck, R. and P. Hallinger (2009), "Assessing the contribution of distributed leadership to school improvement and growth in math achievement", *American Educational Research Journal*, 46 (3), 659-689.

Hogan, D. *et al.* (2013), "Assessment and the logic of instructional practices in Secondary 3 English and mathematics classrooms in Singapore", *Review of Education*, 1 (1), 57-106.

Hogan, D. and S. Gopinathan (2008), "Knowledge management, sustainable innovation, and pre-service teacher education in Singapore", *Teachers and Teaching*, 14 (4), 369-384.

Hord, S.M. (2008), "Evolution of the professional learning community", *Journal of Staff Development*, 29 (3), 10-13.

Louis, K. and S. Kruse (1995), *Professionalism and Community: Perspectives on Reforming Urban Schools*, Corwin Press, Newbury Park, CA.

MacBeath, J. and N. Dempster (eds.) (2008), *Connecting Leadership and Learning: Principles for Practice*, Routledge, London.

Mourshed, M., C. Chijioke and M. Barber (2010), *How the World's Most Improved School Systems Keep Getting Better*, McKinsey & Company, *https://mckinseyon*

society.com/downloads/reports/Education/How-the-Worlds-Most-Improved-School-Systems-Keep-Getting-Better_Downloadversion_Final.pdf（accessed 6 June 2011）.

Saphier, J. and R. Gower（1997）, *The Skilful Teacher: Building your Teaching Skills*, 5th edition, Research for Better Teaching, Acton, MA.

Spillane, J. P. and J.B. Diamond（eds.）（2007）, *Distributed Leadership in Practice*, Teachers College Press, New York.

Toh, Y.（2013）, "Sustaining the use of ICT for student-centred learning: A case study of technology leadership in a Singapore ICT-enriched primary school", unpublished doctoral dissertation, University of Leicester, *https://lra.le.ac.uk/handle/2381/27830*.

Wenger, E.（1998）. *Communities of Practice: Learning, Meaning and Identity*, Cambridge University Press, Cambridge, UK.

Wiggins, G. and J. McTighe（2005）, *Understanding by Design*, 2nd edition, ASCD（Association for Supervision and Curriculum Development）, Alexandria, VA.（『理解をもたらすカリキュラム設計：「逆向き設計」の理論と方法』G.ウィギンズ, J.マクタイ著、西岡加名恵訳、日本標準、2012年）

第5章

さまざまな学校制度にみる
学習づくりのリーダーシップの開発アプローチ

ターニャ・ヴェストファル＝グライター（インスブルック大学）
　Tanja Westfall-Greiter（University of Innsbruck）
ジュディ・ハルバート／リンダ・ケイサー（バンクーバーアイランド大学，ブリティッシュ・コロンビア州，カナダ）
　Judy Halbert／Linda Kaser（Vancouver Island University, British Columbia, Canada）
ローサー・サラヴァート[1]（フォーダム大学教育学大学院，ニューヨーク市）
　Roser Salavert（Fordham Graduate School of Education, New York City）
ロネ・レネ・クリスティアンセン／ペア・トロンスモ（ノルウェー教育研修局）
　Lone Lønne Christiansen／Per Tronsmo（Norwegian Directorate for Education and Training）
スザンヌ・オーウェン[2]（教育・子ども発達省（DECD），「戦略と成果」プログラム，南オーストラリア州）
　Susanne Owen（Department for Education and Child Development: DECD, Strategic and Performance, South Australia）
ドリト・トゥービン（教育学部門，ネゲブ・ベングリオン大学，イスラエル）
　Dorit Tubin（Department of Education, Ben-Gurion University of the Negev, Israel）
木下江美 訳

　本章では、「イノベーティブな学習環境」プロジェクトに寄せられたリーダーシップに関するイニシアティブの事例やその分析結果を示す。ターニャ・ヴェストファル＝グライターは、近年オーストリアで実施された改革（新中等学校改革）における学習リーダーとしての教師（学習デザイナー）を生み出す戦略について述べている。ジュディ・ハルバートとリンダ・ケイサーは、カナダのブリティッシュ・コロンビア州におけるリーダーシップのプログラムについて論じている。このプログラムでは、勤務校やさまざまな場所をネットワークでつないだ活動のなかで、学習に関する「研究のスパイラル」にリーダーが参画するよう促している。ローサー・サラヴァートが紹介するニューヨーク市の事例では、専門家の学習コミュニティ、コーチング、教師チーム、生徒の「声」を取り上げている。ロネ・レネ・クリスティアンセンとペア・トロンスモはノルウェーにおけるリーダーシップへのアプローチ、スクール・リーダーシップのための専門性開発に関するナショナル・プログラム、そして校長と各地域の担当者にメンタリングを行うアドバイスチーム・プログラムを紹介している。スザンヌ・オーウェンとドリト・トゥービンによってそれぞれ紹介される南オーストラリア州とイスラエルの事例では、イノベーティブな学習を進め、それを支える条件整備を行うよう注視する教育省の担当部局の活動に焦点を当てている。

第1節　はじめに

　リーダーシップは、当然のことながら、「イノベーティブな学習環境」プロジェクトの一部としてもたらされた戦略とイニシアティブのなかで注目されている。本章では、これにかかわる一連の活動を紹介する。ここで取り上げる活動は多岐にわたり、さまざまな位相で実施されている。前章までの概念に関する議論や研究を受けて、本章では、さまざまな教育に関するさまざまな伝統をもつシステムでの多様な応用や、学習づくりのリーダーシップの開発のあり方を紹介してゆく。ここでは、オーストリア、カナダのブリティッシュ・コロンビア州、ニューヨーク市、ノルウェー、南オーストラリア州、イスラエルを取り上げる。

　オーストリアで近年行われた新中等学校改革からは、学習リーダーとしての教師（学習デザイナー）が生まれた。これは、ミクロ、メゾ、マクロの各レベルで同時に採用された戦略の好例を示している。この戦略では、改革の担い手を中心に各学校でイノベーティブな学習に取り組み、学校をネットワークにつなぐための条件をつくりだし、さらにシステム全体でイノベーティブな改革を進める一助となることをめざしている。カナダのブリティッシュ・コロンビア州でのリーダーシップ・プログラム（イノベーティブな教育リーダーシップに関する修了証、CIEL）は、フォーマルおよびインフォーマルな領域で活躍するリーダーを育成する1年課程のプログラムである。このプログラムではイノベーティブな学習に強く焦点化し、学習の本質を追究する「研究のスパイラル」に勤務校やそれぞれの学習環境でリーダーが参画できるよう支援している。プログラムの修了後は、これらさまざまなリーダーがネットワークでつながってゆく。

　ニューヨーク市の学習づくりのリーダーシップに関する戦略とイニシアティブの事例では、さまざまなアプローチとさまざまなレベルの活動が示されてい

る。この事例では、専門家の学習コミュニティによるイノベーション、分散型リーダーシップの開発を目的としたコーチング、協働的な教師チームによる調査研究の援助、生徒の「声」を認めて促進する戦略がみられる。ノルウェーの事例は、大規模な学校改革の一部として着手され、統治構造の点で高度に脱中央集権化されたシステムのなかにある担当省庁のもと、国レベルのエージェンシーが運用を引き受けるという意味で、体系的なものである。ここで紹介される二つのイニシアティブは、スクール・リーダーシップの専門性開発をめざすナショナル・プログラムと、校長と各地域の担当者にメンタリングを行って質の高い学習を展開させるアドバイスチーム・プログラムである。

　南オーストラリア州とイスラエルの事例は、イノベーティブな学習を支え、支援するための条件整備をめざす教育省の担当部署の活動に着目したものである。南オーストラリア州の教育・子ども発達省のチームは、さまざまな方法をとっている。その方法には、会議やワークショップ、イノベーションの事例を集めたウェブサイト、イノベーションに取り組む校長からのパートタイムでの助言や支援、学術的援助を受けた実践者の研究助成、イノベーションについてのニュースレターが含まれる。特に、「実践イノベーション・コミュニティ」が重点的に取り上げられる。イスラエルの実験・起業局では、イノベーティブな学習に向かう動機づけや実践、オルタナティブな教授・学習方法、イノベーティブな学習環境のデザインを推進することをめざしている。ここでの議論は、システムレベルでの学習づくりのリーダーシップの条件を分析することに焦点化されている。

第2節　改革の担い手のネットワーク：オーストリアにおける教師のリーダーとしての学習デザイナー

（ターニャ・ヴェストファル＝グライター）

オーストリアの学校改革を先導した新中等学校（Neue Mittelschule, NMS）

改革は、2008年に67の実験校で着手され、2018年に完了予定の連邦レベルでの学校改革へとつながった。実験校に対する連邦レベルのガイドラインは2007年に連邦教育・芸術・文化省によって発表された。これに基づいて、各連邦州（Bundesland）では独自のガイドラインと要望書を作成した。実験校に対してはこのように連邦主義的なアプローチがとられ、州の区分に応じて九つの広域パイロット地域が策定された。参加校は、各州と連邦教育・芸術・文化省がともに要求する路線での学校づくりをめざすパイロット・コンセプトを提出し、それに基づいて決定された。応募書類は担当省レベルでの審査委員会で公式に審査された。現在ではNMSの設置にかかわる権限は連邦から州に委譲されたが、引き続きこの選定プロセスがとられている。これらの学校は実験的に設置されたものではなく制度として正式に導入されており、設置者は独自の動きをとることができる。

　NMSの展開にともなって行われる監査「NMSの開発への同伴（NMS-Entwicklungsbegleitung, NMS-EB)」、すなわち外部評価を行うチームは担当省によって採用され、実験的導入の段階から制度的な定着をめざしていた。NMS-EBは、ネットワークづくりのための会合を催し、さまざまなレベルでシステム上の行為者を支援し、「学習デザイナー（Lerndesigner）」という新しい役割を浸透させた。学習デザイナーとは、公正と卓越性という改革目標をめざすカリキュラムや授業開発の分野での専門家としての教師のリーダーである。それぞれのNMSでは、教師が学習デザイナーとなってゆくよう、すなわち各地で開かれるネットワーク発足行事に参加するのみならず、全国の、そして地域の「学習デザイナー」になることを推奨している。学習デザイナーは、校長や他の教師のリーダー（教科のコーディネーター、学校開発チームなど）とともにリーダーシップをとり、改革の担い手として行動するリーダーになることが理想とされる。こうした改革の担い手を生み出し、質を向上させ、ネットワーク化するにあたっては、明確な論理的根拠があり、そこに焦点化されている——それは、改革の担い手がネットワーク化され、実践のコミュニティを立ち上げるとき、すべてのシステムレベルで新制度への移行が実現される、という

ものである。

　改革の実験段階は2012年9月に完了し、NMS-EBを行う外部監査機関に引き渡された。積極的な改革を持続させ、NMSに通うすべての生徒が公正で挑戦を続けられる学習環境を享受できるよう支援するために、連邦教育・芸術・文化省は2012年、学習する学校のためのナショナルセンター（National Centre for Learning Schools, CLS）を設立した。発足当時のNMS-EBチームの構成員による共同指揮のもと、CLSの中心的な目的が二つ定められた。一つは、学校のネットワークと実践のコミュニティを持続させ、支援することであり、もう一つは、資格付与プログラム、シンポジウム、ネットワーク化によって改革の担い手としての学習デザイナーを支えることである。

2.1　学習デザイナーのネットワーク

　学習デザイナーのネットワークでは、各学校で効果的な学習環境が展開できるよう支えることを基盤にすえた目標を掲げている。これは、学校制度に特有の改革の原則によって進められ（Marzano, 2003）、公正と卓越性という目標に焦点化されている。ここでは、教師のリーダーになるための教師への資格付与に依拠した戦略がとられている。それによって、教師やその勤務校が効果的で共有されたリーダーシップを実現できるのである。ダフォー（DuFour, 2002）は、スクールリーダーの中心的な仕事は専門家の学習コミュニティの性格と構造化を支援することだと述べている。これまで以上に、スクールリーダーシップは生徒の学力に焦点を当て、学校で学習文化を醸成する必要に迫られている。

　しかし、バース（Barth, 2000, p.v）は、「学習する学校」という考え方がいかに複雑で要求の多いものであるかを指摘している。

　「私たちの学校は学習者のコミュニティである！」。今や公立学校において当たり前になってしまったこの自己主張を、いったい何度見聞きしたことだろうか。これは確かに、野心的で多くを約束する態度ではある。この約束とは、まず、学

校が「コミュニティ」である、すなわち心を砕き、面倒を見あい、お互いに声援を送りあう大人と若者、──祝祭のときも、必要に応じて一つひとつの場面でも──全体の利益のために協働する大人と若者があふれる場所だ、というものである。私は「コミュニティ」というマントルにつながってゆくような学校など、ほとんどないと思っている。ほとんどの学校は、単なる組織や制度である。「コミュニティ」という公約を果たせないならば、「学習者のコミュニティ」などは、さらに公約から遠ざかってしまう。そのような学校があるなら、それは、学習文化がその核心にあり根本をなすコミュニティである。学習者のコミュニティは、参加するにあたって最も重要な条件を──生徒、教師、校長、親、支援スタッフ、また資格をもつスタッフのいずれかであっても──学習者であることだとするコミュニティである。皆が学習者なのである。これを実現させようなど、途方もない要求である。そしてそのような学校を切望する人などほとんどおらず、そこに参加しようとする人はもっと少ないのである。

　学校がヒエラルキー構造をもたず、同等に位置づけられているという状況は、オーストリアの学校制度に特有の性格である。その学校文化は、自分の担当する教室のなかで起こっていることをコントロールする自由が教師に平等に与えられる（Lortie, 1975）という「平等な自律性」によって支配されている。この前提は、活気に満ちたコミュニティとしての学習する学校がもつ「野心的で多くを約束する態度」からは大きくかけ離れている（Schratz and Westfall-Greiter, 2010）。驚くにはあたらないが、学習デザイナーの役割はシステムへの力強い介入であったし、今もそうあり続けている。学習デザイナーとしての教師リーダーに対する公的な機能は、学校法や給与体系のうえではいまだ存在しておらず、それぞれの学習デザイナーが自身の役割を、それを引き受けたり創出する過程を通して各学校の文脈で生み出している。

　学習デザイナーも孤独ではない。システム全体に及ぶ教育改革の努力の結果として、教師のリーダーシップの新しい役割が2008年以降、いくつか登場してきた。これは、学校の社会的設計に衝撃を与えている。NMSにおいては、

第5章　さまざまな学校制度にみる学習づくりのリーダーシップの開発アプローチ

これらの新しい役割に、さまざまなレベルや内容の協議事項を扱う担当者やコーディネータが含まれている。これらの協議事項には、連邦教育・芸術・文化省から求められるもの（eラーニング、ジェンダー問題、文化と芸術のプログラム作成、スタンダード、学校の質）、学校開発チームのメンバーから求められるもの、ウィーンの「学習コーチ」など連邦州レベルのガイドラインに示された学校独自のモデルや役割の一部として学校レベルでのコーディネータから求められるものがある。これらの教師のリーダーのうち、学習デザイナーは最も可視化された存在である。その存在が可視化された背景には、全国レベルでの集会・会合を含む2年間の資格付与プログラムによる成果が部分的にあった。また、同時に「学習デザイナー」という名称から恩恵を受けてもいる。「学習デザイン」という語は、NMSによって推進される新しい教授と学習を総合したものである。これは、早い段階からメディアの注目を獲得し、システムのすべてのレベルで日常的な語彙の一部となったのである。

　教師のリーダーシップに備わった役割に関して、改革の担い手としての学習デザイナーが効果をもたらすかどうかは、勤務校での文化とリーダーシップの重要性にかかっている。2010年半ばに行われた学習デザイナーの第二・第三世代（NMS開始から2年目、3年目に学習デザイナーとなった人々）に対するインフォーマルな調査から、役割が展開するようすが明らかになった（Westfall-Greiter and Hofbauer, 2010）。第二・第三世代の学習デザイナーに対

図5.1　「学習デザイナー」とは何をするものか

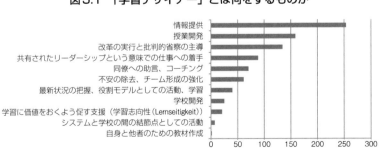

出典：Westfall-Greiter,T. and C. Hofbauer（2010）.

205

しては、「学習デザイナーとは何をするものか」について1分間で作文するよう、課題が与えられた。回答はクラスターとしてまとめられた。回答からは、校長とリーダーシップを分かち合い行動する教師のリーダーとしての役割、そして改革の担い手として行動する役割があらわれた。

ある学習デザイナーが回答したところによれば、「学習デザイナーは新しい学習の文化と評価の種がまかれる土壌を準備する」。同時に、その役割の新しさゆえに不確実性がもたらされている。2年目のパイロット年が終わるころには、学習デザイナーは勤務校で問題があるかどうかを尋ねて回り、問題解決の重要なパートナーになった。第三世代の学習デザイナーは、次のように助言した。「問題を抱えた同僚があなたのところにやってきたなら、耳を傾けなさい。解決策を見つけるよう試してみなさい。疑問があるかどうかを尋ねることをあきらめたり、それに疲れ果てたりしてはだめ（よい方向に何か変わった？ もしそうでないなら、なぜ？ それはどうやればうまくいく？）」。それでもなお、一人の教師が示したように、新しい役割が容易ではなかった者もいた。「学習デザイナーは私の学校では難しい役どころです。自分が好例だと思います。じょじょにですが、この名称は笑いの対象ではなくなってきました。じょじょにですが、同僚は私がものごとを違ったふうに行うことに気づきました。じょじょにですが、質問まで受けるようになったんです──『これなんだけど、あなたならどうする？』と」（Westfall-Greiter and Hofbauer, 2010）。

集会や会合の他に、オンラインでもコミュニケーションやフィードバックが行われてきた。担当者は、e-ラーニング、デジタルメディア、そしてデジタルコンピテンシーの領域でインフラ整備を進め、システム開発をさらに進めようとした。ここで契約を結んだ企業と緊密な関係のもと、オンラインでのコミュニケーションやフィードバックが戦略的に展開した。NMSの展開は、CLSとの共同で、教師教育のための仮想的ナショナル・センター（VPHオンラインキャンパス）によって運用された約200の教育モジュール（eduMoodle）を構成するオンラインのプラットフォームに支えられている。加えて、NMSのオンライン図書館が2012年秋に開設され、NMSにかかわる資料のポータルとして機能し

第5章　さまざまな学校制度にみる学習づくりのリーダーシップの開発アプローチ

ている。このポータルには、CLSで開発されたカリキュラムと授業のための最新資料の頒布、校長向けの隔週刊ニュースレター、参加者体験談を用いたNMSでの経験の考察、オンラインでの各種行事や、VPHオンラインキャンパスで作成された「NMSインサイト」という冊子などが含まれている。

2.2 資格付与プログラム

　学習デザイナーに資格を付与する2年課程のナショナルプログラムは、学習デザイナーのあり方に大きくかかわっている。このプログラムにより、学習デザイナーが授業の質にかかわる専門領域について理論的・実践的知見を得ること、教師として、また教師のリーダーとして勤務校で効果を発揮できるよう協働して知識と技能を開発すること、他の学習デザイナーとネットワークで結びつくことが可能になる。実験校のニーズに応えようと過去3年以上の間に進歩し洗練された結果、学習デザイナーの資格は「NMSの家」と呼ばれるモデルで示される六つの開発領域を含むこととなった。これらの開発領域は、NMSで行われる各教科の授業を通じて実現される学習文化を通して変化を促すために本質的なものだとみなされている（図5.2）。

- 学習への留意（Schratz, 2009）
- 多様性
- 能力志向性
- 「逆向き設計モデル」によるカリキュラム開発（Wiggins and McTighe, 2005; Tomlinson and McTighe, 2006）
- 授業の差異化（Tomlinson, 2003; Tomlinson and Imbeau, 2010）
- 評価（Earl, 2013; Wiggins, 1998）

　学習デザイナーは、専門大学での12単位修得に相当する資格を付与される。これは、修士号につながる大学課程である。このプログラムでは、ネットワー

図5.2 「NMSの家」モデル

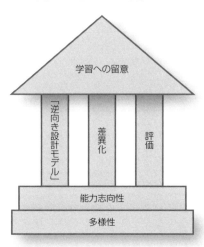

ク構築と資格修得という目的のための全国レベル・地域レベルの学習アトリエ（Lernatelier）をあわせて構想している。同様に、オンラインで共同して行われ、学校ごとの専門家の学習コミュニティ（PLC）での探究をめざした実践に基づく課題を含む、自己学習も構想している。すべての学習デザイナーのための仮想的なネットワークと学習の空間である「メタ・コース」は、NMSのプラットフォームとして位置づけられる。この空間は、訪問者にとって緊密であるため、学習デザイナーが安心してアイディアを交換し、開発の仕事に関するフィードバックを得ることができるのである。このようにデザインされたデジタル空間で追求される目標は、次のとおりである。

- 世代を超えて学習デザイナーを結びつける。
- 意見交換、学習、開発を促進する。
- アイデンティティを守り、支える。
- 教材をきちんと位置づける。
- 全国レベルの開発チームと学習デザイナーの直接のコミュニケーションを

第5章　さまざまな学校制度にみる学習づくりのリーダーシップの開発アプローチ

可能にする。
- 最新情報を提供する。
- 学校内を横断する専門家の学習コミュニティ（PLC）の活動を指揮する。

学習デザイナーのためのメタ・コースの意義は、試行段階ですでに明らかであった。このコースは、コミュニケーション、意見交換、通常のやりとり、専門家へのアクセス、支援にとどまらず、関係構築を可能にしたのである。

2012/13年度の第五世代について述べれば、全国レベルでCLSと教育大学（Pädagogische Hochschulen, PH）との間で、このプログラムに関して共働する努力がなされている。このプログラムは、教育プログラムと学校開発の評価を継続することと同様、既定の学校教師教育に責任を負っているのである。この新しい構造は、いくつかのレベルで原型となった。このプログラムの発展を支え、PHで運用する助けとするために、担当省はプログラム開発への着手を促す予算上のインセンティブを与えた。こうして、五つのPHが原型を作成した年度に参加することに同意した。その研修担当チームは、CLSと1年に二回の会合を開催した。2011/12年度にシステム上のパートナーと共同で定めたカリキュラムは、プログラム開発にとっての共通基盤となっている。

2.3　中心的な戦略

学習デザイナーの資格は、新しい学校改革の実施と並び、学校ごとに付与される。そのため、オーストリア全体を通し、それぞれのNMSでの学校開発が、学習デザイナーへの資格付与プログラムにとって戦略の鍵となる。NMSへの移行を進めるため、校長は毎学期、全国レベルのネットワーク会合に招待される。そこでは、校長自身のリーダーシップに関して議論がなされた。現在では、校長を対象とするネットワーク会合は、学習デザイナーと校長のための全国レベルの共同学習アトリエに取って代わられている。参加者からのフィードバックは非常に好意的である。校長と学習デザイナーが「ダイナミックな開発コン

ビ」と呼ばれるようになって以来、学習デザイナーは効果的な改革の担い手になる鍵として認識されるようになったのである。

　さらに、資格付与プログラムをすでに完了した第一・第二世代の学校に対しては、全国レベルでのNMSネットワークへの参加と維持がめざされている。そのための戦略が、まず2012年初頭に二つのシンポジウムという形式をとって着手された。すでに全国プログラムを完了した学校から選ばれた「ダイナミックな開発コンビ」が、2日間にわたるシンポジウムに招待された。そこでは、最新情報を得て、NMSの目標や開発といった点にかかわるワークショップに参加することができた。参加者からのフィードバックがきわめて好意的であったため、地域ごとのシンポジウムが三つ、第一から第三世代向けに2012年12月に開催された。また、第一から第四世代向けのシンポジウムも四つ、2014年1月に計画されている。

　学習デザイナーのネットワークでは、NMS改革を先導したクラウディア・シュミート教育大臣と、NMSプロジェクトの代表であったヘルムート・バッハマン次官が主要なリーダーシップをとっている。CLSも、すでに言及したパートナー機関に加え、英才教育のためのナショナルセンター（National Centre for Gifted and Talented Education）、多言語教育のためのナショナルセンター（National Centre for Multilingual Education）、人格の発達と社会的学習のためのナショナルセンター（National Centre for Personal Development and Social Learning）など担当省の管轄にある他のセンターともネットワークを結んでいる。NMSプロジェクトは、オーストリアの他の省で行われている教育に関するイニシアティブとも連携をとっている。ここでは、スタンダード（BiSt）の作成と運用や義務教育学校のための学校の質（SQA）のみならず、ジェンダー、統合、特別なニーズを含むさまざまな領域で多様性と公正のありようを評価している。担当省の中心人物と日常的にコミュニケーションをとり、毎年交渉することによって、CLSは中心的なイニシアティブと緊密な関係をとりながら展開してきている。

　NMS-EBの文化と担当省の責任者は、関係構築に焦点を当てている。そのた

第5章　さまざまな学校制度にみる学習づくりのリーダーシップの開発アプローチ

め、NMSにかかわる人々、地域の教育担当部局、教育大学は、疑問や問題が生じたときには、CLSや担当省のNMSプロジェクトチームのメンバーと直接メールでやり取りすることができる。これは、強みであるとともに弱みでもある。個人の関係は、対象を絞った支援を可能にするが、人員不足のためにマネジメントが難しくなる。この困難は特に、新しい情報や要求が生まれ、たくさんの疑問が波のようにうねりだすときに生じる。学校担当部局、各地域の開発チーム、教育大学のプログラム開発担当者との会合は、1年に2回開催される。学習デザイナーのための資格付与プログラムの代表者やスタッフとの協働は、1年に2回開催されるミーティングやオンラインでの意見交換によって維持される。

　エビデンスから情報を得て開発を行うにはデータが必要である。オーストリアの学校制度のイノベーションと開発および教育研究（Bildungsforschung, Innovation und Entwicklung des österreichischen Schulwesens, BIFIE）は、オーストリアの試験・監査機関であり、評価連盟（Evaluationsverbund）との共同でNMSのパイロット年ごとに質的調査を行っている。評価連盟は、全連邦州を対象とし、各地域の学校担当部局の代表者からなる組織である。これらの質的調査は評価連盟と共同で設計されており、開発に関する疑問を見定め、期待されたデータを得ることができる。2012年春に発表された学習デザイナーに関する質的調査では、制度内でフォーマルな機能が求められていることが示された。これは、ヴェストファル＝グライターとホーフバウアーによる2010年の分析結果を追認するものでもあった（Westfall-Greiter and Hofbauer, 2010）。専門家の学習コミュニティでの活動は、大半の学校でうまく軌道に乗ってきたように見える。試行段階ではあまり推奨されてこなかったため、これは驚きである。PLCの仕事に関する記録や疑問をまとめる作業が、この積極的な展開につながったといえる。

　加えて、ビネット方式に基づいた学習アトリエでの学習デザイナーの学習に関する研究が2011/12年度に行われ（Kahlhammer, 2012）、成人学習などに中心的な洞察が得られた。また、CLSは、インスブルック大学の学習研究センタ

ーとも密に連携をとっている。NMS第二世代の学校で行われた学習研究は、学習デザイナーのための資格付与プログラムに統合されている。いわゆるビネットを活用する方法は学習アトリエで開発され、専門家の学習コミュニティを対象とした記録として発表された（Schratz *et al.*, 2012）。

　さらに、学習デザイナーのための資格付与プログラムに対して開発されたカリキュラムが教師教育開発会議（Entwicklungsrat zur PädagogInnenbildung, NEU）によって認められ、新しい修士課程のプログラムや前期中等段階の教師教育を対象とする新しいカリキュラム・ガイドラインに影響を与えている。これら広い文脈で「NMSの家」モデルに備わった六つの開発領域が認められ、統合されたことによって、開発に向けたあらゆる努力が協働を通して強化されることとなった。同じ心もちで、前述した前期中等段階のための三つの改革イニシアティブ――スタンダード、学校の質、NMS――の間での連携と協働は、効果と影響を強調するために、システム内のすべての行為者に伝えられた。

　学校制度における公正という論点から進められるという意味で、オーストリアでは、前期中等教育の改革に長い政治的な歴史がある。また、この段階の改革は、OECDやヨーロッパ委員会からの勧告においても焦点であり続けた。教育相の政治的な参加は、たしかにプロジェクトの成功にとって中心的な要因ではあったが、改革を試験段階で成功に導いた要因の特定は非常に困難である。前期中等教育段階に勤務する多くの教師や校長にとっては、機が熟していたという側面もあった。教育相も、制度を支えるアクターとの対話や会合のために各州を回った。この会合は、積極的な統合を進めるにあたり影響が大きく、前期中等教育段階の改革のための決定を強化する一助となった。加えて、2009/10年度の親を対象とした調査の後で生まれた親のネットワークが、ニュースレターやオンラインプラットフォームのみならずNMSのプロジェクトチームによって運営されるホットラインサービスによって強化されている。

　全国ネットワークと改革の担い手の力は成功への鍵とみなされることが多いが、この見方は今のところデータによって裏付けられているわけではない。NMS-EBはすべてのシステムレベルでのネットワークの作成に焦点を当ててい

第5章 さまざまな学校制度にみる学習づくりのリーダーシップの開発アプローチ

る。それによると、試験段階の2年目までにこの改革が大きな勢いに乗り、3年目が終わるころには改革の精神は決して立ち消えないとみなせるという。これはおそらく、学校改革が当初の計画よりも早く連邦から州に委譲された一つの理由である。

学習デザイナーのネットワークが成功した要因の特定は容易である。

- 学習デザイナーのオンラインプラットフォームによって、アイディアやイノベーションについてのコミュニケーションや意見交換が容易になった。
- 資格付与が位置づけられている通常のネットワークの活動を通し、アイデンティティ、専門性、確信が形成された。
- 人間関係、支援、専門家へのアクセスのしやすさから信頼が生まれた。

学習デザイナーの役割が導入され成功に至るまでには、数々の困難があった。特に困難だったのは、すべてのレベルにおいてこの制度を支えるアクターがどう受容され協働が行われるか、という点であった。共有されたリーダーシップという形態や設定は、自発性に委ねられている――学校が不参加を決めた場合、何もなされないのである。これは外部評価にフォーマルな権限がないことによる。各地域の学校担当部局の協力と支援は、この点で非常に貴重であった――担当部局による強い推薦と、いくつかの事例にみられるような地方政治の権限のもとでの参加の推進により、学校の参加率が上昇した。スタッフのレベルに信頼感があったために、参加率が大きく上昇することとなったのである。学習デザイナーの役割の展開と運用、強い学校間ネットワークの構築といった点が成功した背景には、連邦全体でのネットワーク会合や教育省の財政的協力による資格付与プログラムの実現にとどまらず、他のイニシアティブや組織と開発戦略を結びつけた教育省内のキープレイヤーによる協働・協力がある。

学習デザイナーに対しては、給与体系や学校法のもとでの制度的位置づけが与えられていない。これは、役割は存在しているものの、機能が存在していないことを意味する。一つを除いてすべての学校担当部局が学習デザイナーの重

要性に関して同意しており、資格付与プログラムに機能を接続するよう求めている。現時点ではそういった機能が存在しないため、担当部局は学校に対して強く推奨することしかできない。教師教育（PädagogInnenbildung NEU）を中心に他の改革においては、学習デザイナーの役割強化が期待されており、長期にわたる機能の創出につながっている。教師に対する労働規制に関して労働組合との合意に達したことも、オーストリアにおける継続的な実現可能性とすべての教師のリーダーシップがもつ役割の効果に影響を与えた。学習デザイナーは、労働組合との現在の折衝で協議事項に取り上げられている。提議には、追加給与のみならず、この仕事にかかる時間のぶん教授時間数を減らすことも盛り込まれている。

　オーストリアにおける教育は、非常に政治化している。政治的な意思や支援は教育省のなかでも概して強く、各州のレベルでもさまざまである。さらには、オーストリアの政治と意思決定を特徴づけている強い連邦主義によっても批判にさらされる。学校の効果と学習者の学力に焦点を当てた質の問題に対して厳格に向き合う態度は、本質的である。

第3節　イノベーティブな学習環境：ブリティッシュ・コロンビア州におけるリーダーシップの開発

（ジュディ・ハルバート／リンダ・ケイサー）

　ブリティッシュ・コロンビア州は、多くの調査において、質と公正の両面で高い成果を誇るシステムをもっている。だが、公正さには深刻な偏りがあり、政治のうえでの教育の文脈は課題を抱えている。教員組合と州政府の間には緊張があり、システム全体のレベルで恒常的な進歩の実現が難しくなることもある。部分的にはこういった状況から、著者らは数年にわたって葛藤のレトリックの外側に「第三の空間」をつくろうと試みてきた。この空間では、教育者が調査に取り組み、新しい学習を経験し、学習者にとって利益となる新しい実践

第5章　さまざまな学校制度にみる学習づくりのリーダーシップの開発アプローチ

を試すことができる。研究に焦点を当て、地域を超えて学校をつなぐ研究とイノベーションのネットワーク（*www.noii.ca*）は、これらの「空間」の一つである。バンクーバーアイランド大学における大学院プログラム「イノベーティブな教育リーダーシップに関する修了証（Certificate in Innovative Educational Leadership, CIEL）」は、こういった空間の一つのあり方を示すものである。

　CIELプログラムは、フォーマル、インフォーマルなリーダーのための1年課程の大学院プログラムである。ここでは、調査研究とイノベーティブな実践を通して質と公正を高いレベルに導く学校改革に関心を寄せている。カナダ全体を見据える視野と国際的な視野がカリキュラムの中心にある。また、知識を得ることに関するこの地域ならではの方法が強く強調されているため、このプログラムはブリティッシュ・コロンビア州の文脈に特に関連づけられている。

　プログラムは、まず、直接出席のうえ参加する夏の集中コースを通し、学習とリーダーシップについての研究から得られた知識に参加者が浸るように計画されている。初年度では、情報を得たうえで行動するように計画されている。研究に対する専門分野ごとの枠組みで作業することにより、各参加者は自分のおかれた状況で学習者にとって中心的な課題は何かをつきとめ、二年度目には新しいアプローチを設計する。調査研究の過程に対する通常の省察や、またさまざまな読み物やオンラインの資料への応答が、オンラインコミュニティの一部として実施される。加えて、参加者には「イノベーティブな学習環境」プロジェクトでの事例研究を検討し──自身の抱える状況との類似性、あるいはその状況との対照性に照らして──特に興味深い国際的な事例を選び、それについて追加調査をし、さらに自身の文脈での事例からアイディアをいかに応用するかを示すことが求められている。それぞれの参加者は、同じような状況にある同僚と学習パートナーシップのなかで作業し、また同期のメンバーとして相互にかかわりあうチームの一部として作業する。資格付与プログラムの修了が、修士課程プログラムの修了に対する独自のデザインにつながる。ここでは、共働的な実践と問題に立脚した学習に力点がおかれている。

　CIELプログラムの鍵は、修了生が学習をさらにすすめ、研究とイノベーシ

ョンのネットワークに引き続き参加することを通して、修了後もつながりを深める機会をもっていることにある。ネットワークでつながった学習機会のこの多層構造は、リーダーシップの影響を維持し、拡大する一助となっている。

　CIELは、ヴィクトリア大学での大学院リーダーシップのプログラムを設計し、主導した著者の過去の経験に立脚したものである。ヴィクトリア大学のプログラムは、国際的な研究で指摘され、さらにブリティッシュ・コロンビア州での事例研究で実証された七つの鍵となるリーダーシップの心的態度（Kaser and Halbert, 2009）を中心にデザインされている。CIELとヴィクトリア大学でのプログラムは両方とも、スクールリーダーシップの展開に関する国際的な研究から情報を得ている。特に、ステファン・フーバーとヴィヴィアン・ロビンソンの研究が参照されている（Huber, 2010; Robinson, 2011）。スクールリーダーシップの展開に関するフーバーの研究（Huber, 2010）では、CIELにみられる特徴が網羅されている。ここには、以下のものが含まれる。

- リーダーシップのプログラムは、明瞭簡潔に言語化された一連の目標を必要とする。このとき、学校がもつ中心的な態度目標が焦点に位置づけられる。
- プログラムは一連の価値と教育的信念に基づいていなければならない。
- 開発は継続的な作業とみなされねばならない。
- 固定した知識ではなく、状況に応じた手続き的な知識、概念的なリテラシー、知識のマネジメントの開発に向かうことが必要である。
- 理論と実践の間に理知的なバランスがあることが求められる。
- このプログラムは参加者個人の実際的なニーズを強く志向しなければならない。
- 大学での学習と集中的な協働を示唆することが中心的な要素である。
- 問題に立脚した学習と職場での学習の機会が中心にある。
- 参加者個人の発達と専門性開発への二重の焦点のみならず、学校を変革することへの焦点が要求される。

生徒の学力向上に直接結びつくリーダーシップの作用に関するロビンソンの知見（Robinson, 2011）では、専門家としての学習における促進、支援、参加の重要性が強調されている。これらは、CIELの参加者に向けられる中心的な期待であり、個人が調査研究を進めるにあたっての鍵である。

こういった総合的なデザインの検討とあわせ、CIELプログラムには、「イノベーティブな学習環境」に向けられたOECDの焦点と特にかかわる側面が三つある。第一の側面は、『学習の本質：研究の活用から実践へ（*The Nature of Learning: Using Research to Inspire Practice*）』（Dumont et al., 2010）の活用である。この文献の最終章で指摘された七つの鍵となる原理につながる、さらなる研究の基盤が提供されている。第二に、「イノベーティブな学習環境」のOECD/ILEの「一覧」にある事例研究（OECD, 2014, Annex A参照）を深く検討することである。これは、世界の他の地域における経験に基づいて新しい思考や行動を促す方法である。第三に、よりイノベーティブで魅力的な学習環境の創出に焦点を当てた専門分野ごとの研究のスパイラルを活用することである。

3.1　中心的な枠組みとしての学習の原理

『学習の本質』の結論部分にあたる学習の七つの原理は、リーダーシップのプログラムにおいて認知的な道具として積極的に用いられている。CIELの参加者は調査研究を検討し、それぞれの原理を個人で考察し、それぞれの文脈で研究に示された七つの原理を応用させ、最終発表で同僚に向けて研究結果を示す。

加えて——そしてこれはリーダーシップの実践を変化させることにとってきわめて重要なものであるが——、学習の七つの原理すべてについて、参加者はこのプログラムで自身の学習が計画されたものだったことを経験する。参加者は問題に立脚した学習に投げ込まれ、自己調整がさらに必要な実践を展開させるために一定の機会を得る。すべての調査は形成的なものであり、記述式のフィードバックに重きをおいている。社会的な学習、感性による学習が強化され、

チームでの作業や共同研究を通して同僚と結びつけられる。経験的で多彩な学習形態はしっかりと強調されている。このプログラムの直接参加によるスクーリングで実施される要素に対する状況は、非伝統的な学習環境において意味をもつ。詰め込みすぎず適度な課題を得ることが、フォーマルな学業に加えて仕事の責任や活動的な家族生活を抱える大学院生にとって、特に重要である。教育とは異なる分野出身のコミュニティのリーダーを包摂すること、状況を通して参加者をつなごうと期待することはともに、水平的な結びつきを促す助けになる。

目下我々は、七つのOECD/ILE原則に基づいた注釈を洗練させることをめざし、CIELの参加者と協働している。これにより、教育に携わる人々が、この注釈を自身の状況の診断書としても、学習者のために学習経験を深める新しい活動への刺激としても使えるようにすることをめざす。

3.2 活動を促進するためのイノベーティブな事例

OECDの「イノベーティブな学習環境」に関する「一覧」にある事例研究の活用は、きわめて多様な状況のなか、経験に基づいて地域での新しい可能性を考える作業に着手するにあたっては非常に有益である。この事例研究は、イノベーションがあるという証拠と、学習のより深い形態についての証拠として示されたものである。代表者のダン・ジョージは、ブリティッシュ・コロンビア州の思慮深い老賢者であるが、もう何年も前に、「見えないものには敬意を払えない」と言っていた。さまざまな文化をもつ人が、他のあり方に対して開かれてゆくべき必要性について、彼は話していたのである。同様の反応が、教育者が時にこのようにもらすときにもみられた——「それ（新しい実践、新しいプログラム、新しいアプローチ）はここではうまくいきっこないですよ」。

事例研究を掘り下げてゆくことにより、CIELの参加者には厳然たる文脈の違いを超えて洞察することが求められている。こうして、選んだ事例について理解を深めることができる。続いて、自身のおかれた状況のなかで学んだこと

第5章 さまざまな学校制度にみる学習づくりのリーダーシップの開発アプローチ

を応用する方法を考えるよう求められる。参加者には、事例研究から一歩進んで、学校と直接連絡をとること、ウェブで簡単に手に入る他の資料を検討することが勧められる。

　結果として、ブリティッシュ・コロンビア州の田園地帯にある小さな学校がイスラエルの自然学校の活動から着想を得て、環境の持続性に焦点を当て、とぎすますこととなったのである。ブリティッシュ・コロンビア州のこの学校は今では、自らの状況を変えてゆくために、地域を通して自然に根ざす学校の小さなネットワークの一部として活動している。他のCIEL参加者、たとえば遠隔地域にある先住民族の校長は、フィンランドのヴィルナからの事例研究を活用している。彼はこれを、自然界に対して高レベルで自主規制をし、正しい理解をもつ学校をつくるモデルとみている。あるミドル・スクールの校長は、実践を組み換えてきた。彼女は勤務校で、南オーストラリア州の学校の職員に関するモデルや柔軟性の高い時間割を研究する計画を立てている。

　その他の場でも、エビデンスの検討に対してきわめて好意的な応答が得られた。こういった応答から、予想を超えた方法で活動が促されている。CIELプログラムのこの部分で「洞察すること」により、さらなる熟慮と新しい可能性が導かれる。

3.3　変革の枠組みとしての「研究のスパイラル」

　世界中の教育者は、制度の方向性と望まれる改革のモデルについて両立不可能ともいえるアイディアを抱え、集中砲火を受けている。これまでにみてきたように、学校が存在しなくなるほどの破壊的な改革を教育システムに求める声は、カタツムリが這って進むような速度でしかシステムが変革されないことにいらだちを覚える人々から歓迎されている。一方で、強力な目標や注意深く組み立てられた目標を掲げ、教えることと学ぶことの質を向上させるために激しく、絶えず焦点化せよとシステムに強く迫る人々もいる。この立場からすると、変革とイノベーションへの焦点化は、システムに混乱を招くものでしかない。

第三のアプローチは、政治家によって主張されることが多いが、学習者の学力に対して説明責任を果たせるようなシステムをつくるというものである。これは、その方法を誰かがまず試してみるというビリーフに導かれている。

　改革に携わる人々は改善、イノベーション、アカウンタビリティについて、それぞれの利点を論じることが多い。しかし、こういった区別は、特定の文脈の特定の場面で学習を魅力的なものにし、関連づけようと腐心する実践者にとって、特段有益とはいえない。CIELプログラムは、何より学習への新しいアプローチが必要であり、その新しい設計が必要だ、という立場をとっている。CIELプログラムに参加している教育者は、新しく有力な学習環境を設計するために必要な確信、洞察、心構えを身につける助けとなるよう計画された共同研究において、専門分野ごとのアプローチに参加している。これは学校とシステムを変えてゆくためのものでもある。

　研究のスパイラルは、オークランド大学のヘレン・ティムペレリ教授との協働の成果として、ブリティッシュ・コロンビア州とニュージーランドでの研究活動から展開したものである。スパイラルの中心には三つの中心的な問い——「私たちの学習者に何が起こっているのか」「私たちはいかに知っているのか」「なぜこれが問題なのか」——によって構成された学習者の経験に対して各段階でとられる留意事項がある。筆者らが最近出版した『研究のスパイラル：質と公正のために（*Spirals of Inquiry: For Quality and Equity*）』（Halbert and Kaser, 2013）では、ブリティッシュ・コロンビア州の学校での事例を示しながらこのアプローチの全貌を説明している。この研究のスパイラルは、作業手順を組み立てて周知してゆく学習者の経験に一貫して焦点を当てており、ここに他のアクションリサーチとの差異がある。

　この作業手順は、学習者の経験を深く理解することをめざし、学習環境の考察から始まる。この考察の段階は、入手できた学力データや到達度に関する調査結果を眺めるというレベルから大きく進んだものである。考察の段階では、たとえば以下にあげるような、学習の七つの原理に関連した問いに取り組むことになる。

第5章　さまざまな学校制度にみる学習づくりのリーダーシップの開発アプローチ

図5.3　研究のスパイラル

- 私たちの学習者に何が起こっているのか。
- 私たちはいかに知っているのか。
- なぜこれが問題なのか。

出典：Halbert, J. and L. Kaser (2013).

- 学習者は自分自身を学習者だと自覚しているか。学習者は自己調整をしているか。学習者はメタ認知的になってゆくか。
- 学習者は教科横断的な関連性を認識・理解しているか。
- 学習の専門家は学習者の感情に寄り添っているか。また、感情と動機のつなぎ役となっているか。
- 学習者は改善の方向性を明示する質の高いフィードバックを受けているか。
- 学習者は、共同作成した基準に基づいて仲間とフィードバックを授受する際、自信をもっているか。これは快適に行われているか。
- どの学習者も要求が高く、共同参加を必要とし、困難を伴う活動を通して成長しているか。
- 学習者は、質が高く、よく組織された共同学習に定期的に参加しているか。
- 学習者が特定の状況にもちこむ重要な知は、尊重され価値を認められているか。
- 学習者は学校でなされるどの決定でも中心にいるか。

考察の段階では、なんといっても多くの論点が浮かび上がる。しかし、ある一つの場が同時にどのくらいのイニシアティブに着手できるのかという点に対しては限界もある。そのため、研究チームは現在、変化をめざす領域に当てる焦点を洗練させている。この領域では、同時にマネジメントしうるとき、大きなてこ入れがはかられる。次の段階では、学習の専門家自身がこの状況に対してどう貢献できるのか、直観を育てることがめざされる。この「直観」の段階は、学ばれるべきものやその実施方法に関する議論へとつながってゆく。実践が変化するとき、新しい学習が生まれてゆく。そのため、新しい成人学習をデザインすることは次の重要な一歩である。新しい学習は、新しい行動へとつながる。そして最後の段階では、いかに変化が生み出されたかを検討する確認が行われる。

　CIELプログラムを通した研究のスパイラルに参入することにより、参加者は自身のおかれた場で変化を導くという経験をする。自分と同期の他のメンバーとチームとして共同で活動することで、確信が生まれ、互いの経験から適宜学べるようになる。『学習の本質』に関するOECD/ILEの知見は、それぞれの場で行われる新しい学習経験のデザインに情報を与え、それを形作るために、概念上の強い基盤となった。そして、「イノベーティブな学習環境」のイニシアティブで生まれた国際事例研究からアイディアを探索し、応用することにより、多くのレベルで新しい可能性やつながりが開かれた。CIELプログラムは、学習に第三の空間を与え――また変化を促し――、とらえて離さないのである。

第4節　ニューヨーク市における学習をめざすリーダーシップの展開と推進

（ローサー・サラヴァート）

　すべての生徒が受ける教育を改善することをめざし、ニューヨーク市の公立学校制度では学習を中心に据えた未来図を採用している。そして、組織に関す

第5章　さまざまな学校制度にみる学習づくりのリーダーシップの開発アプローチ

る決定、マネジメントに関する決定、授業に関する決定について、校長がさらなる裁量範囲や裁量権をもてるように働きかけてきた。この再組織化は、2002/03年度に着手された。2002/03年度から2010年まで、著者は第三学区で学校監督官を務めた。ニューヨーク市の公立学校制度は、アメリカ合衆国のなかでも最大規模であり、110万人以上の生徒を擁している。学校は、32の学区でそれぞれ組織され、各学区は一人の監督官によって統率されている。マンハッタンのウェストサイドとハーレム地区にあたる第三学区には35の学校があり、約1万4,000人の生徒がここに通っている。本節は、改革の担い手としての、またその直接的な観察者としての著者の経験を反映したものである。ここでは特に、改革の実現に寄与した教師や組織管理者のリーダーシップを支援し、推進・展開させるための中心的な戦略についてまとめることとする。

4.1　戦略1：専門家の学習コミュニティを通した協働とイノベーション

　2002年まで校長は、カリキュラムの実践と、学校監督官事務所が進めるイニシアティブに責任を負う授業のリーダーであった。2002年にさらなる裁量権や追加的な責任を得たことにより、校長は本当の意味で学習づくりのリーダーになった。新しい構造は、第4章でディモックらが示したものに類似した原理に基づいており、校長の役割を大きく変えた。この構造は、さらに学校制度全体に衝撃を与えたのである。

　組織上の展開にみられた重要な要請として、たとえば、校長は自分でネットワークを選び、そこに参加しなければならないというものがある。ネットワークは、専門家の学習コミュニティ（PLC）（DeFour and Eaker, 1998）の原理にのっとっている。このネットワークでは、学習について共通の言説を発展させ、ニューヨーク市の特徴である多様な経済、言語、文化のコミュニティからなる学校での最良の実践に向けて協働し、意見交換するよう支えている。

　ネットワークは、「メゾ」のレベルで動いている。ネットワークのリーダーとそのチームはコンサルタントや助言者でもあり、学校組織やマネジメントに

対して教科領域の授業と活動に根ざした専門性開発を支援している。これにより、最先端の調査と最良の実践との間の一貫した結びつきが可能になった。ここでは、常に、学習環境を維持するための校長、教師、生徒のリーダーシップの開発と促進に強い焦点を当てている。ニューヨーク市教育局のメンバーは、いくつかのネットワークを率いているが、その構造には、パートナーシップサポート組織（PSO）と呼ばれる施設部門のネットワークのグループも含まれている。独自の取り組みとして、フォーダムのPSO（著者もこれにかかわっている）では、大学院生や博士学位取得の機会を備えたネットワークのなかで大学が学校に学術上の専門家やプログラムを送りだしている。

4.2　戦略2：分散型リーダーシップの開発のためのコーチング

リーダーシップのコーチングは、今日では最も専門的な組織の特徴である（Whitmore, 2009）。これは、複雑な決断やこれまでにない大きな責任を引きうける校長にとって、重要なツールとなっている。膨大な資料と、よく記録された実践、調査に基づいた実践が、教育改革に関する調査によってこの領域にもたらされた。しかし、理論と実践の間、そして研究者が作用を認めた方法と校長や学校が応用する方法の間には、一般的に不整合がみられる（Berliner, 2008; Istance et al., 2008）。時には、校長の裁量権の及ぶ領域を掲げ、よく練られた実践を採用したり正当化したりするために学校が研究を解釈しているとみなされる。またあるときには、研究された実践や推薦を文字通り応用しようと躍起になった熱心な学校が、わかりやすい不満を抱えてしまうこともある。

このギャップを埋める手助けとなったコーチングの事例として、観察対象のハーレム第一学区の市街地にある学校を取り上げてみよう。この学校の校長は、かつて組織管理者がトップダウン式でマネジメントしていた学校に着任した。校長は分散型リーダーシップについてのいくつかのセッションに参加し、その主題についてもたくさんの文献を読んだ。しかし、この新しい知識を学校全体での効果的な実践へと翻訳しようとしても進歩がみられないことに、彼女は落

第5章　さまざまな学校制度にみる学習づくりのリーダーシップの開発アプローチ

胆した。組織の複雑さと、カリキュラムを実行することにあくまでも注力する伝統的な学校文化に、現実の、そして困難な挑戦が映し出されていた。校長は、コーチング担当者とパートナーシップをとりながら、共有されるべき未来図の展開に向けて教師や職員を導き、厳格で協働的な文化を支える条件を生み出し、分散型リーダーシップを効果的に実践した。これは、学校で実践を改善する助けとなり、生徒の学力を向上させた。

4.3　戦略3：協働的な教師チームで研究を進める

　ネットワークは「メゾ」のレベルでつくられているが、校長は自身が勤務する学校内で教師の協働を支援すべきだとされる。このミクロなレベルで行った筆者の仕事の目的の一つに、専門的な成長と生徒の学力との間に関連がないことを検討するという課題があった。特に、英語力が皆無であったり限られていた生徒、母語でフォーマル教育を受けずにこの国にやってきた生徒の学業上の成功がここでは問題になった。データ分析では筆者の背景に基づき、また経験についてのやりとりを進めるために、学校監督官として直接担当していない学校ともネットワークをつくり、その一つを支援するなどした。

　ニューヨーク市の公立学校で実施された協働的な教師チームの研究モデルは、リーダーシップ部局による学校改善のための「足場をつくる見習いモデル（SAM）」を採用したものである（Talbert and Scharff, 2008）。このモデルの背景にある改革の理論は、複雑な組織のなかで生徒が成功する場を拡大するために「小さいままで」いなければならない、というものである。すなわち、教師チームは体系的に、また創造的に、生徒の対象グループの学力を向上させることをめざす。これらの教師は、さまざまな資料から得られるデータを分析し、トライアンギュレーションできるようになる。このとき、授業実践をよく見て、対象となる生徒のニーズにきっちりと照準を合わせる。同時に、教師チームは、特定の生徒を支え、学年ごとの高い学習目標の達成にあたってこれらの生徒が力をもっていることを評価できる方策をとってゆく。これらのチームの成果は、

図5.4　授業に関する研究サイクル

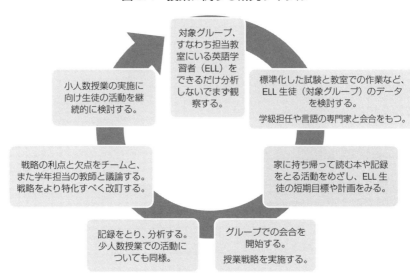

後に学校の授業実践や組織の実践に情報提供される。こうして、学習環境を刷新する条件、すなわちエビデンスに基づいた生徒の学力を促進する学校文化をつくりだす。この流れは次の図で明快に例示されている（図5.4、図5.5）。

　ブロンクスのある学校では、校長がこの小さな対象に働きかけるアプローチにいくばくかのためらいをみせた。これは、低学力層の生徒がきわめて多かったことによる。少しの不安を抱えながら、この学校は協働研究チームをつくった。教師が観察記録をつけはじめ、対象となる生徒の進歩を記録しはじめると、校長は教師の態度に変化があることや、実践が改善されていることに気づいた。この年度の終わりまでに、対象となる生徒のほとんどが学習目標を達成した。加えて、チームは生徒が望んだ成果につながった戦略を特定し、記録したのである。校長は、チームの活動と功績をたたえたのみならず、これらの教師が同僚全員と成果を共有するよう勧めた。これらの結果、協働研究チームによって調査され、実施された戦略のなかには、今ではこの学校全体で実施される実践につながったものもある。

第5章 さまざまな学校制度にみる学習づくりのリーダーシップの開発アプローチ

図5.5 学校全体での研究サイクル

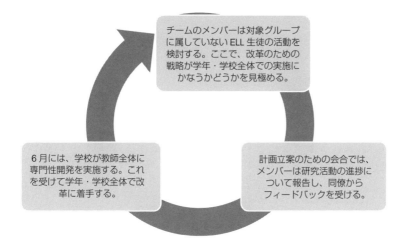

　この事例は、「小さくとどまる」SAMモデルの力を示している。本質的な改革への重要なカギは、相互関係が労働時間外の行動や生徒の学力に対するその衝撃に影響を与えることを理解する能力である。この事例で示されたように、これらの決定的な相互関係の一つであり、生徒の学力に影響を与えたものは、教師同士での協働のあり方であった。研究チームに加わった教師の間での協働が成功したことで、校長は教師の計画する時間を再組織化し、同僚全員の学習研究を支援することを思いついた。これにより、14の共同研究チームが設立された。

4.4　戦略4：生徒の声に耳を傾け、学習の場で発言させる

　学習に焦点を当てる学校は、すべての人が学習に参加することを求めている。生徒もここに含まれる（Leithwood *et al.*, 2004）。参加は、学習者としての生徒の自立を進めるにあたり、原理的なものである。自立はまた、学力のあり方としてめざすべきものでもある（NYSED, 2011）。

フォーマルな役割にある生徒の影響力は、過小評価されるべきでない。筆者がリーダーシップのコーチとして、また学校監督官として追求した目標は、学業に関する助言体系の立ち上げにおいて校長を先導することであった。この目標は、生徒評議会や他の形態の生徒の運営団体の立ち上げにおいても掲げられていた。校長が学習を促進する戦略として生徒の積極的な参加を求めるとき、また、持続的でイノベーティブな学習環境をつくりだす力があると認めるとき、生徒自身の学習に対する責任が支援される。たとえば、K-8の学校（幼稚園から第8学年までを擁する学校）で、校長は、学校全体でめざす改革戦略の重要部分として作文を指定し、毎月の発表会を運営するよう生徒評議会に依頼した。生徒は、日々の活動内容を掲示し、教室を訪れて作品の読解を手助けする。ここには、作文を書く過程をクラスメイトに紹介することも含まれる。生徒がビデオを作成するために作文のジャンルについてクラスメイトや教師に聞き取りを行うと決めたとき、生徒評議会の意義は、転換点に達した。このビデオがアップロードされ、学校のウェブサイトで地域コミュニティと共有されたことがわかり、教師全体がその成功を認めた。

4.5　協働と活動：ビジョンのさらなる共有へ

　ここで述べた戦略は、教育研究と実践を架橋するいくつかの利点を示しており、教育改革におけるその重要性を強調している。筆者の経験からも、なによりもまず、学校のコミュニティが構成員の間に信頼と敬意に満ちた雰囲気をつくりあげる必要があることが示唆される。この環境によって学習をめざすリーダーシップが実現されるのである。すなわち、この環境こそ、生徒の学力を向上させ維持させるための実践をたえず省察するよう教師に促す協働的な文化にとっての前提条件を可能にするものである。

第5章 さまざまな学校制度にみる学習づくりのリーダーシップの開発アプローチ

第5節　ノルウェーにおける学習づくりのリーダーシップの展開

（ロネ・レネ・クリスティアンセン／ペア・トロンスモ）

5.1　ノルウェーのPISAショック

　2001年に第1回PISA調査の結果が発表されたとき、その結果が芳しくなかったことにノルウェーの人々は驚いた。ノルウェーの人々はずっと大きな野心を抱いてきたのである。ノルウェーには、多くのイニシアティブ、改革、計画、高いレベルの政治上の賛同や意志、非常に献身的な教師や学校管理職者、そしてどの国よりも多い財源があった。けれども、一方ではこの野心、他方では学校での実際の実践、この両者の間には大きなギャップがあった。実施と改革には、困難がついてまわることとなった。

　2006年に、政府は主要な学校改革（「知識を促進する改革」）を行い、初等教育の新しいカリキュラムをつくり、各地域の裁量範囲を拡大させた。生徒の学習成果を向上させることに加え、この改革では、教育の基本原理において、学校と実習生の研修事業こそが学習する組織であると言明した。学習する組織とは、教授の計画・実施・評価をめざす協働を通し、教師が互いに学び合うことができるようにする組織である。

　改革の実施に対する責任は、教育研修部局に与えられた。これは、教育研究省の下部組織である。最重要イニシアティブとして、スクールリーダーシップに対する全国プログラムと、本節で議論するアドバイスチーム・プログラムがある。

5.2　リーダーシップの重要性

　伝統的に、公共セクターは変化を促進するための立法と予算を活用してきたが、多くの場合、その効果はごく限定的なものであった。現在、ノルウェーで

は、エンパワーする戦略に力点をおいている。その理由は、効果が高いこと、また、スカンジナビアのモデルによく適合しているということである。ここでいうエンパワーとは、新しい権威と責任を人々に与えること、また援助や支援をほどこすことによって人々を力づけてゆくことをいう。ここでは、着想し、楽観的な見方を促し、自信を与えるような認知・フィードバック・報奨のシステムの導入をめざしている。また、データを人事評価や処分のために利用しないことも含まれる。これはまた、リスクテイキング、非伝統的なアイディアや行動の奨励にもかかわってくる。

この戦略の鍵は、どのレベルにおいても、リーダーシップである。どんな種類の組織であっても、中心的な課題に焦点を当てるためのリーダーシップには強いニーズがある。学校では、その課題は学習である。この焦点は、さまざまに表現されている。たとえば、「学習を中心に据えるリーダーシップ」「学習のためのリーダーシップ」「学習する組織のリーダーシップ」「学習プロセスのリーダーシップ」「授業のリーダーシップ」「学習するためのリーダーシップ」、そして、ここで取り上げるように「学習づくりのリーダーシップ」である。多くの国では、管理に対して過度に焦点が当てられている一方、生徒の学習過程にはほとんど焦点が当てられていないということがわかっている（OECD, 2008）。管理を授業のリーダーシップと組み合わせるという役割の拡大は、教師や教授活動に対する校長のマネジメントに強く焦点を当てるものである。

リーダーシップは学習環境と成果に大きな影響を与えることができる。ノルウェーの学校制度は極度に脱中央化されている。ここでは、強力で誠意をもち、有能で勇気ある責任感をもったリーダーが求められている。リーダーには、学習づくりのリーダーシップに十分な焦点を当て、教師から正当性を認められているという、「正しい」役割をもつことが必要とされている。ほとんどの部門においてリーダーシップの重要性は明白であるが、教育部門においてそうではなかった。リーダーシップへの激しい抵抗が教師の間にみられるうえ、教師の仕事に直接影響を与えるリーダーに関する伝統が学校にはほとんどないのである。しかし、事態は変化している。教育部門でのリーダーシップを進めるた

第5章 さまざまな学校制度にみる学習づくりのリーダーシップの開発アプローチ

め、数々の好適なイニシアティブがここ10年間で展開してきたのである（OECD, 2008）。

　リーダーシップは、おそらく将来もっと重要性を増すだろう。学校の自治と各地方の自由は、リーダーにさらに多くを求めてゆく。改革の過程を導くことは、今よりも当たり前のことになり、さらに挑戦的にもなるだろう。移民と移動、デジタルな世界、より多様性に富んだ社会、個人化、男子生徒の低学力、家計の縮小、財政上の困難、収入の不平等の拡大、社会的経費のさらなる逼迫といった、重要な社会機構の変化が学校に影響を与える（OECD, 2010, 2013b）。

　これらの困難への直面を見越しているなら、校長はリーダーシップの役割のなかで揺るぎない位置にいるといえる。すなわち、こういった校長は、先導してマネジメントする勇気と強さをもち、立ちあがってリーダーシップをとる人格的で専門的な強さをもち、リーダーとしてのアイデンティティをもっている。リーダーシップとは、よい成果を導くために責任をとることを意味する。したがって、リーダーは適切な方法でこれらの成果に到達することに責任をもっている。適切な方法とは、同僚がよい労働環境を享受し、将来的によい結果を生み出し続けるというものである。そのため、スクールリーダーは、勤務校の日常的なリーダーシップやマネジメントに留意するほか、社会的な責任を負う。定義のうえでは、リーダーは、自分の担当領域で起こることすべてに責任を負う人物である。この意味で、リーダーは雇用主としての役割ももっている。

　当然ではあるが、責任をもつということは、リーダーが自分で何でもしなければならないということではない。リーダーシップは、第一義的には、リーダー以外の人々によって実践されるものである。リーダーは課題や権威を背負うが、責任それ自体が委譲されるわけではない。これは、同僚は責任を引きうけず、リーダーは自身の責任を決して手放さない、という意味ではない。リーダーシップは多くの人々によって実践されるものであり、フォーマルなリーダーシップやマネジメントを担当する地位にある人によってのみ実践されるのではない。この点で、リーダーシップとは参加が求められる機能であり、一連のリーダーシップは遂行を課すものである。同時に、組織は人々、すなわち独自の

役割、関係、能力をもった人々によってつくられるものである。結果に対するフォーマルなリーダーシップは、フォーマルな地位にある特定の人々に結びついている。

5.3　リーダーシップ、マネジメント、知識基盤型組織

　OECDの国際教員指導環境調査（TALIS）（OECD, 2009）では、スクールリーダーの役割について述べており、スクールリーダーによる同僚教師の支援を検討している。この調査からは、多くの国で、評価の構造が相対的に弱いこと、学校評価や教師への報奨・フィードバックから得られる利点が小さいことが示された。校長の役割は、二つの主なマネジメントのスタイル——教育上のリーダーシップと組織管理上のリーダーシップ——にまとめられている。このスタイルについて見てみると、他のほとんどの国に比べ、ノルウェーでは教育上のリーダーシップのスコアが低く、組織管理上のリーダーシップのスコアが高い。この二つのスタイルは、先行研究では相互に排他的だと指摘されたこともあるが、そのようなものではない。ノルウェーでは、生徒の学習に強い焦点を当てているが、同時に、効果的なリーダーシップには組織管理上のアカウンタビリティやうまく機能する官僚制も当てはまることを認識している。

　リーダーを管理者から区別することは、昨今流行の考え方である。ミンツバーグ（Mintzberg, 2009, p.9）は、安易な区別を拒否している。「マネジメントから隔てられた台座の上にリーダーシップをおいたとたん、社会的な過程は個人的な過程に組み換えられてしまう。……私はマネジメントを進展させ、コミュニティシップと呼びうるものに自然に位置づくリーダーシップと合わせてみてゆきたい」。彼は、マネジメントを科学だともみていないし、職業だともみていない。マネジメントを実践であり、なによりも経験を通して学習され、文脈に根づくものだとみている。リーダーシップの実践は、仕事をするなかで、また実習やメンタリング、直接の経験を通して学習されなければならない。リーダーシップの教育、研修、開発に対する課題は、ミンツバーグの見解による

と、組織や職場に根ざして論じられるよりも、個人に帰され、参加者に焦点を当てられていることがあまりにも多いのだという（Mintzberg, 2011）。

いわゆる「知識基盤型組織」（病院、大学、法律事務所、コンサルティング会社、学校など）やそのなかでのリーダーシップの課題については、膨大な研究や文献がある。そういった課題として、1）専門家とリーダーの緊張関係、2）操舵と抑制への過剰な関心、3）リーダーがもつ正当性の問題の三つが主に取り上げられている。学校は、すべてのレベルで、厳密な専門性をもった要求と専門的な課題への強い焦点を伴う知識基盤型組織である。よいリーダーであることと、自身について専門的な評価を行い、内外の人的資源をうまく活用でき、教科領域の上で十分なスキルをもった人物になることの両方を満たすために、学習過程を導く能力はきわめて重要である。知識基盤型組織を率いることは、往々にして他の組織を率いることよりも難しい。なぜなら、知識基盤型組織で働く人々は、自立しており、精力的で、有能で、なんといっても専門性志向が高い傾向にあるからである。

5.4 ノルウェーにおけるリーダーシップの困難と展開

ヘールト・ホフステード（Hofstede, 2001）によると、非常に小さい「権力格差」と相当な「女性らしさの文化」とを組み合わせているスカンジナビア諸国には、他と違ったリーダーシップのありようがみられるのだという。ノルウェーで行われた研究（Grenness, 2006）では、この特徴の内実をより詳細に検討し、スカンジナビア諸国ではリーダーシップが高い倫理的基準をもつという結論を導いた。被雇用者への代理、チーム作業への志向、よい労働関係の選好、同意を得る努力、高いジェンダー平等性、作業展開への強い焦点、揉めごとの回避、結果に対する志向性の弱さ、意思決定の遅さ、抑制機構の緩慢さ、「戦士」的態度の欠如がこれにあたる。スカンジナビア諸国のリーダーシップのスタイルは、ポスト産業社会の知識基盤型経済にとって最適だといえる。こういった経済では、価値の連鎖、ネットワークとパートナーシップ、あいまいさと

変化が強い環境でイノベーションを起こす能力によって導かれる協働に依拠して成功がもたらされるのである。もちろん、この「スカンジナビア諸国のリーダーシップ・モデル」には、長所も短所もある。

ノルウェーの学校制度は脱中央集権型をとっており、学校に関しては約450の地方学校自治区がある。地方行政区ごとに質、学校、スクールリーダーをみると、それらの間には大きな違いがある。それでも、ノルウェー全体では以下のような問題に直面している。

- すべてのレベルでの不適切に強いリーダーシップ。
- 専門家の力量不足、学校運営団体の強さ。
- 学校部門での断片化、すなわち一つのシステムとしての学校部門への不適当な焦点化。
- 学校の断片化、その結果生じる組織としての学校に対する不適当な焦点化。

ノルウェー全体の方針は、リーダーに支援、援助、専門的研修の機会をさらに与え、また、組織開発やシステム開発において学校と地方自治体を支援する、というものである。以下二つの項では、特に後者に力点をおいて検討を行う。

ノルウェーにおけるリーダーシップの開発

ノルウェー全体での枠組みは、校長に対して合理的に与えられる要求と期待を示しており、ノルウェーにおける校長向けのリーダーシップ研修や開発のための全国プログラムの基礎を形作っている（Norwegian Directorate for Education and Training, 2008）。ここには、次のような主要な領域がある。

1) 生徒の学習成果と学習環境
2) マネジメントと管理
3) 協働と組織開発——教師へのガイダンス
4) 開発と改革

第5章　さまざまな学校制度にみる学習づくりのリーダーシップの開発アプローチ

　これら四つの領域のうち最も重要なのが第一の領域である。これは、学習づくりのリーダーシップと関連している。校長は生徒の学習成果と学習環境に責任を負っており、学習の過程を導く。この際、教師を導く校長の能力が重要なのである。学校は、厳格な専門的要求をもった知識基盤型組織である。そのため校長は、十分な専門的評価のうえに内外の人的資源を最良の方法で活用することをめざし、教科に対する適切な能力と正当性をもっていなければならない。

　もう一つ、リーダーシップの人的な側面とかかわらねばならない領域がある。それは、リーダーシップの役割である。これは、リーダーの開発に関するものである。ここでは、リーダーとしての自分の役割を明確にしており、自身のリーダーシップの役割とよいリーダーシップ実践のための条件を定義・再定義でき、必要ならば調整し、再調整できるリーダーの開発が行われる。

　校長を対象とした全国マネジメント研修プログラムは、2008年に着手され、初等・中等教育段階で新たに採用された校長全員を対象にしている。これは、学校制度が抱える困難への回答となるよう設計されたものである。そして、学校管理職者などが経験から気づいたニーズに関する実践的な方法で、よくマネジメントされ、目標を志向すると同時に目標に基礎をおいていることを強調している。

　このリーダーシップ研修プログラムは、信頼度の高い研究機関から評価を受けてきた。現在までに、四つのうち二つの報告書がまとめられ、非常に好意的に論じられている（Hybertsen et al., 2012a, 2012b）。プログラムがよい結果を導いていることを示す他の証拠もある。一つは、その人気であり、応募総数が毎年増えている。もう一つは、プログラムの提供者による好意的な評価である。そこには、学校の改善にとって重要だとみなされるようになったリーダーシップやリーダーに関する態度という点で変化があるようだ。この態度には、さまざまな利害関係者（組合、政治家、学校運営主体、大学など）の態度も含まれる。これに加え、生徒の学力向上という証拠がある。

アドバイスチーム・プログラム

　ノルウェーでは、ほとんどの学校が公立である。数多くの小規模自治体があるため、学校のマネジメントとリーダーシップの開発は地域の責任で行われる。学校運営主体は、ただなかにある困難と向きあう能力がなく、余裕ももちあわせていない。これを受けて、政府はアドバイスチーム・プログラムを開始した。このプログラムでは、中心的な領域で質に関する特別な困難を抱えている学校運営主体やスクールリーダーを支援することをめざしている。ここで問題になる質とは、生徒の読解力や数学スキルが乏しいという問題、学習を促進しない学習環境、後期中等教育段階を修了していない生徒や職業実習生、後期中等教育段階や職業訓練において試験に合格していない生徒や職業実習生などである。このねらいは、学校運営主体と学校が、学校を組織として強化し、効果が検証済みのツールや方法を活用するという開発戦略を各地域でとることにより、国の掲げた目標を達成できるようにするものである。

　プログラムは、教育研修省とノルウェー地方・地域局連合（KS）、県代表者（県レベルでのノルウェー教育局）、大学・専門大学の担当部局、コンサルティング・グループ、実践者によって実施されている。学校開発の仕事自体は、地域ごとに行われている。問われているガイダンスの話題によるが、政策上、また組織管理上の学校運営主体、校長、地域の他の支援グループがここに加わっている。

　アドバイスチームは、2009年から2010年にかけて二つの県で実験的に立ち上げられた。アドバイスチーム最初の通常ポートフォリオは2011年に開始された。続く3年間に、アドバイスチームの活動は18の県と429の基礎自治体で行われた。これは、オスロを除き全国に広がっている。約30の基礎自治体には、各ポートフォリオに80から100の学校があり、18か月にわたってガイダンスを受ける。2013年末までに、ノルウェー全国ですべての基礎自治体が、アドバイスチームから第1回目のガイダンスを受けることになっている。

　アドバイスチームのシステムとして、研究に基づいた評価がある。最初の内部報告書（Norwegian Directorate for Education and Training, 2013）では、

第5章　さまざまな学校制度にみる学習づくりのリーダーシップの開発アプローチ

アドバイザーやガイダンスを受け取った人々によるフィードバックを網羅している。次の報告書は2013年12月に発表されることになっており、結果と影響の評価を含むものとなっている。

　アドバイスチームのアドバイザーは、全国の学校管理職者と基礎自治体の教育行政官のなかから採用された。アドバイザーのチームは、全国レベルであり政府によるものだが、フォーマルな権限はない。そのため、この支援が採用されるかどうかは、各自治体にかかっている。アドバイザーは、二から三の基礎自治体とその学校に責任をもつ小さなチームに分かれて活動する。チームは、この手順を進めるなか、各単位で学校やその運営主体と協働する。学校運営主体は、ガイダンス過程の最初と最後に集まり、能力開発を共同で行い、経験と計画を共有することをめざす。ここでの目標は、学校とその運営主体が自身の学校で質を向上させる活動を継続できるようにすることにある。この向上をめざす活動は、持続的な作業であり、ニーズの特定、解決に向けた選択的な評価、これらの評価の実施、その評価を含むものである。ガイダンスは、コーチやメンターとしてかかわる形態をとっており、18か月以内に基礎自治体の質を向上させる最初の段階に焦点を当てている。

　アドバイスチームは以下の3期に関与している。

- **開発に関するニーズの特定**：アドバイザーは分析ツールを積極的に活用する。これによって、学校は開発領域を特定する。同時にアドバイザーも学校がカウンセリングを必要としている領域を特定する。
- **開発プロジェクトの計画**：ガイダンスは、特定されたニーズに応じて行われる。学校の潜在的ニーズ、開発に関するニーズの補足的外部評価も提供される。
- **実施**：ガイダンスは地域のニーズ、学習する組織の知識や変化するマネジメントに基づいている。これは、会合やセミナーによって補足される。

　ここで用いられるツール――質の状況ツールと組織分析ツール[3]――は、現

在の状況を模式的にとらえ、省察し、分析するためのものである。これは、学校レベルで行われる開発のための活動を開始し、定着させるための外部評価の方法と合わせて用いられる。

　ガイダンスは協力的なものであり、学校とその運営主体が地域に見合った開発に向けて活動を開始できるよう手助けすることをめざしている。アドバイスチームは学校とその運営主体の開発に向けた活動が成功することを保証しているわけではないが、それに貢献することはできる。成功の前提条件は、すべての参加者が積極的に、また責任感をもって参加することである。ガイダンスを受けること自体が、開発をめざす意思、すなわち改革に基盤的な条件があることを象徴しているといえる。ガイダンスでは、学校とその運営主体をひとまとまりの組織とみなしており、これがどのように機能し、どのように改善されうるのかを考慮している。アドバイザーは知識、経験、カウンセリングを活用し(Schein, 1998)、開発の実施と教育上の変化に伴って課題が表面化してくるときに、学校がうまく向き合えるような手助けをする。基本的なスキル、評価やその他の中心的な任務に関連した能力を付加的に必要としている学校もあるだろう。アドバイスチームは適切な能力カテゴリーを見つける助けとなるが、この分野についてガイダンスを実施できるわけではない。アドバイスチームは開発過程に対して責任を負わない。

　ガイダンスは、アドバイスチームを通して地域で開発をめざす活動に対する全国的な支援として実践される。これは、教育研修省とノルウェーの公的機関にとって今までの伝統にないツールである。ノルウェーでは伝統的にほとんど視察が行われておらず、学校への介入や学校に対する評価もほとんど行われてこなかった。そのため、アドバイスチームは議論を呼ぶことが予想され、教育部門での抵抗のリスクを減らす努力がなされた。

　カウンセリングを求める学校運営主体は「負け犬」ではなく、むしろ勇気と柔軟さを示しているのだと強調されたが、自発性という観点に慎重に力点をおきながら抵抗が起こっていた（Schein, 2009）。大学・専門大学部局と公共管理部門も評価に抵抗した。公共管理部門は地方行政に対する介入だとして国に抵

第5章 さまざまな学校制度にみる学習づくりのリーダーシップの開発アプローチ

抗し、高等教育部門は専門的能力を掲げてアドバイスチームに抵抗した。この抵抗は、今では支援に変わっている。この変化は、学校運営主体とアドバイザーが満足したことで生まれた。公共管理部門と高等教育部門は、専門的かつ組織的に活動が根づいていった方法で、アドバイスチームに参加することとなった。両部門では態度が変化したのである。

　これまでの結果は、カウンセリングを受けた学校運営主体の満足度に見てとれる。同様に、ガイダンスを受けた基礎自治体が進歩を遂げ、各自治体や学校で重要な経験と開発の能力が培われるのを目の当たりにしたアドバイザーの満足度に見てとれる（Norwegian Directorate for Education and Training, 2013）。アドバイスチームは、教育研修省のインターネット上の質開発ツールと外部の学校評価方法を普及するために効果的な土台であり続けている。これらのツールは非常に有益であるように見受けられる。特に、質評価に関してこれまでに経験も確信もなかった学校や学校運営主体にとって有益だといえよう。

　重要な成功要因は、このプログラムが中央主導で進められ、緊密なマネジメントをしたことにある。さらに、一貫した戦略がとられ、さまざまなアクターや利害関係者に対しても同じ方法がとられていたことも重要である。担当省は、アドバイザーの能力要件を定めたうえで慎重に選抜し、必修の研修プログラムを立ち上げ、不適格の場合には再度採用することはしなかった。アドバイスチームは、一つのまとまりとして学校運営主体と学校に焦点を当て、積極的な参加という点で学校運営主体に強い要件を出していた。したがって、トップダウンとボトムアップの両方のアプローチがとられていたといえる。

第6節　南オーストラリア州における学習づくりのリーダーシップ

(スザンヌ・オーウェン)

6.1　背景と文脈

　2011年、南オーストラリア州教育・子ども発達省(Department for Education and Child Development, DECD) の管轄下で、七つの学校、就学前教育機関、早期学習センターが、OECDの「イノベーティブな学習環境(ILE)」プロジェクトに採用された。これらの組織は、イノベーションに関する重要な基準を満たしている。その後も、非常にイノベーティブだとしてさらに学校など八つの機関が担当省から指定を受けている。これら15の機関が、現在では、州全体での実践のイノベーティブなコミュニティと認められて活動している。またこの他にも、イノベーションをめざす文脈でグループに参加している組織がある。これらの組織は、出生時から第12学年に至るまでの就学とケアを網羅するものであり、「草の根」のイノベーションを掲げている。これらは、組織に属する子どものニーズ、異なる学習文脈やコミュニティの文脈にあるニーズを満たすよう、さまざまな期間を設定してイノベーティブなアプローチをとっている。

　このイノベーションはきわめて特殊なものであるが、教師、学習者、教科内容、財源、組織、教育学に関する中心的な要素やダイナミクスに関連するOECDの「イノベーティブな学習環境」プロジェクトと、主な特徴が一致している。イノベーティブな観点としては、(7年生の「おしゃべり」グループと10～12年生のチューターグループを採用するといったような) 多年齢グループに属す学習者や、教科横断的で深い学習経験につながる機会としての壮大なイメージや着想に富んだ疑問に答える教科がある。生徒それぞれの学習計画は、すべての組織で中心に位置づけられている。目標を立てる能力や従来からある物的空間もここに含まれることがある。これらは、対象となる習熟クラスや専

第5章 さまざまな学校制度にみる学習づくりのリーダーシップの開発アプローチ

門家のスキル形成に対する「キャンプファイアー」や、静かに省察するための「洞窟空間」へと組み換えられ、作り換えられてきた。専門家の学習チームは定期的に会合し、ともに計画を立て、ともに授業を行い、ともに評価するといったかたちを軸に協働している。このとき、生徒一人ひとりの進歩についてのデータや他の証拠も検討される。イノベーティブな組織は、専門家の学習チームのメンバー全員がリーダーシップのスキルを磨けるようにつとめている。これがイノベーティブな組織の中心的な特徴である。こういったスキルの獲得は、専門家としての学習のために時間や財源を割り当てることを通し、スクールリーダーや就学前教育機関のリーダーから支援されている。

これらのイノベーティブな学校や就学前教育機関は、中央集権による公立学校制度のなかである程度の自治権をもって活動している。この教育制度は、十分に統合された子どもの発達、教育や子どもの保護をめざすシステムという州政府の計画を達成するために目下大きな変化を遂げている。最近（2013年）では、出生時から第12学年に至る教育とケアの文脈で、この担当省が再編成されている。再編された省は、以前行われていた健康、家族、コミュニティに関するサービスを併せもつ。再デザインされた戦略——「もっと明るい未来（Brighter Futures）」（DECD, 2013）——では、文化、サービスの伝達実践、作業手順、役割、制度を変化させることに焦点を当てている。これにより、学力スタンダードの発展、健康と福祉のあり方の改善、家族ケアのさらなる支援、地方への対策を決定する際のコミュニティ内のさらなる協力、政策や実践形成での生徒の声の重視を確かなものにすることをめざしている。この活動を導く原理は、「持続可能な開発と継続的な改善の創出」「積極性に特徴づけられる文化の構築、そして解決策、創造性、イノベーションの発見」を含んでいる。地方のコミュニティに焦点を当てた就学前教育機関や学校のネットワークの立ち上げは、州全体での「もっと明るい未来」イニシアティブの主要な特徴として強調されている。

それゆえ、実践と専門家の学習のコミュニティのネットワークやコミュニティは、担当省の未来の方向を示す重要な側面である。イノベーティブな組織は

それぞれ、特定の生徒グループに焦点を当てた教師による専門家の学習コミュニティを活用し、アクション・リサーチを採用することに、すでに大きく踏み込んでいる。現在では、チームでの計画立案、授業の担当、評価の実施がなされ、専門家としての学習のアプローチとみなされている。これにより、教師の役割を、学習する進行役、教師という「協力者」、生徒との共同学習者といった役割へと教師自身が変えることができるのである。

6.2　リーダーシップのアプローチ

　各組織のレベルで専門家の学習を検討する際、文献で一般的に定義されるような専門家の学習コミュニティの性格が教師によって反映されていることが、ほとんどのDECD参加校でみられる（Haar, 2003; Vescio *et al.*, 2008; Darling-Hammond and Richardson, 2009; Scot *et al.*, 2011）。実際に、南オーストラリア州では、最近もイノベーションと専門家の学習コミュニティについての事例研究が推進されており、いくつかの中心テーマが設定されている。それは、共有された価値とビジョン、現在進行中の協働、実践活動や生徒の学習成果につながる協力、支援的で共有されたリーダーシップ、教師の共同研究と協働学習といったものである（Owen, 2012）。敬意と信頼を勝ちとり、ビジョンと言語を共有することをめざして同僚と一緒に進めてゆく専門家の学習は、この作業の決定的な側面だとされている。これは、次に示すリーダーのコメントに象徴的に現れている。

　　私たちは学校全体のイノベーションや変化について語っているのであり、ここでは改善に焦点を当てている。君が同じ言葉を話し、同じビジョンを共有する人々に出会えない限りは、これを達成することはできない。……互いに信頼しあい、尊敬しあっている人々、変化の方法を模索し続ける人々に出会えない限りは。……君はこれを一人で行うこともできない。ひどく疎外され、脅かされることになる。……［それは］専門家の学習に対するアプローチのすべて、すなわち基本

第5章 さまざまな学校制度にみる学習づくりのリーダーシップの開発アプローチ

線としての専門家の学習コミュニティに対するアプローチのすべてを構成すること［を含んでいる］。(Owen, 2012, Leader Interview 1)

DECD主導のイノベーション・ワークショップでは、イノベーションのための実践ダイアグラム・モデルのリーダーシップとコミュニティを幾度か用いてきた。図5.6ではこのアプローチの概略を示している。

図5.6 教育・子ども発達省（DECD）の教育イノベーション

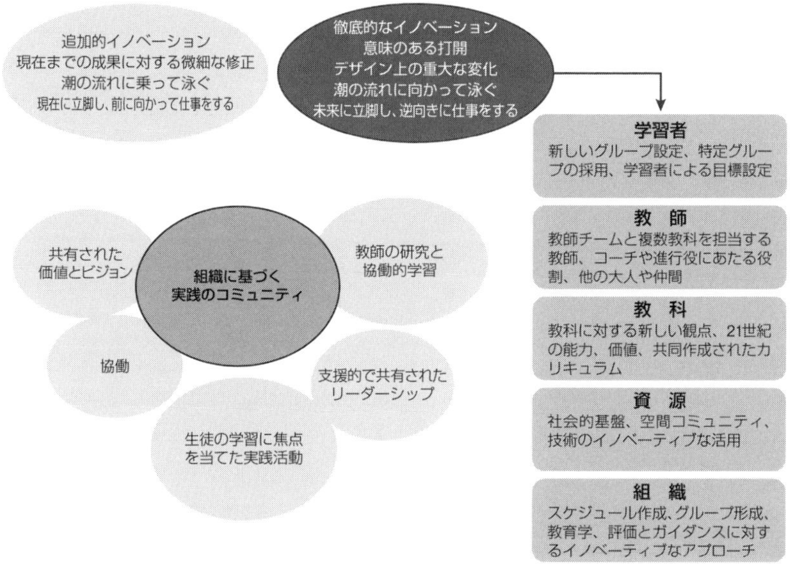

南オーストラリア州におけるイノベーティブな教育機関を取り上げた事例研究（Owen, 2012）では、専門家の学習チームのメンバーと校長の両者が貢献するリーダーシップの重要性が強調されている。そこでは、改革の協議事項に取り組む際、スタッフがもつアイディアを真の「草の根」として価値づけることを論じている。これは、以下の学校資料に反映されている。

243

カリキュラムや教育的実践に対しては、一人のスタッフとして強い所有意識をもっている。……その所有権は、チームとしてつくりあげ、発展させ続けるスタッフにかかっている。……我々は改革の文化、学校の哲学に対する高い期待や参画のありようを集団で展開させてきた。……共有されたリーダーシップでは、生徒が学習成果を向上させることによって得られる学校の成功に対してスタッフがもっている所有権が強化される。……すべてのスタッフが指導力をもち、それによって相互の信頼感が高まるなら、イニシアティブはより効果的に、そしてさらなる支援を得て進歩することができる。(OECD, 2012, School B, supplementary information: 8)

　専門家の学習チームを支援するときのスクールリーダーの役割は、過大評価されることはない。チームで共に働き、特定の生徒グループに焦点を当て、他人の学習にリーダーシップと責任を共有する教師は、リーダーから支援を受ける必要がある。リーダーは、実現されるべき専門家の学習に時間や知見を提供するのみならず、「仕事をするレベルに向かって互いに挑戦できる配分的構造」をもつチームの立ち上げを支えることのできる人物である（Owen, 2012, Leader Interview 3)。こういった支援的リーダーシップの多くの事例は、南オーストラリア州のイノベーションに関する事例研究で取り上げられた参加校に見ることができる。

6.3　実践のコミュニティを通した主導的イノベーション

　各学校や就学前教育機関でのイノベーションや、そこで支援を受けてイノベーションに取り組む専門家の学習コミュニティを超え、南オーストラリア州の公立学校制度でのイノベーティブな学校の活動は、担当省の中央部局にある小グループから支援を受けてきた。この協働的な活動の焦点は、学校や就学前教育機関全体での幅広いイノベーションに「契機をつくり」続けてきたのである。この活動では、会議やワークショップ、イノベーションについてのウェブサイ

第5章　さまざまな学校制度にみる学習づくりのリーダーシップの開発アプローチ

ト、イノベーティブな校長が助言を行うパートタイムでの支援、学術的な支援を伴う実践者向けの研究奨学金、イノベーションについてのニュースレターなど、さまざまな戦略が採用されている。

　協働的なシステムをもつ活動の大半は、DECDの実践イノベーション・コミュニティ（CoP）によって実施されている。CoPには、指定された15のイノベーティブな組織から選ばれた約30人が参加している（ただし、その後もさらに組織が加わることになり、2013年には拡大している）。参加者は通常、各学期に一度開かれる、直接顔を合わせる会合に参加する。ここでは、実践情報、アイディアの共有、生じつつある論点や機会についての議論、将来の仕事や催しを計画するための協働が目的とされている。参加者はまた、アドバイスをしたり、さらなる展開や可能な制度の立ち上げをめざすイノベーションに関連した政策の方向性を推奨する。遠距離という問題があるために、eメールや他のコミュニケーション手段も用いられ、参加しやすさがめざされている。会合はもちまわりで開催され、すべてのイノベーティブな組織が会場となる機会をもつよう設定されている。ここでは、移動旅行が企画され、開催を担当する組織がもつイノベーティブな哲学について参加者は最新情報を得る。2011年から2012年にかけて、CoPは、400人近い参加者とともに、他の学校を対象に、州のイノベーションの日に関する一連の行事を協働で開催した。これらの組織はまた、イノベーティブな活動についての実践研究を請け負ってもいる。ここには、学術的な支援や、プロジェクトのウェブサイト（*www.innovations.sa.edu.au*）、イノベーションに関するニュースレターに対して協働で開発し取り組んできた研究報告や他の資料も含まれる。

　会議、ニュースレター、ウェブサイトなどといった幅広い実践や活動のコミュニティは、活動を広めるための「実践、協力、関心」モデルの「入れ子構造コミュニティ」をきっちりと反映している。この概要は、グローバルな教育リーダーのプログラム（GELP）の出版物『教育を再デザインする（*Redesigning Education*）』（GELP, 2013）で述べられている。このアプローチでは、第一の採用者が、「構造化され、支援を受け、促進された」実践のコミュニティで協

働し、「研究と知識を共有し、専門分野のイノベーションの方法を活用するために協働し、関連するパートナーの実践を模倣し、障害物や障壁について相互に学ぶ」。実践モデルの入れ子構造コミュニティは、DECDのCoPで明確に証拠づけられており、「関心のコミュニティ」によって外堀を埋められている。「関心のコミュニティ」は、改革をめざす事例に関心を寄せ、ニュースレター、ウェブサイト、会議やワークショップなど有益なものから改革の展開について情報を取り続けたいと思う人々や組織によって構成されている。さらに、GELPの出版物で述べられたように、「関心のコミュニティ」はそもそも、実践のコミュニティで進行中の活動を享受している。「イノベーションを行う人々が全体としての制度のために行動するよう権威づけられていたり正当性を得ているとき、入れ子構造のモデルは最も効果的なものとなる」（GELP, 2013, pp.97-98）。

　2013年半ばに着手された焦点の一つは、きわめてイノベーティブな多くの学校を対象に特別に計画された「イノベーションの探究」という訪問プログラムである。このプログラムは、CoPのメンバーによって計画されており、イノベーションの影響があるという証拠を示すために実践者のアクション・リサーチが出した知見を活用している。「イノベーションの探究」による訪問と、実践者のアクション・リサーチのプロジェクトは、担当省のイノベーション・チームの協働である（これには、少額だが助成金を得て大学の学術的メンターから支援を受けた実践家としても活動する研究者が帯同している）。「イノベーションの探究」においては、他の学校や就学前教育機関をリーダーや教師がチームで訪問することが勧められている。イノベーティブな実践の広がりは、訪問の際に見られる態度の変化の追跡と、自身の学校でのイノベーティブな実践のモニタリングを通して検討されることになっている。訪問調査は、登録した時期と、その後6か月ごとに実施される。これにより、自身の展望や経験について、そしてまた個別の文脈でのイノベーションの進展について、データを集めたり共有したりできるようになるとみなされる。

　イノベーションの文化を立ち上げる制度はさらに、イノベーションが起こり

第5章 さまざまな学校制度にみる学習づくりのリーダーシップの開発アプローチ

つつある10から12の組織に対し、実践者の研究に小さな助成金を与えることにつながっている。ここには、新たに着手された一群のネットワークが含まれる。助成金は、DECDの公立学校制度、就学やケアのすべてのレベルに取得の可能性が開かれている。12か月以上にわたる大学とのパートナーシップ協定では、イノベーションを起こしつつあるこれらの組織が、研究計画を展開させる際に先行研究に関する研修や支援を通し、また信頼できる研究者に助言を仰げるよう、支援を受けている。他にも、研究過程で特定の問題に関して追加の研究の時間を得るという支援を受けている。その後、さまざまな催しでの成果発表や進捗報告が求められている。大部の報告書、ポスターやパワーポイントを用いた発表など、最終報告の形態には選択肢があるが、そこでは基礎的な研究報告の要点（研究の背景、研究方法、知見、結論、参考文献）がおさえられていなければならない。これらの学校と就学前教育機関は、現行の実践イノベーション・コミュニティに積極的なメンバーとしても加わっている。

実践イノベーション・コミュニティの報告書上の議論から生まれ、創造的リーダーシップセンターからの資料（CCL, 2009）で確認された主要な論点は、論理、演繹的推論、結果の正誤に焦点化する思考、戦略的変更、マネジメントに対してよくとられる伝統的アプローチから一歩進んで、イノベーティブなリーダーシップを展開させるというものである。リーダーシップのモデルでは、複合的な展望へと主導すること、斬新な視角を得るために個人の経験を考慮すること、注意を払って深く理解すること、真剣なやり取りに参加すること、そして実際に試してから洞察を生み出すことに焦点を当てる必要がある。協働と多様な視点の包摂は、主要な側面をなす。

CoPの参加者は、自分がかかわる組織から飛びだして協働し、システムレベルで就学の性格を変化させることに貢献し、大規模校や小規模校の状況から互いに学び、独自の文脈で進行している活動を支持することを、コミュニティに参加する中心的な利点だとみなしている。

他のリーダーが「ぜひやろう」と確信するためには、そして自分の文脈にかなった草の根のイノベーションに着手するためには、州全体での実践イノベー

ション・コミュニティが重要である。CoPの存在は、イノベーションが教育制度のなかで起こることを承認したものだとみなされてもいる。一人のCoPのメンバーが報告書の議論のなかで示している。「このグループは存在している。そして我々はこれが今後も確実に存在し続けてほしいと願っている。……［我々は］このグループに先導するような力をもっていてほしいのである」。参加した多くの学校や就学前教育機関は、草の根レベルできわめてイノベーティブであることを自覚していた。しかし、この取り組みでは、実践のコミュニティのなかで複数システムをとるアプローチの一部であることに利点があり、OECDのイノベーティブな活動に接続する重要性が認められているのである。

　州全体で実施されているDECDの実践イノベーション・コミュニティの他の利点は、イノベーションを起こす各リーダーが、「規則を曲げ」たり、地域の学校や就学前教育機関で規律的なイノベーションを試みる作業に、合法的に関与するということである。システムの再構築や再デザインという大きなプログラムにおいては、これらのイノベーティブな学校は、生徒の学習と、試行したイノベーティブなアプローチの安定性に対する影響に関する証拠を示すことができる。それによってシステム全体が前進する助けとなるのである。

　以上、現在の南オーストラリア州の文脈を取り上げ、持続的な開発と継続的な改善に焦点を当てているDECDの「もっと明るい未来」の方向性を検討してきた。この事例では、解決策、創造性、イノベーションのあり方によって特徴づけられる肯定的な文化をつくりあげている。このもとでは、確かに実践イノベーション・コミュニティにとって一つの役割があり、担当部局全体の再デザインを構成するさまざまなプロジェクトに影響を与えている。特に古い構造や作業手順に代わり、新しいネットワークと関係、そしてつながりがつくられるときに、イノベーションを必ずどこかで起こす必要がある。現在進行中ながら拡大している実践イノベーション・コミュニティを通して、各組織のリーダーやそのコミュニティは、経験を活用し、協働的に仕事をするよう促すことができる。これにより、将来の方向性を共有し、新しい部門がこの仕事の有力な側面としてイノベーションを備えているのだと実感できるようになる。

第7節　システムレベルのイノベーションをめざす学習づくりのリーダーシップ：イスラエルの場合

（ドリト・トゥービン）

7.1　システムレベルで成功する学習づくりのリーダーシップの要件

　学習づくりのリーダーシップは、教室内外の学習環境の改善という共通目標を達成することをめざして他者に影響を与える能力として、便宜的にとらえることができる。この定義には、学習づくりのリーダーシップが大成功を収めるための前提条件となる四つの要素が含まれる。すなわち、1）社会的地位、2）共通目標を選択しビジョンを展開させる力、3）他者に影響を与え、構造をつくりだす力、4）評価しフィードバックを提供する力である。

社会的地位

　イノベーティブな学習改革を大規模にすすめるには、卓越した社会組織のなかで大きな権威をもった地位につくことが必要である。社会的地位はフォーマルな権威（教育省）、専門家（大学）、経済資本・社会関係資本（民間組織、非営利組織）やこれらの組み合わせに基づいていることが多い。

　そのため、教育省には、価値と構造を理解し、改革に影響を及ぼすために必要な社会的地位が与えられている。しかし、官僚制としての公教育システムを見てみると、頂点にごく少数の指導者がいるだけであり、そこにはイノベーションをめざす人々などほとんどいない。このため、改革を先導し、推進しようとする人はたいてい孤独で、せいぜい小さな先導チームをもつことがたまにある程度である。高い地位からは、システムのもつ価値や構造についてよく理解しているリーダーが生まれる。また、その地位には、イノベーションの機会を追求できる力、規則を変え、財源を割り当て、イノベーティブな学習改革を実

施できる力までもが付与される。

共通目標を選択しビジョンを展開させる力

　共通目標は、21世紀の学習スキルを促進しているかどうか、また不平等や格差を縮小しているかどうか、すべての子どもの可能性を実現しているかどうかという点で、教育システムがもつ多くの社会的協議事項や目標の一部としてイノベーティブな学習改革に根拠を与えるものである。共通目標は、本質的で主要な課題を掲げるものでなくてはならない。こうして、共通目標は正当性を担保し、時間、資金、必要な専門家への投資をめぐる利害関係者の支援を行う改革にとって象徴となるのである。

　共通目標は、教育ビジョンに翻訳されなければならない。これにより、不満が噴出している現在の学習状況を抜けだし、多くを約束する未来に向かう「道路地図」が提示される。このビジョンは、パートナーや同伴者にとって魅力的なものでなくてはならない。そして、イノベーティブな学習に向けた改革の重要性を説明するために、動機づけ、提案された方法、ナラティブを提供すべきでもある。このビジョンは、「改善」「学習」「環境」といった概念に意味を与える。これらの概念は将来的なパートナーに理解され、またそのパートナーにとって魅力的で必要とされる文脈や関連性を提示する。このビジョンは、水準点を示し、実施の程度に対する評価基準に示唆を与える。こういったビジョンが欠けてしまうと、実施するにも回路が多すぎ、空虚なレトリックが大量発生し、将来の改革において不信さえ生みかねない。

他者に影響を与え、構造をつくりだす力

　他者に影響を与えるためには、対象となる聞き手に届くコミュニケーションの多様な回路（たとえば、直接顔を合わせる会合、講義、メディア、インターネットのサービス）を適切な時間と場所で活用する力がリーダーシップに備わっていなければならない。同様に、他者がその教育ビジョンのなかで変化するよう動機づけるために、ビジョンに着想を与えたり、特別な財源、賞与と報奨

第5章　さまざまな学校制度にみる学習づくりのリーダーシップの開発アプローチ

のシステムといったさまざまな方法を活用できる力も重要である。

　イノベーティブな学習環境を拡大するには、リーダーシップは、民衆、役割、課題、財源、知識、情報通信技術（ICT）に向けた特定の構造や青写真をつくりださねばならない。これらが改革目標を支えることになる。リーダーシップからは、ある方法で特定の構造を実現するために必要な財源とその入手手段が提供されなければならない。こうして、同じ種類のイノベーティブな学習環境が、さまざまな場所で同じように生まれるのである。リーダーシップはまた、教育制度内外のさまざまなレベルで、さまざまな利害関係者と協働してゆかねばならない。そして、権限を与えなければならないし、専門家のチームを横断して協力関係をつくるためにリーダーシップを配分しなければならない。

評価とフィードバック

　イノベーティブな学習をめざす大規模で持続的な改革には、学習ネットワークが必要である。この学習ネットワークは、まさに学習の構造に内在し、学習づくりのリーダーシップによって促進され、システム全体にわたる参加者が体験するイノベーションの現場で起こっている学習に関して情報を提供する。学習ネットワークにより、参加者間で情報を循環させながら学び合うことができる。その結果、成功が導かれ、失敗を繰り返すことが減っている。

　リーダーシップは、第一に、情報をシステムのなかできちんと循環させる。第二に、ビジョンを洗練させ、評価の基準を決めるためにリーダーシップが活用されていることを証明する。ここでは、アカウンタビリティを果たす報告書に対する成果を活用し、イノベーティブな学習の目標に対する成果を再接続している。評価から導かれた成果は、すべてのレベルのリーダー（教師、校長、高級官僚、利害関係者）が学習環境をデザインし直すことにつながる。また、学習者に好意的なフィードバックを行うこと、自覚によってリーダーシップの能力を向上させることにもつながる。

　ここでいう自覚とは、他者に影響を与えてゆくときの価値、動機、効果を理解するためのさまざまなリーダーシップの位置どりのなかで自覚する能力のこ

とをいう。これによりリーダーは、研究、省察、経験を通した学習能力を高めることができる。したがって、イノベーティブな学習環境を広める改革は、最終利用者——生徒や教師——だけでなくリーダー自身にも資するものとなっている。こういった自覚をできる限り多くの参加者に広めてゆくには、専門家の学習コミュニティ、ワークショップ、研修、会議と学術研究といった、さまざまな方法が必要となる。

7.2 具体的事例

　教育省の実験・起業局による事例は、イスラエルにおいて、イノベーティブな学習を導き、広めていった最も特徴的な事例である。これは、1996年に教育分野で始まった改革とイニシアティブを支援するために着手され、教育システム内で支援を受けてきた。このイニシアティブは、進歩の学習、動機の強化、オルタナティブな教授や学習方法の展開、イノベーティブな学習環境のデザインをはじめ、さまざまな観点で教育の改善に取り組んでいる。対象者は、幼稚園から高等教育までの教育機関に属する学習者と教師である。中心的なアイディアは、現在と未来の課題に向けて採用されるべきイノベーティブな教育モデルを特定し展開させるというものである。これは、イスラエルの教育政策を形作るための着想を生むことにつながる。この方法で、実験・起業局はイスラエルの教育を構想し、改善する作業に教育者を巻き込むよう呼びかけている。

　実験・起業局は、教育省の一部局である。その中心的なパートナーは、イスラエルの教育システム全体にわたる、幼稚園から学校、教員養成所から大学に至る教育機関である。生徒の学習を促進するためにデザインされた教育イニシアティブを展開させ、応用させることに関心をもつ組織は、軒並み、実験・起業局にアプローチするよう呼びかけられ、イニシアティブの最初の5年間はこの局の支援を受けて実践を行った。

　実験・起業局の主な活動は、作業場所が多岐にわたっており、学習者、教師、そしてコミュニティのために作業場所を展開できるビジョンをもった教育者が

第5章　さまざまな学校制度にみる学習づくりのリーダーシップの開発アプローチ

誰かを調べることである。これは、5年をかけて調査される。5年の間、起業家は夢の実現に向けて動いていることをモニタリングされ、その組織がもつイノベーションの持続可能性が検討され、日常的な教育過程への融合のあり方が評価される。実験・起業局は、イニシアティブやその融合のための支援、研修、研究開発（R&D）のツールを提供する。このとき、（イニシアティブが実施され応用される）組織、（支援を行う）部局、（イニシアティブと選択された領域での調査研究をとりむすぶ）学術アドバイザーの間で継続的な対話が行われる。

　5年の間に、学校内で大きく展開した視野に照らしてイノベーティブなイニシアティブを応用することが組織には求められる。その際、担当部局のアドバイザーと学術上のアドバイザーが一つひとつ援助する。5年が経過した時点で、学校には実験報告書を書くことが求められる。報告書では、実験の理論、プロセスと成果が詳細にまとめられる。特筆すべき成功を収めた学校は普及センターとなり、そこに勤務する教師が同様のイノベーションを展開させることに関心をもつ他の学校の教師を指導する。これは、イニシアティブに後から合流する学校のみならず、イノベーティブなイニシアティブで指導を担当する教師にとっても利点となり、成長につながる。これを達成するために、担当部局は五つの主要領域で作業を行っている。この領域とは、イノベーティブな教育イニシアティブのR&Dを促進するもの、実験への応募と要望を検討するもの、教育機関での研修とイノベーションの普及をモニタリングするもの、実験の過程で蓄積された知識の記録やマネジメントを推進するもの、教育システムを通して実験の成果を広めるものの五つである。

　毎年、15の組織が新たにこの部局に加わっている。その一方で、他の15の組織は、5年の実験期間を終え、独立して活動を始めている。毎年、80の実験校が部局の支援のもとで実験に取り組んでいる。この複雑なシステムは、計画上求められているように、部局のディレクターと秘書、つまり教育省チームを擁している。そして、年間延べ40日に及ぶ研修では指導主事が学校と協働し、実験に参加する学校一校につき0.5人分の教員ポストが与えられる。加えて、地域の教育担当局は、実験に参加する組織と一緒に活動する学術アドバイザー

に予算を付け、物的環境や実験に必要な機材を提供している。

　時間はかかったものの、担当部局は、実験校と共同して複数の方向で発展を遂げた。さらに多くの学校が実験に加わり、実験とイニシアティブのモニタリングと評価を合理化した。担当部局は、特別教育学校の進歩やコミュニティ活動といった付加的活動の分野にも展開していった。最終的に、担当部局のスタッフとその活動方法はこれまで以上に特定の対象に特化し、専門的になっている。

　この部局にとっての課題は制度化であった。制度化は、教育省内や教育機関のなかで、絶えず創意に富み、イノベーティブなものであり続けた。開始時点ではごく少数の学校を擁していたにすぎないこの部局は、近年では150校を擁するに至った。

　この活動領域においてすら、この部局の成功はスクールリーダーシップに依拠してきた。財源はほとんどないものの直観と動機は十分あったので、校長とそのスタッフは、有意味で多様性に富んだ学習環境の展開をめざして学校を導いている。かれらはまた、実験について論じた書籍でその理論を書き、展開させており、普及センターを立ち上げることも多々ある。こうして、学校にとどまらず、コミュニティ全体も参入してくる。この部局への参加がまず名声となる。また、参加によって、イノベーションを行う人々を支援するグループが孤立状況を打開し、詳細な方法でイノベーションのリスクをマネジメントする重要なコミュニティとなる手助けをすることができる。さらに、参加することで、イスラエルの教育システムに影響を与える。

　教育イニシアティブへの参加と開発には、学校から多くの関心が寄せられた。しかし、予算上の制約により、毎年の採用数は限られている。参加校の数のみならず、成功したイニシアティブを改善し深めることでも、成功したかどうかが判断される。5年を過ぎてこの部局を離れることが、時には実験に衝撃を与え、後退するようにみえることもある。

　システム内のもっと高次のリーダーシップに目を向け、教育省実験・起業局の代表がとる役割を認識することが重要である。代表は、イスラエルのシステムの将来のために基本目標として教育のイノベーションと教育学上の実験を選

第5章　さまざまな学校制度にみる学習づくりのリーダーシップの開発アプローチ

択し、それを利害関係者の想像力を刺激するビジョンへと洗練させるようマネジメントしている。成功を収めた校長、カリスマ的リーダーシップのスタイル、意思決定者を説得する能力といったこれまでの経験に基づき、実験・起業局の代表は1996年に部局を立ち上げた。フォーマルな調整についての深い知識と組織管理上の要請を行った経験から、この部局のコントロール、支援、ガイダンスのもとでイノベーティブな環境を体験する人々や財源、組織の適切なネットワークがつくられた。こうして代表は、システム全体でのイノベーティブな学習環境をめざす改革にとって四つの必要十分条件の実現も導いたのである。

　本節の冒頭で概説した学習づくりのリーダーシップを支える四つの条件からは、いくつかの示唆が得られる。第一に、これらの条件はさまざまな文脈やレベルに合わせて調整されるため、文化横断的な比較が可能になる。第二に、学習づくりのリーダーシップの力を組みあげて学習のイノベーションをめざす改革を成功させるために必要な条件について、意思決定者に情報を提供できる。最後に、機能しているものは何か、すでに進行しているイノベーションをめざす改革にどのような欠落があるかを発見する診断ツールとしてこれらの条件が作用し、その結果、投資された努力や財源が参加者の学習をうまく改善することになる。主な課題は、システムへの関心を誰がもっているか（地方、自治体、国のレベルなど）という点にあり、これらシステムの代表が学習リーダーの役割を引き受けるべきである。これらの代表は、権威ある地位をもち、教育イニシアティブに乗りだし、持続的で成功する大規模なイノベーティブな学習の実現に向けて先導することになる。

註
1. ローサー・サラヴァート教育学博士は、ニューヨーク市公立学校の元学校担当最高責任者である。氏の洞察はこの経験に基づく独自のものである。また、サラヴァート氏は、スペイン・カタルーニャ州でアドバイザーとして活発に活動しており、ハウメ・ボフィル財団（第6章参照）での「イノベーティブな学習環境」プロジェクトの参加者である。

2. 戦略的研究開発部門代表、「イノベーティブな学習環境」プロジェクト座長。
3. 質的状況ツールは以下のとおり：*www.udir.no/Upload/skoleutvikling/ Stastedsanalysen/Om%20st%c3%a5stedsanalysen.pdf?epslanguage=no*
また、組織分析のツールは以下のとおり：*www.udir.no/Utvikling/Verktoy-for-skoleutviklinganalyser/Organisasjonsanalysen/*

参考文献

Barth, R.S. (2000), "Foreword", in P.J. Wald and M. Castleberry (ed.), *Educators as Learners: Establishing a Professional Learning Community in Your School*, ASCD (Association for Supervision and Curriculum Development), Alexandria, VA.

Berliner, D.C. (2008), "Research, policy, and practice: The great disconnect", in S.D. Lapan and M.T. Quartaroli (eds.), *Research Essentials: An Introduction to Designs and Practices*, Jossey-Bass, Hoboken, NJ, 295-325.

CCL (2009), *Innovation Leadership: How to Use Innovation to Lead Effectively, Work Collaboratively and Drive Results*, CCL (Center for Creative Leadership), Greensboro, NC, *www.ccl.org/leadership/pdf/research/InnovationLeadership.pdf*.

Darling-Hammond, L. and N. Richardson (2009), "Research review / teacher learning: What matters?", *Educational Leadership* 66 (5), 46-53.

DECD (2013), *Brighter Futures*, DECD (Department for Education and Child Development), Adelaide.

DuFour, R. (2002), "The learning-centered principal", *Educational Leadership*, 59 (8), 12-15.

DuFour, R. and R. Eaker (1998), *Professional Learning Communities at Work: Best Practices for Enhancing Student Achievement*, Solution Tree, Bloomington, IN.

Dumont, H., D. Istance and F. Benavides (eds.) (2010), *The Nature of Learning: Using Research to Inspire Practice*, OECD Publishing, Paris. *http://dx.doi.org/ 10.1787/9789264086487-en*.（『学習の本質：研究の活用から実践へ』OECD教育研究革新センター編著、立田慶裕監訳、佐藤智子［ほか］訳、明石書店、2013年）

Earl, L.M. (2013), *Assessment as Learning: Using Classroom Assessment to Maximize Student Learning*, 2nd edition, Corwin Press, Thousand Oaks, CA.

GELP (Global Education Leaders' Program) (2013), *Redesigning Education: Shaping Learning Systems Around the Globe*, Booktrope Editions, Seattle.

Grenness, T. (2012), "Will the 'Scandinavian leadership model' survive the forces

of globalization?", *Magma*, 4.
Halbert, J. and L. Kaser (2013), *Spirals of Inquiry: For Quality and Equity*, BCPVPA (British Columbia Principals' and Vice-Principals' Association) Press, Vancouver.
Haar, J.M. (2003), "Providing professional development and team approaches to guidance", *Rural Educator*, 25 (1), 30-35.
Hofstede, G. (2001), *Culture's Consequences: Comparing Values, Behaviors, Institutions and Organizations across Nations*, 2nd edition. Sage, Thousand Oaks, CA.
Huber, S. (Ed.) (2010), *School Leadership: International Perspectives*, Dordrecht: Springer.
Hybertsen Lysø, I. et al. (2012a), *Ledet til Ledelse* (Towards Leadership), Leadership Education Programme Evaluation Report 1, NTNU (Norwegian University of Science and Technology), Norway.
Hybertsen Lysø, I. et al. (2012b), *Ledet til Lederutvikling* (Towards Leadership Development), Leadership Education Programme, Evaluation Report 2, NTNU, Norway.
Istance, D., F. Benavides and H. Dumont (2008), "The search for innovative learning environments", in *Innovating to Learn, Learning to Innovate*, OECD Publishing, Paris. http://dx.doi.org/ 10.1787/9789264047983-3-en.
Kahlhammer, M. (2012), *Lernateliers als Professionelle Lerngemeinschaften.Die Wahrnehmungen und Einschätzungen der beteiligten Lerndesigner zur eigenen, gemeinsamen und systemischen Professionalisierung im Rahmen von Lernateliers der Entwicklungsbegleitung der Neuen Mittelschule* (Qualification programmes [Lernateliers] as professional learning communities. The perception and evaluation of all participating Learndesigners in terms of their individual, joint and systemic professionalisation in the framework of the "Lernateliers" as part of the development support for the New Middle School), Master thesis Pädagogische Hochschule St. Gallen.
Kaser, L and J. Halbert (2009), *Leadership Mindsets: Innovation and Learning in the Transformation of Schools*, Routledge, London.
Leithwood, K., K. Seashore, S. Anderson and K. Wahlstrom (2004), *How Leadership Influences Student Learning*, Center for Applied Research and Educational Improvement, Ontario Institute for Studies in Education, Toronto.
Lortie, D.C. (1975), *Schoolteacher: A Sociological Study*, University of Chicago Press, Chicago.

Marzano, R.J.（2003）, *What Works in Schools: Translating Research into Action*, ASCD, Alexandria, VA.

MacBeath, J. and Y.C. Cheng（eds.）（2008）, *Leadership for Learning: International Perspectives*, Sense Publishers, Rotterdam.

Mintzberg, H.（2011）, "From management development to organization development with IM*pact*", *OD Practitioner*, 43（3）, 25-29.

Mintzberg, H.（2009）, *Managing*, FT Prentice Hall, Harlow, Essex.（『マネジャーの実像：「管理職」はなぜ仕事に追われているのか』ヘンリー・ミンツバーグ著、池村千秋訳、日経BP社、日経BPマーケティング（発売）、2011年）

Norwegian Directorate for Education and Training（2013）, *Evaluation of The Advisory Team*, Norwegian Directorate for Education and Training, Oslo, *www.udir.no/Upload/Rapporter/2013/veilederkorps_del.pdf?epslanguage=no*.

Norwegian Directorate for Education and Training（2012）, *Leadership in Schools: What is Required and Expected of a Principal*, Norwegian Directorate for Education and Training, Oslo.

Norwegian Directorate for Education and Training（2008）, *Head Teacher Competence: Expectations and Demands*, Core document and point of departure for announcement of tender, Norwegian Directorate for Education and Training, Oslo.

NYSED（2011）, "New York State p-12 Common Core Learning Standards for English Language, Arts & Literacy", New York State Education Department, New York.

OECD（2013a）, *Innovative Learning Environments 2013*, OECD Publishing, Paris. *http://dx.doi.org/10.1787/9789264203488-en*.

OECD（2013b）, *Trends Shaping Education 2013*, OECD Publishing, Paris. *http://dx.doi.org/10.1787/trends_edu-2013-en*.

OECD（2012）, Universe Cases, *www.oecd.org/edu/ceri/universecases.htm*（accessed 6 October 2012）.

OECD（2010）, *Trends Shaping Education 2010*, OECD Publishing, Paris. *http://dx.doi.org/10.1787/trends_edu-2010-en*.（『教育のトレンド2：図表でみる世界の潮流と教育の課題』OECD教育研究革新センター編著、立田慶裕監訳、宮田緑訳、明石書店、2011年）

OECD（2009）, *Creating Effective Teaching and Learning Environments: First Results from TALIS*, OECD Publishing, Paris. *http://dx.doi.org/10.1787/9789264068780-en*.（『OECD教員白書：効果的な教育実践と学習環境をつくる＜第1回OECD国際教員指導環境調査（TALIS）報告書＞』OECD編著、斎藤

第5章 さまざまな学校制度にみる学習づくりのリーダーシップの開発アプローチ

里美監訳、木下江美, 布川あゆみ, 本田伊克, 山本宏樹訳、明石書店、2012年)

OECD (2008), *Improving School Leadership, Volume 1, Policy and Practice*, OECD Publishing, Paris. *http://dx.doi.org/10.1787/9789264044715-en*. (『スクールリーダーシップ：教職改革のための政策と実践』OECD編著、有本昌弘監訳、多々納誠子, 小熊利江訳、明石書店、2009年)

Owen, S. (2012), " 'Fertile questions,' 'multi-age groupings', 'campfires' and 'master classes' for specialist skill-building: Innovative Learning Environments and support professional learning or 'teacher engagers' within South Australian and international contexts", Peer-reviewed paper presented at World Education Research Association (WERA) Focal meeting within Australian Association for Research in Education (AARE) conference, 2-6 December, University of Sydney, Australia, *www.aare.edu.au/papers/2012/Susanne%20Owen%20Paper.pdf*.

Robinson, V. (2011), *Student-Centered Leadership*, Jossey-Bass, San Francisco.

Schein, E.H. (2009), *Helping: How to Offer, Give and Receive Help*, Berrett-Koehler Publishers, San Francisco. (『人を助けるとはどういうことか：本当の協力関係をつくる7つの原則』エドガー・H・シャイン著、金井真弓訳、英治出版、2011年)

Schein, E.H. (1998), *Process Consultation Revisited*, Addison-Wesley, Reading MA. (『プロセス・コンサルテーション：援助関係を築くこと』E.H.シャイン著、稲葉元吉, 尾川丈一訳、白桃書房、2002年)

Schratz, M. (2009), "Lernseits" von Unterricht. Alte Muster, neue Lebenswelten – was für Schulen? "(Learning beyond teaching: old patterns, new life-worlds – what kind of schools?), *Lernende Schule*, 12 (46-47), 16-21.

Schratz, M, J.F. Schwarz and T. Westfall-Greiter (2012), *Lernen als bildende Erfahrung: Vignetten in der Praxisforschung* (Learning as educational experience: Vignettes in action research), Studienverlag, Innsbruck.

Schratz, M. and T. Westfall-Greiter (2010), *Schulqualität sichern und weiterentwickeln* (Safeguarding and developing school quality), Kallmeyer, Seelze.

Schrittesser, I. (2004), "Professional communities: Mögliche Beiträge der Gruppendynamik zur Entwicklung professionalisierten Handelns" (Professional communities: Potential contributions of group dynamics for the development of professionalised practice), in B. Hackl and G.H. Neuweg (eds.), *Zur Professionalisierung pädagogischen Handelns* (Towards professionalising pedagogical practice), LIT-Verlag, Münster, 131-150.

Scott, A., P. Clarkson and A. McDonough (2011), "Fostering professional learning communities beyond school boundaries", *Australian Journal of Teacher Education* 36 (6), http://ro.ecu.edu.au/ajte/vol36/iss6/5 (accessed 6 October, 2012).

Senge, P. (2006), *The Fifth Discipline: The Art and Practice of the Learning Organization*, 2nd edition, Doubleday, New York. (『最強組織の法則：新時代のチームワークとは何か』ピーター・M・センゲ著、守部信之［ほか］訳、徳間書店、1995年)

Talbert, J. and N. Scharff (2008), *The Scaffolded Apprenticeship Model of School Improvement through Leadership Development*, Center for Research on the Context of Teaching, Stanford University, California.

Teacher Leadership Exploratory Consortium (2011), *Teacher Leader Model Standards*, Teacher Leadership Exploratory Consortium, www.teacherleaderstandards.org/downloads/TLS_Brochure_sm.pdf.

Tomlinson, C.A. (2003), *Fulfilling the Promise of the Differentiated Classroom: Strategies and Tools for Responsive Teaching*, ASCD, Alexandria, VA.

Tomlinson, C.A. and M. Imbeau (2010), *Leading and Managing a Differentiated Classroom*, ASCD, Alexandria, VA.

Tomlinson, C.A. and J. McTighe (2006), *Integrating Differentiated Instruction and Understanding by Design: Connecting Content and Kids*, ASCD, Alexandria, VA.

Vescio, V., D. Ross and A. Adams (2008), "A review of research on the impact of professional learning communities on teaching practice and student learning", *Teaching and Teacher Education* 24, 80-91.

Westfall-Greiter, T. and C. Hofbauer (2010), "Shared leadership setzt teacher leaders voraus: Lerndesigner/innen im Feld der Neuen Mittelschule" (Shared leadership requires teacher leaders: Learn designers in the New Secondary School), *Journal für Schulentwicklung*, 4 (10), 8-15.

Whitmore, J. (2009), *Coaching for Performance: Growing Human Potential and Purpose – The Principles and Practice of Coaching and Leadership*, 4th edition, Nicholas Brealey Publishing, Boston. (『はじめのコーチング：本物の「やる気」を引き出すコミュニケーションスキル』ジョン・ウィットモア著、清川幸美訳、ソフトバンクパブリッシング、2003年)

Wiggins, G. (1998), *Educative Assessment: Designing Assessments to Inform and Improve Student Performance*, Jossey-Bass, San Francisco.

Wiggins, G. and J. McTighe (2005), *Understanding by Design*, 2nd edition, ASCD, Alexandria, VA. (『理解をもたらすカリキュラム設計：「逆向き設計」の理論と方法』G.ウィギンズ, J.マクタイ著、西岡加名恵訳、日本標準、2012年)

第5章　さまざまな学校制度にみる学習づくりのリーダーシップの開発アプローチ

オンライン資料

Organisation chart of the Ministry for Education, Art and Culture: *www.bmukk. gv.at/ministerium/organigramm.xml*.

Official website of the NMS: *www.neuemittelschule.at*.

NMS-Platform: *www.nmsvernetzung.at*.

NMS-Parent-Platform: *www.nmseltern.at*.

Center for Learning Research at the University of Innsbruck: *www.lernforschung.at*, Grant-funded learning research project at NMS: *www.lernforschung. at/?cont=prodetailandid=%2031*.

Virtual Online Campus: *www.virtuelle-ph.at/*.

第6章

カタルーニャにおける
学習づくりのリーダーシップの促進と今後に向けた展望

アンナ・ホロンチ（ハウメ・ボフィル財団, バルセロナ）
　Anna Jolonch（Jaume Bofill Foundation, Barcelona）
マリウス・マルティネス（バルセロナ自治大学）
　Màrius Martínez（Autonomous University of Barcelona）
ホアン・バディア（ヴィク大学／カタルーニャ公開大学）
　Joan Badia（Vic University（UVic）／Open University of Catalonia）
藤浪 海訳

　ハウメ・ボフィル財団とOECDの「イノベーティブな学習環境」プロジェクトはカタルーニャでイノベーティブなリーダーシップを創出する環境に取り組み、国際的な貢献をめざしてきた。本章はそれがいかに展開してきたのか示すべく、アンナ・ホロンチ、マリウス・マルティネス、ホアン・バディアが執筆した章である[1]。ここではハウメ・ボフィル財団と「イノベーティブな学習環境」プロジェクトが協働し学んできた理論的解釈や方法、そして知見を示す。またこのプロジェクトが、異なるローカルな、リージョナルな、ナショナルな、インターナショナルな舞台における共通利益や相互交流にいかにつながったかを明らかにする。カタルーニャでは、先行研究の検討や概念の明確化、そして六つの学校でのフィールドワークに重点をおいた研究を行った。調査対象校は代表性の高い学校であったが、そこには模範的でイノベーティブな学習づくりのリーダーシップがあった。この調査で検討したのは次の重要な諸側面である。それは、第一にこのプロジェクトの経緯や使命についてであり、第二に学習づくりのリーダーシップに結びつく諸要素、すなわち教育者としての心構えや管理職者の果たす役割、教師のリーダーシップ、学習者のリーダーシップ、家族や地域コミュニティの参加、カリキュラムの再構築という六つの要素についてである。この研究の意義についても、それぞれの文脈のなかで言及することとしたい。

第 1 節　カタルーニャにおける教育イノベーションの国際化

　カタルーニャには教育イノベーションの確たる伝統がある。それは、歴史的に大きな意味をもってきた教育改革計画や、学校制度を構築してきた重要な存在である教師たち教育者に焦点を当てたものであった。しかし過去20年の間に文化的にも社会的にも、科学的にも経済的にも急激な変化が起こった。そして学校はその変化に追いつけなくなりつつある。特に移民の増加による文化的な多様化は、最も重大な変化をもたらし、学校制度は切迫した課題を抱えるなかで「自己の再開発」を行わざるを得なくなった。カタルーニャ社会は現在多文化かつ多言語の状況にあり、そのなかで学校は社会的な一体性の維持に重要な役割を担うようになった。従来は知りもしなかった課題に対して、まさに学校こそが刷新に向けた提案や対策、イノベーション、そして発見を生み出している。しかしながら学力テストの成績の低迷や、学校教育の失敗と早期中退の比率の高さは、今日学校が直面している構造的な問題の厳しさを示している。

　他の地域と違わず、カタルーニャの教育界も混迷をきわめている。現代は非常に不安定な時代である。教育予算は削られ、さまざまな危機が多くの課題を生み出している。そうしたなかで教育界や教師のかかわりは不可欠になっており、新たなかたちでの教育イノベーションへの注目がますます高まっている。私たちの暮らす今日の社会は、知識基盤型社会であり、また情報社会でもある。この事実は、それが学習社会であることも意味する。学齢期の学習は人生の基礎であり、今後もそれぞれの人生のなかでそうあり続けるだろう。しかし現実には、多くの人々が学校から離脱してしまっている。現代は今まで以上に若い人々にスキルや教育が必要とされている時代であるのにもかかわらず、である。これは大変頭の痛い問題である。

第6章　カタルーニャにおける学習づくりのリーダーシップの促進と今後に向けた展望

1.1　学習づくりのリーダーシップが果たす重要な役割：変革への取り組み

　ハウメ・ボフィル財団は、過去2年にわたって、OECD教育研究革新センター（CERI）の「イノベーティブな学習環境」プロジェクトと共同研究を行ってきた。それはこのプロジェクトが教育の議論の中心に学習をおくことをめざしていたからに他ならない。学校で今何が起きているのか、学習はいかに組織化されるのか、そしてどのような調査が変革の方向を定めるために最も適切なのか。これらの問いの再検討は喫緊の課題であり、また教育に関してOECD諸国が共通して抱える課題の一つでもある。

　私たちハウメ・ボフィル財団がこの重要な教育課題に関心をもつということは、つまり財団が国際的な経験や専門家らの知識に目を向けるようになったということである。財団とOECDの「イノベーティブな学習環境」プロジェクトの関心はまさに一致していた。だからこそこのプロジェクトによって私たちはその刺激的な取り組みへと導かれ、そして未来の教育に向けてきわめて重要な省察を共有することができたのである。第3期の「実践と変革」の一端をなす私たちのプロジェクトは、学習づくりのリーダーシップに照準を合わせてきた。なぜなら私たちはそれを、「イノベーションの事例を基礎におき、私たちの学習に関する知見からなされた改革計画を、いかに大規模に実現しうるか」という問いに答える際に深く分析すべき重要な領域としてとらえてきたからである。

　学習づくりのリーダーシップは、イノベーションを推進しイノベーティブな環境を拡大するための重要な要素として、まさにこうした問いに対して登場してきたものである。それは、改革を前進させたり、時に妨げたり、その運営の助けとなったりする。リーダーシップは、学習環境の変革を前に進め維持する必要不可欠な要素である。リーダーシップの理論的考察と事例分析、より厳密な研究のためには、時間を確保し努力を惜しまぬことが欠かせない。

　リーダーシップの意義は一般に、学校経営や管理に関連づけて論じられるこ

とが多い。だが、私たちはこれを超えてリーダーシップを理解している。私たちのとらえた学習づくりのリーダーシップとは、学習に関するマイルストーンを設定し、実践のなかでそれを達成してゆくストラテジーに教育プロジェクト全体を向けるものなのである。このようなリーダーシップは特定の個人にのみかかわるものではない。リーダーシップとは、学校という場においてすべての関係者を通して、広くさまざまな人々の参加を促し、力を奮い起こさせ、経験を動員するものである。私たちにはマイルストーンやストラテジーが欠かせない。なぜなら、改善に向けた実践的な能力を得ることなく、レトリックを変化させるだけにとどまってしまう危険があるからである。私たちが考察しているのは、学習のための環境をつくりだし維持できるような、学習づくりのリーダーシップの理論と実践である。私たちは、学習の目的を学校組織のより大きな目標と結びつけ、（学習者はもちろんのこと）その他の人々のリーダーシップを引き出しながら学習に向けたネットワークを構築し、具体的な方法に向けた道を切り開こうとしているのである。

「イノベーティブな学習環境」プロジェクトとハウメ・ボフィル財団の協働は、カタルーニャのみならずより広く国際的に利益をもたらしうる。私たちはこの協働における国際的な水準とローカルな水準の橋渡しをしてきた。国際的な水準について、私たちは専門家による国際的なワーキング・グループを結成した。専門家たちは複数回にわたって顔を突き合わせ、従来深く検討されてこなかった課題に取り組み、その成果を本書のなかに盛り込んだ。本書は、2013年12月にバルセロナで開かれた「イノベーティブな環境における学習づくりのリーダーシップ」という国際会議のために準備されたものである。

ローカルな水準においては、専門家も帯同した調査を行った。この調査についてはハウメ・ボフィル財団が報告書『カタルーニャにおける学習づくりのリーダーシップ』を出版する予定である。2012年11月にはバルセロナで国際会議を開き、カタルーニャの主要な教育関係者30名（校長や教師、大学などの研究者、教職員組合の幹部、教育局長ら）が、国際的な専門家集団と対話し意見を交換する独自の機会となった。本稿を執筆している時点では、州政府との

第6章　カタルーニャにおける学習づくりのリーダーシップの促進と今後に向けた展望

積極的な連携によってこの取り組みを継続できる予定である。バルセロナでは2013年12月にも会議が開催され、それは「イノベーティブな学習環境」プロジェクトに参加する国々のみならず、カタルーニャの教育界にも大きな貢献をもたらすものとなった。というのも、この会議は学習づくりのリーダーシップの理論的な分析や洞察、知識の普及に向けて、他に類をみない道を開いたからである。

　こうした取り組みから、OECDの「イノベーティブな学習環境」プロジェクトとハウメ・ボフィル財団との協働は、カタルーニャに根付き始めている変革やリーダーシップの梃子としてみられている。そこで本章の前半では、このカタルーニャの事例を取り上げ、その取り組みを検討する。カタルーニャの事例は、世界の他地域での同様の取り組みを触発するものとなるだろう。私たちの経験と教訓を共有し、学習づくりのリーダーシップを生み出すために何が重要か、その要素を示したい。

　私たちは、とりわけメゾレベル、つまり実践を行っているコミュニティや集団、ネットワークを通してこの取り組みを行った。これは、ハウメ・ボフィル財団がよく用いる方法である。私たちの事例は、スクールリーダーシップやティーチャーリーダーシップとは異なるリーダーシップを例証するものであり、具体的には教育的な課題の最前線にある財団が果たすものである。その他の事例では、教育運動かもしれないし、コミュニティかもしれない。あるいはネットワークかもしれないし、教育局（ローカルな、あるいはリージョナルな事業、全体に向けた事業）かもしれない。あるいは社会文化的に関連するその他の人々や団体であるかもしれない。私たちの事例では、学習づくりのリーダーシップこそが、ローカルにも国際的にも多くの人々を巻き込んでいた。この社会では、社会的、文化的、経済的、政治的に新しい文脈のなかで教育が最も重要な課題の一つとなっている。こうしたなかで責任の分担を基礎とした新たな取り組みが、今まで以上に求められるようになっている。

1.2 ローカルレベルとインターナショナルレベルとの連携：
分散型リーダーシップ

　最初に、ハウメ・ボフィル財団の「学習づくりのリーダーシップ」協働プロジェクトのマネジャーが築いてきたOECDの「イノベーティブな学習環境」プロジェクトとの関係について強調しておきたい。双方のマネジャーが参加した最初の会議で明らかになったのは、互いの経験の理解と概念の明確化を相互に求めていることであった。管理職者を含む教師や大学などの研究者、そして政策担当者などに広く行き渡っている教育におけるリーダーシップに対し、実践や調査を促進してゆくことは、今日のカタルーニャ社会にとって非常に重要なことである。2009年のカタルーニャ教育法の成立によって、学校の自律性が高まった。それだけでなく、学校の運営や教育におけるリーダーシップという課題もまた、重要な要素となった。OECDとの共同プロジェクトに先立って、ハウメ・ボフィル財団はこの地域で新しい取り組みを行ってきた。2009年に開いた教育におけるリーダーシップの研究会はその一つであり、これを機に学校管理職者についてのより詳しい調査が始まり、現在まで継続している。「イノベーティブな学習環境」プロジェクトとの協働によって私たちは、リーダーシップを、学校の価値観や規約、組織、雰囲気にまで広げて理解するようになった。それらはすべて、学習という営為やその成果に力を注ぐものである。リーダーシップのなかでもとりわけ学習づくりのリーダーシップは、カタルーニャにおける学習や学校の成功に向けたモデルをよりよいものとするための重要な要素である。

　教育界へのリーダーシップ概念の導入には、いまだ多くの抵抗がある。OECDとの協働によって、私たちは新しい視点を獲得し、私たちと異なる見方や国際的な経験を分かち合うことができた。私たちはその種にしっかりと水を与え、この2年で成長させてきた。それは今後、学校や教育革新センターのネットワークを巻き込む学習づくりのリーダーシップ・プログラムとなるだろう。

第6章　カタルーニャにおける学習づくりのリーダーシップの促進と今後に向けた展望

　ハウメ・ボフィル財団はカタルーニャの教育の改善を担っており、だからこそ、OECDの「イノベーティブな学習環境」プロジェクトとの協働が生み出す機会をつかんだのである。プロジェクトの第3期「実践と変革」が始まったことをきっかけに大きな学習コミュニティの一員となり、私たちはカタルーニャの先端的な教育機関の経験やノウハウに貢献したのである。

　バルセロナで2012年11月に開かれた国際会議では、イノベーティブな教育環境における協働的な分散型リーダーシップに対する解釈を示した。そのリーダーシップのあり方とは、教育現場にかかわるすべての人々に力を与え、またかれらを舞台の中央に押し上げるものである。そのようなリーダーシップが生み出すのは、協働と交流のネットワークであり、垂直的な関係性とは大きく異なるものである。そのネットワークには地域の関係者やOECDのような国際的な組織とのつながりも含まれる。本書におけるリーダーシップに関するいくつかの理論的な参照点も、この新しい取り組みのなかで共有し、試行したものである。私たちはこのようにして、協働的なリーダーシップへの理解を実践したのである。

　カタルーニャでの研究のなかで私たちは教師や校長をはじめとする多くの教育者たちの意見を聞くことができた。かれらは、教育者としての心構えの重要性を繰り返し強調していた。かれらによれば、世界に対して開かれた心構えが重要であり、他者の現実や経験からの学びや対話が鍵だという。生涯学習という姿勢は、新しいリーダーシップや、個人や集団への教育やトレーニング、そしてかれらの成長に向けた環境をつくりだす。そしてそれによって、より広く協働するチームが結成されるのである。

　イノベーティブな文脈のなかで私たちが学習づくりのリーダーシップから何かを学びとったとするならば、それは、学習づくりのリーダーシップとはそのプロジェクトにおいてさまざまなリーダーシップが協働した結果であるということだ。プロジェクトを行うということは、展望を共有することである。それは関係性のなかで築かれ、育まれるものであり、このことこそが教育におけるリーダーシップという営為において最も人間にかかっている部分なのである。

成功か失敗か、それは多くの場合、それぞれの人がどのように取り組み、協働するかにかかっている。そしてまた、何を行い、行わないかにかかっている。同じことは学校についてもいえる。なぜなら学校教育の成功や失敗は、プロジェクトを成り立たせる能力に強くかかわっているからである。プロジェクトは個人の利益を超えるものであり、単なるその寄せ集めではない。それぞれの専門家や教師、そして同じ地域のそれぞれの学校の利益を超えた目標があるときに、リーダーシップは分かち合われるのである。中等学校という枠組みを超えて目標を設定し、初等学校と協働で行われる場合も、同じである。地域社会や教育関係者を超えた目的があるときも、そうだろう。読者であるあなた自身もまた、地域的・国際的に共有される展望とプロジェクトをつくりあげていくことができる。このリーダーシップは、教室や学習集団のなかにも、また教職員やその生徒たちのなかにもあってしかるべきものである。

　協働関係の基礎は、この営み全体を通して常に、相互の信頼と共有するリーダーシップにあるべきである。リーダーとなる人々の人間としての成熟性を基礎として人間関係を編み上げ、信頼を積み上げることは、分散型リーダーシップのプロジェクトを実行するうえでとても重要である。そして、ミクロレベル（学習と授業実践）にせよ、メゾレベル（ネットワークや集団）にせよ、マクロレベル（教育政策）にせよ、学習づくりのリーダーシップにかかわる一連の営みを行っていくうえではこの人間関係こそが中心的な要素となるのである。

　「イノベーティブな学習環境」プロジェクトのチームは、地域のパートナーのエンパワメントを促進し、この協働プロジェクトがもたらす相互利益を強調している。この共同プロジェクトの目的は、変革を推進し、新しいリーダーシップを生み出す環境を創出することにある。真摯な姿勢と実行力、結びつき、信頼、そして価値の共有こそが、私たちの築き上げてきたものの基礎となっている。

第6章 カタルーニャにおける学習づくりのリーダーシップの促進と今後に向けた展望

1.3 調査と観察：変革を推進する人々

　上述したとおり、カタルーニャは今まで教育イノベーションの舞台であったし、今後もそうであり続けるだろう。しかしこの教育イノベーションの伝統と、それによる素晴らしい教育実践が、いつも政府や大学、より広い意味でのコミュニティに受容され、維持されてきたわけではない。積極的な支援がなされなくなり、中断や停滞を余儀なくされたり、あるいは単に消滅したりすることもしばしばであった。このことは、私たちの生み出したものの多くが「地に足の着いたイノベーション」であり、「机上のイノベーション」ではないことを意味する。しばしば実行に移されることなく終わってしまったものもあったが、それらはすでにイノベーティブではなくなり、硬直的になり、実りある変化への勢いを失った取り組みであった。私たちの経験を分析し、それを他の国での新しい取り組みとつなぎ合わせ、イノベーション・プロジェクトの理論的・実践的な文脈に乗せること――これらによってこそ、国際的にもカタルーニャにおいても、未来の教育のあり方に深くかかわる領域について意義ある取り組みが生み出されうるのである。

　調査の確かな伝統をもつハウメ・ボフィル財団は、初等学校や中等学校で日々教壇に立つ現職の教師らを招聘し、カタルーニャの教育者たちの会議を開いた。「イノベーティブな学習環境」プロジェクトの指針の特徴である、研究と実践の対話を試みたのである。その理由の一つは、このプロジェクトの価値ある成果が、ミクロレベル（学校などの学習環境）に浸透し、21世紀の変化や新しい学習者に対応する方法へとつながるべきだからである。学習環境は実際の学習の場であり、当然のこととしてしばしば忘れられてしまう水準である。

　この調査の新しさは、学校を焦点化したことにあるのではない。むしろその最終的な目的にある。私たちは誤りをつまびらかにし、OECD諸国の多くの学校が直面している厳しい状況にばかり目を向け続けようとしているのではない。私たちがめざすのは、経験からの有用な知識の生産（調査）であり、それによ

る問題の解決（実行）である。私たちは、学校を含めより広い教育環境が直面している困難を否定しようとしているのではない。私たちはその困難の解決に向けた扉を開き、実行可能な方法を生み出したいのだ。学校は今日、今まで以上に焦点化され、より綿密に調査されるようになった。こうした時代に「イノベーティブな学習環境」プロジェクトが行おうとしているのは、単にさまざまな国々を比較することではない。21世紀の子どもや若者に向けた、イノベーティブで刺激的な学習経験を促進する実践やリーダーシップ、政策の育成のための調査なのである。

　この共同プロジェクトを豊かにしたのは、カタルーニャの教育関係者による振り返りと分析であった。かれらこそが学校を内側から観察し、教育イノベーションにおけるリーダーシップの主な役割を明らかにし、特徴づけ、判断し、説明したのである。学術文献と教育実践の間を往復し続けるなかで、かれらの専門的な経験が調査を豊かにしてくれた。その逆も同様で、調査はかれらの経験を豊かなものとしていた。この調査は、実践と内省、行動と思考、観察と介入の間にある。調査の論理（知識の生産）と実践の論理（解決策の発見と問題の解消）の間を往復し続けるのである。「何をすべきか」という実践者らの問いは、「何がどのようになされているのか」という研究者の問いから私たちを解放してくれた。また両者を往復することによって、私たちは実践の論理のもつ先入観からも解放され、調査に焦点を当てることができたのだ。

　理論と実践それぞれが充実していった事例として、バルセロナで開いた研究会での、教師や校長などの教育者に向けたある国際的な専門家の発言があげられる。それは「前もってあなた方と議論ができていたとしたら、私の著書のいくつかの部分は、違ったものになっていたでしょう」という発言である。同様に、カタルーニャの専門家たちによる委員会での、次のような教師の発言も、事例の一つとして紹介できよう。それは、「調査を行うことは、私にとって特別なことでした。観察と分析は、学校や教室での毎日の経験を、まったく異なるものにしてしまったのです。私は多くのことを学びましたし、教師としての背景や経験があったからこそグループに大きく貢献できるのだと感じました」

第6章　カタルーニャにおける学習づくりのリーダーシップの促進と今後に向けた展望

という発言である。研究者や実践者のこれらの発言は、対話に向けてより多くの橋をかけていくことの必要性を示している。調査を行い、知識を分かち合い、地に足を着けて現実の問題に取り組むために顔を突き合わせる機会が必要だということである。

　学校を訪ね、教室を観察し、校長たちと研究会を開くこと——これらが私たちの知識を豊かにしてくれた。はじめのワークショップで地域の専門家たちは、教育におけるリーダーシップに関する国際的な専門家の文献や「イノベーティブな学習環境」プロジェクトの原則と理論枠組みにどっぷりとつかっていた。しかし、理論だけでなく、カタルーニャの事例を分析しエビデンスを得ることも重要である。調査チームの会議では互いに質問し合い、異なる意見を交換した。そのなかで考え方が変化していき、最終的にそれは一人の人間に帰さないものとなった。私たちは「共に考える」という方法を経験したのだ。グループがつくりだすのは、個別のメンバーが考え出すものの総和を超えたものである。繰り返し言うが、全体は単に個を合わせたものよりも大きいのだ。

　私たちを専門家たらしめている言説や情報を、この調査では用いることができた。私たちは、経験に基づいて知識をつくりだしてきたからである。調査とトレーニングの境界は、曖昧になった。調査することによって、私たちは会議で「私たちは学習コミュニティだ」ということができるようになった。2013年6月には、グループを周知・拡大させつつ共同調査を継続することで一致した。他の学校や専門家に、調査から生まれる知識やトレーニングを学び、共有することを呼びかけながら調査を行ったのである。実践を観察し分析することと、実践のあり方そのものを変革すること、両者の間を橋渡しし続けながら調査すべきなのである。

　私たちは、実践に関する新しい認識枠組みのなかに私たち自身を位置づけている。この枠組みは「内省する専門家」(Jolonch, 2002) を舞台の真ん中に押し上げるものである。そしてまた、実践と知識、双方のロジックのバランスを保ちつつ、専門家の学習と反省的実践へのアプローチを拓くものでもある。戸惑いが広がりつつあるなかで、教室での教育実践から生まれた具体的な解決策

とイノベーションを焦点化することは大きな意義をもつ。私たちがわかっているのは、20世紀の学校はもうすでに遠い過去のものであり、そこには決して戻れないことである。21世紀にどのような学校が必要とされているのかまでは、まだわからない。

　「学習づくりのリーダーシップ」の定義として私たちが採用する一つの結論は、イノベーションの促進に向けた専門家としての実践に関する調査と考察を導入する必要性である。これは何ら不思議なことではない。このことは、授業実践の文化の変革や、新たなトレーニング・モデルの創出、さらに理論と実践、大学と現場の関係の変革を意味している。このように見ると、カタルーニャで取り組むべきことはまだまだ多くある。また私たちはこのカタルーニャで得た教訓が、同様の新しいプロジェクトを触発することを願っている。

1.4　ネットワークと相乗効果の創出：教育イノベーション

　さらに注目すべきなのは、このプロジェクトが創出する相乗効果である。私たちは政府機関や四つのカタルーニャの大学からの研究者と、日々教壇に立つ教師や校長、調査員らで構成される地域社会の水準でのワーキング・グループを結成した。「イノベーティブな学習環境」プロジェクトの精神は、学校の内側から、そして学術研究との対話から、学校を見つめることである。私たちはこの精神に基づいて研究者と現場の人々のワーキング・グループを結成した。カタルーニャの教育関係者たちがこのプロジェクトに集結し、「イノベーティブな学習環境」プロジェクトからの国際的な専門家たちと対話し続けていく基盤となったのは、かれらと行った関連事業だけではない。ハウメ・ボフィル財団がもつ長年の経験と、議論とそのやり取りを生み出す財団の正統性こそが、その基盤となっていたのである。大学をはじめとして教育局や教師、学校の管理職者など調査にかかわった者たちは、協力して取り組んでくれた。そして私たち自身もバルセロナでの国際会議の文脈のなかで、カタルーニャ政府を巻き込み、このイベントを超えて学習づくりのリーダーシップに取り組み続ける潜

第6章　カタルーニャにおける学習づくりのリーダーシップの促進と今後に向けた展望

在的な関心をさらに拡大しようとしてきた。

　私たちは、私たち自身をリーダーシップのメゾレベル、すなわちネットワークの形成に位置づけている。これは垂直的な関係性ではない。トップダウンの改革はめったに成果を生み出さない。私たちの取り組みはそういったものからはかけ離れたものであり、私たちが紡いできた関係性の網こそがリーダーシップやカタルーニャの教育のイノベーションに向けた推進力となりうるのだ。学習づくりのネットワークとして、相互に学習し知識を作り上げていく継続的な営みのなかで一歩一歩前進してきた。そしてまた、こうして築き上げられたイノベーションが集合的かつ協働的で、そして参加の過程であること、学習という営為の明確な出発点を伴うことを学んだ。イノベーションのほとんどは、多様な参加者たちが互いに影響し合うことによって生み出されている。今回の事例では、大学や学校、政府がその参加者であり、それらすべてが国際的な領域と地域社会を結びつけていた。そしてこの取り組みによって、異なる環境で働く専門家たちは互いに影響し合い、互いの知識を組み合わせ、最終的に新たな取り組みの可能性を拓くこととなった。

　ネットワークに参加しているカタルーニャの教師たちは、積極的に互いに学びあい、子どもたちの家族と相互に協力しようとしていた。また他の学校や地域コミュニティ、さらに他の国々とも進んで交流を図ろうとしていた。今回の調査では、これらの教師集団がこの地域でのイノベーションを支えていることが明らかになった。変化という新しい状況のなか内省が求められる社会において、ネットワークは、開放性や対話、協働に基礎をおいた学習の原動力を生み出す大きな潜在的な力をもっている。それゆえにコミュニティというメゾレベルでこそ、改革やイノベーションが生まれるのである。このレベルこそが相互の連携を強め、イノベーションをミクロレベルにも、メゾレベルにも、マクロレベルにも広げていくのである。

　ハウメ・ボフィル財団とOECDの「イノベーティブな学習環境」プロジェクトは、単独で行われていたのではない。このプロジェクトはネットワークに開かれ、新しい紐帯を多角的につくりだし、そしてその紐帯を強化してきた。

現代は不安定な時代であり、新しい学習者たちの求めに応えていくことが必要とされている。こうした状況のなかで私たちに求められているのは、柔軟で多焦点的で、洗練された構造を導くような教育パラダイムへと変えてゆくことである。そして知識基盤型社会に体現された学習への理解もまた、私たちには求められている。OECDの「イノベーティブな学習環境」プロジェクトもカタルーニャ教育省も、カタルーニャの大学教員も教師研究者も、そしてハウメ・ボフィル財団もその調査チームも、みながネットワークを築き上げ、そうすることによって学んできたのである。このように、私たち自身の経験からいえば、学習づくりのネットワークこそがリーダーシップや責任を分かち合うことを可能にするのである。

第2節　学習づくりのリーダーシップ調査研究

2.1　先行研究における概念の明確化

　OECDの「イノベーティブな学習環境」プロジェクトは新しい視角から教育環境を分析しており、私たちはこの視角からカタルーニャにおける学習づくりのリーダーシップ研究の焦点を得た。「学習づくりのリーダーシップ」についての先行研究は多くはない。それゆえにワーキング・グループは、多様な先行研究を利用しつつ研究に臨んだ。「イノベーティブな学習環境」プロジェクトに関する報告書（OECD, 2008, 2010）はイノベーティブな学習環境の出発点となり、私たちはこれを参考にした。だが私たちはこれだけでなく、プロジェクトの新しい資料も用いた。その一つがマクベス（MacBeath）――本書第3章のもとになった原稿――であり、それは学習や対話、リーダーシップと責任の分担に向けた学習の条件に焦点を当てている。その他に、センゲ（Senge, 1990）やスピレーン（Spillane, 2005, 2006）、フラン（Fullan, 2002）、ハリンガー（Hallinger, 2011）、レイスウッドら（Leithwood *et al.*, 2004）、ウォラス財団に

第6章 カタルーニャにおける学習づくりのリーダーシップの促進と今後に向けた展望

対するマクベスとチェン（MacBeath and Cheng, 2008）によるレビュー、シーショアら（Seashore et al., 2010）、サラヴァート（Salavert, 2012）なども用いた。

私たちはこれらの先行研究を用いて、若い学習者（学術的能力と自己の発展）や教育者（専門性と専門家のコミュニティの一員としての継続的学習）に向けた新しいリーダーシップ概念の射程を定めた。この新しいリーダーシップ概念こそが学習のための条件をつくりだし、教育の成功を可能にするのである。学習づくりのリーダーシップの基本的な要素は、活力に満ちた学習組織たる学校や教室の基盤をつくりだす複雑な相互関係にある（Marsick et al., 2013）。ここでの相互関係とは、単に会話を交わし人々をつなぎ合わせることにとどまらない。それは組織的で系統だったものである。たとえば教師たちの見通しによってもたらされる子どもたちの成績の模範的な変化や、教師たちのより緊密な協働が生み出す学問的な厳密さのなかに見いだすことができる。

学習づくりのリーダーシップは校長のみにかかわるものではない。これは調査チームの実感である。成功した学習環境とは、学習者が学習者としてだけでなく人間としても成長する学習環境である。学習者たちが集団としてだけでなく、個人として前進することに向けて、かれらの関心や意欲、知的な好奇心とその土台が湧き立つ環境を教師たちがつくりだしたときにこそ、成功したといえる。教師のリーダーシップは、こうした教室環境をつくりだし、学習者のリーダーシップを引き出す能力に示される。また学習者のリーダーシップは、とりわけ、優れた勉強習慣をはじめとして、本来もっている学習意欲や、自律性の高まり、他者と積極的に交流しながら物事に取り組み、参加することに示される。

学習づくりのリーダーシップはイノベーティブな概念であり、それゆえ変革や付加価値の創造、現状を打破する文脈のなかで見いだされる。指導におけるリーダーシップや組織におけるリーダーシップなど、いくつかのリーダーシップが交差し蓄積することにより、互いにさらに前進してゆく。学習づくりのリーダーシップは、学習や自律性、エンパワメントを、学習者やコミュニティのなかで示し、生み出し続けるのである。私たちがめざすのは、変革を成し遂げ

ることに関して、連携した分散型リーダーシップの戦略に関して、そして学習をもたらす組織に関して、他でも応用可能な理論を導き出すことである。それは学校に映し出される教室の現実を、あるいは教室のなかに映し出される学校の現実を「読み解き」解釈できるような価値の連鎖的な創造を伴いながらなされるものである。

2.2　多様な立場の関係者との取り組みと新しいストラテジー

　メゾレベルのネットワークや集団でハウメ・ボフィル財団がとったリーダーシップは、このプロジェクトの過程のなかでまず理解しておくべき要素である。なぜなら、第1節で論じたように、財団のリーダーシップこそが一連の関係者を巻き込んできたからである。このプロジェクトの基礎は調査にあり、エビデンスに基づいた議論を促している。調査においては評価的にも判定的にもならない方法を発展させ、学習づくりのリーダーシップの諸要素を明らかにした。そして以下の過程を経て、学習づくりのリーダーシップの理論や概念的アプローチに合致する要素を見いだし、分析を行った。

カタルーニャの専門家らからなるグループの結成
　核となる4人の小さなグループから出発し、ハウメ・ボフィル財団は、学校セクターから教師や校長、調査官、事業主任などを、大学セクターからも講師や研究者を招聘し、専門家のグループを結成した。そしてかれらは作業・研究グループとして活動した。

調査対象校の選定
　次の基準により、六つの調査対象校を探索的・意図的に選定した。

- 調査対象校は、代表性の高い学校、すなわち統計的に「普通の」学校でなければならない。それは、これらの学校での経験が、他の場所で拡張的に

第6章　カタルーニャにおける学習づくりのリーダーシップの促進と今後に向けた展望

応用するための参照例になりえないという批判をさけるためである。
- ただし学校が促進する学習やリーダーシップに関して、それらの学校は突出した取り組みがなされていなければならない。それらの学校が促進するのは、フォーマルでカリキュラム化された学習であれ、ノンフォーマルな学習であれ、より質の高い学習をより多く積むことを促すリーダーシップと経験である。
- それぞれの調査対象校は、「メゾレベル」を通して結びつきあわねばならない。この「メゾレベル」は、学習環境やプロジェクト内外の諸集団も巻き込むものであり、それらは分散型リーダーシップや連携した授業実践によって結びつく。

これに加えて、学校の規模にも着目し、1学年について2学級から5学級を基準とした。調査対象校は、客観的基準においてカタルーニャの学校の平均を上回る実績を残していなければならない。あるいは過去5年間での改善がその基準に反映されていなければならない。調査したのは初等学校3校と中等学校3校であり、ISCED 1 と ISCED 2 をそれぞれ含んでいるという意味で、バランスがとれている。私たちが求めたのは、家族なども学習環境やプロジェクトに参加している学校であり、入学希望者数が入学定員を過去30年にわたって超過している学校である。入学希望者数は学校の「成功」と変革に対する社会の認識を示す指標だからである。さらに私たちは、特に中等学校に関して、過去5年間で欠席率が確実に減少し続けていることも求めた。

学校への調査訪問

それぞれの学校へ連絡をとり、直接インタビューを行うために、主に次のような手順をとった。

- チームメンバーから2人1組の調査ペアを作った。そのうち、1人は研究者であり、もう1人は実践者である。この2人が調査対象校と連絡をとり、プ

ロジェクトの概要や調査対象となった理由、分析の意図、そして評価や判定が目的ではないことを伝えた。
- 調査ペアは都合の合った日に学校を訪問し、学校の管理職者にインタビューを行った。さらに学校の管理職者について学校をまわり、すべての学年の授業を観察し、子どもたちからも話を聞いた。こうして情報を集め、学校の管理職者とともに議論し分析するための実例とした。

研究会

ハウメ・ボフィル財団にて研究会を開催し、学校の校長たちと各々の学習環境プロジェクトの研究チームの出席のもと、それぞれの学校のリーダーシップに関する展望について深く分析した。それぞれの調査ペアは学習づくりのリーダーシップのプロセスや成果、さらに確認できた効果について分析し、事例について報告書を作成した。

2.3 学習づくりのリーダーシップに結びつく要素

次に、この研究から確認できた学習づくりのリーダーシップに結びつく要素を示したい。それぞれの学校での経験から、学習づくりのリーダーシップに固有の特徴や、プロジェクトのさまざまな発展段階・水準、プロジェクトのプロセスや教育成果の多様性が浮上した。私たちは、上述の基準にしたがって意図的に調査対象校を選定した。トピックの新しさや先行研究の不在を考慮すれば、この研究は探索的なものであるといえるだろう。

いかにプロジェクトは始まったか

多くのプロジェクトにおいて、変革の始まりは明確である。それは、変革が求められる段階を迎えたときである。変革が要求される状況になり、それを認識したときである。調査対象校の管理職者たちは、変革を望む声を受け止めたそのときを、しっかりと認識していた。それらの学校では、変革を望む声を、

第6章　カタルーニャにおける学習づくりのリーダーシップの促進と今後に向けた展望

さまざまなことから聞き取っていた。それはたとえば、入学者数の継続的な減少や、管理職の権限のあり方の変化、近隣住民の間での学校の評判の悪化であった。あるいは学業成績の継続的低下や、もともとの学校から別に新しい学校が創設されたことなどからも、変革が望まれていることを察知していた。

　これらのことが、学校の「転換点」となる。これらは学習環境が次の段階へ進む契機である。学校の運営団体（教育局や民間団体）が変革をもたらす場合もあった。その場合、子どもたちの学習の改善という観点から学校の変革を担う人物や管理職者に、その運営が委ねられていた。しかし多くの場合、方向転換の契機となっていたのは、外部あるいは内部環境の変化を受けた学校内部の力学であった。それは学習環境の改善を進め、あるいは学習を促す空間をつくりだし、そして新しい焦点を提供するものであった。すべての事例において「変革以前」と「変革以後」を分けることが可能であった。その境界は、（はじめは小さかった）チームが変革の方向を定め、新しいプロジェクトにそれを組み込むようになったときである。変革の始まりは、この新しい集合的な物語を学校の人々皆が共有することにも示される。その集合的な物語は以前の学校のあり方やこれからのあるべき姿に関して個人個人が解釈することを可能にし、だからこそ人々はこれによって学校の変革の必要性を共有するようになるのである。

教育者、とりわけ学校の管理職者らの姿勢

　世界に向けて開かねばならない現実に直面し、他の教育機関や専門家、人々とつながりあい、ネットワークを確立しようとする際に、それが実現できるかどうかは管理職者らの示す姿勢にかかっている。調査対象校では、かれらの姿勢は互いに似通った発言に示されていた。かれらの姿勢が示しているのは、世界に向けて開き、改善してゆくことの必要性である。困難な状況と格闘した経験をもつ他者とつながり、学ぶことの必要性を、かれらは訴えていたのである。学校を訪問し、参照事例を検討し、海外でうまくいっている教育制度を調査し、学校間のネットワークに加わること——調査した学校では、これらすべてが行われていた。そして研究や調査への姿勢、学習を継続し、それを社会に活かす

考えを示す議論によって、これらの正当性が証明されていた。なかには、校長がフィンランドで学位を取得したり、教育にかかわるネットワークのもつ改善力を学校が活用したりしていた事例もあった（学校間のネットワークによる戦略的計画）。

さらに、多くの学校で管理職者らは「行為主体」としての感覚をもっていた。これは「不満の文化」と対照をなすものである。ほとんどの管理職者は、かれら自身が改善に向けた中心的な存在でなければならないことへの自覚を強調していた。そして学校の抱える課題を解決する義務が、内在的なものであり、かつ集合的なものであることへの認識も強調していた。かれらが現状分析に注力するのは、概して、変革への抵抗を弁護するためでも、否定的な状況を受け入れることを正当化するためでもなかった。かれらは未来に向けた改善の出発点をつくりだすために、現状を分析していたのである。

学校のプロジェクト

すべての調査対象校は独自のプロジェクトを実施していた。それらのプロジェクトは趣意書に明示され、これから何をなすべきか定めつつ、求められている変化に対応するために必要な柔軟性も確保していた。すべての調査対象校は、独自の教育プロジェクトを行っていること、それが持続的な改善を促し、総じて学校という教育コミュニティへの挑戦を伴うことを鋭く認識していた。そのプロジェクトが、とりわけ学習環境を構成している人々や学校に向けて何を達成すべきか定めていようがいまいが、学習づくりのリーダーシップはプロジェクトのあり方にこそかかっている。

それぞれの学校は、それぞれの状況のなかで、まったく異なるかたちでプロジェクトを遂行していた。いくつかの学校は、目標と果たすべき役割を結びつけることに力を尽くしていた。将来（たとえば2020年）に向けて戦略的に計画を立てている学校もあった。そういった学校では中期的・長期的に目標を立て、活動内容や資金、期間について意見を一致させ、そして毎年の成果報告の指標についても合意を形成していた。また別の学校では、その学校の教育計画まで

第6章　カタルーニャにおける学習づくりのリーダーシップの促進と今後に向けた展望

も巻き込み、中期的・長期的に行うべきことへの展望として改めて教育計画を策定し直していた。さらに、文書としてまとめられた正式な計画こそなかったものの、主任たちがプロジェクトをかなり詳細に報告している学校もあった。

　各々の学校の計画の重点はそれぞれ異なるところにあり、また学習の改善という目標についてすべての学校が明確に言及していたわけでもなった（もちろん学習の改善は最終的な目標としてあるのだろう）。しかし目標が明確なものでなかったとしても、背景にはその理由があった。たとえばある学校では、人々や集団の間のダイナミクスや関係、交流に取り組むこと、そしてかれらが共有する職業的生活を向上させ、相互のかかわり合い方を改善することが求められ、そのことに計画の重点があった。それらこそが、学習に焦点を当てた第二の過程を始めるために必要な条件だったのである。つまり、学校の発展を阻む障害を打ち砕くことによってはじめて、学習に重心をおくことができるのである。ある校長は「今まで私たちは『発展（evolution）』を導いてきた。だが今は、私たちは『革命（revolution）』を先導しているのだ」と表現していた。

管理職者の役割

　もちろん、リーダーシップの分散的な性質とその連携は、大前提の認識としてある。そしてそういったリーダーシップを支えているのは管理職者の参画であり、そしてより広い対等な関係のチームである。ただし、そうであっても、すべての学校で中心的な役割を担っているのは管理職者であり、かれらがもう一つの重要な要素となっている。多くの学校の管理職者が、プロジェクトの循環に向けて、プロジェクトに結びついた小さなティーチング・チームのなかにリーダーシップが立ち上がる条件をつくりだしていた。

　ほとんどの学校の管理職者は、自らの役割について、継続的な営みのなかの一部分を担っているにすぎないと考えていた。それゆえに、新しい管理職者がかれらの後を継ぎ、その使命や計画を引き継ぎ更新していかなければならない。三つの学校では、以前の管理職者たちが管理職としての責任を全うした後も、学校に残り続け、通常の教師としてプロジェクトを支援し続けていた。前任の

校長が管理職者としてとどまっていた学校もあった。

　後継者を見つけだし、巻き込み、トレーニングしてゆくことは管理職者の使命の一つであると考えられている。それは、段階的に人々を管理職に結びつけ、将来管理職に就くであろう者に組織の戦略的な利益に関して（大学院修士課程における）トレーニングを促進するということである。すべての学校が、プロジェクトの継続を明確に意識化していたわけではなかった。だがプロジェクトの継続に最も高い優先順位をつけていた学校では、新しい主任に対してトレーニングを行い、徐々に責任を委譲したり、管理職者として集中的に訓練したりしていた。

　また校長たちは新しい学習内容と機会に対して明確に寛容な姿勢をとり、かれらの取り組みを阻害しないようにしていた。ほとんどすべての校長たちは、学習を継続してゆくという学校の計画にこの取り組みが非常によくあっていると考えており、それゆえにこの取り組みに参加することを非常に肯定的にとらえていた。

教師のリーダーシップ

　教師のリーダーシップは、教室と組織、双方でその役割が変化し、達成される。繰り返し訪問するなかで、教師たちを、知識や内容の伝統的な伝達者ではなく、学習のダイナミクスを調整し調停する者としてとらえられるようになった。リーダーシップは、学校全体のプロジェクトにのみあるのではない。学習者のレベルや学年などに応じて分けられたより小さな集団のなかでも確認できたのである。

　教師のなかには、授業のなかで学習の機会をつくりだすことに長けた者もいた。子どもたちの活動の方向性や目的についての要求水準は高まっている。こうしたなかで、子どもたちのもつ開放性や柔軟さ、自律性を、活動を通してつなぎあわせる学習空間として、学校の施設（教室、実験室、工作室、廊下など）を用いていた。子どもたちも理解し共有しているプロジェクトを通して、教師が一人で、ときには複数で、一つ、あるいは複数の学習者集団と交流している

第6章　カタルーニャにおける学習づくりのリーダーシップの促進と今後に向けた展望

様子がみてとれた。教師たちはその営みを監督する者として、相互作用やコミュニケーションの調整者として、そして問題解決の意欲を引き出し促進する者としていかに行動しているのか。私たちはこういった関心に基づいて観察を進めてきた。かれらは、さまざまな資源やサポートを通して、注意深く子どもたちの希望を聞き出し、問いに応え、示唆を与え、学習者の意欲を引き出す環境をつくりだし、その役割を果たしていた。

　子どもたちのために教師たちが果たすべきリーダーシップについて、私たちの調査した複数の教師たちは次のような見方を示した。かれらは、子どもたち一人ひとりに気を配り、発達を見極め、その潜在的な能力を活かすことに努めなければならないと感じているのだという。かれらはまた、教えるということについて、一人ひとりが学び改善していく機会を生み出し続ける行為であるとしていた。そしてさらに、子どもたちの発達を前進させ、かれらの成長と成熟に向けた機会を創造し続けていく行為としてとらえていた。また同時に教師たち自身も「子どもたちから学ぶ」ことに自覚的であり、そしてそれゆえに教師たち自身も成長しているということを示してくれた。

　教師たちのこのような考え方は、実際の教育の場における間違いへの対応に反映されていた。子どもたちは恐れることなく間違った答えを出し、教師たちはその間違いを学習の機会へと作り変えていた。ある一人の学習者は「私たちはみな誰しも間違えることがあります。先生たちだってたまには間違えることがあるでしょう」と言っていた。

　すべての調査対象校の教師たちは、教育者としての発展について、高い関心をもち続けていた。それは個人的あるいは集合的なトレーニング・プログラムの探求へと昇華され、知識の共有と新たな発見の促進につながっていた。このことはまた、授業実践の質の向上のために内在的な資源も外在的な資源も動員することを伴っていた。

　調査を行ったある学校では、各年度の終わりに管理職者が、学習者や家族らによる満足度調査について教師一人ひとりと話をしていた。教師たちが問われていたのは、調査結果や教師たち自身の考えを踏まえたうえでの来年度に向け

ての目標設定であった。教師たちが改善目標を達成するために、トレーニングをはじめとするさまざまな資源が探求されていた。高い（自己）期待のもとで、そして継続的改善のなかで、この過程では形成的評価を行うことや、教師たち自身が実践を振り返ること、そして専門家としての能力の開発に向けた支援を組み合わせていた。

　専門家としての能力の開発や集合的なトレーニングについても、複数の取り組みがなされていた。すべての教師が集まり共に学ぶための時間や場所のやりくりに関して、さまざまな方法がみてとれた。それはたとえば、トレーニング・ワークショップであり、教師自身による国内研修であり、プロジェクトチームの結成や、縦断的・横断的なカリキュラムの改訂の取り組み、外国でのトレーニングの機会の探索であり、実践の後その成果はみなで共有されていた。

　新しく赴任した教師をプロジェクトに引き込むことに熱心な学校もあった。授業実践に関する特別な取り組みや指導教師（「評価を行う教師」）は、プロジェクトにかれらを引き込み、プロジェクトの継続を確かなものとする方法の一つである。私立学校の場合は、プロジェクトの将来の発展のための戦略的な観点から、新しい教師を選任することも一つの方法となっている。たとえば、制度的な要求水準（たとえば初等教育の学士学位など）よりも高い能力と英語に関する知識への要求が一つの例としてあげられる。これは内容言語統合型学習（CLIL）のような特別な方法によって英語で授業を行うことを念頭においたものである。

学習者のリーダーシップ

　調査対象校はどこも、学習者の多様性を最大限活かそうとしていた。各々の学校の教育レベルがいかなるものであろうとも、すべての調査対象校で共通していたことがあった。それは、学習者はまず学習におけるリーダーシップを身につけ、そしてその一人ひとりの特性や学習スキル、テクニックを集団的な学習のなかで活かそうという考え方をもっていたことである。この考えはしばしば、プロジェクトや困難な課題を踏まえた計画のもとでの共同作業、チームと

しってのコミュニティにおける作業に現れていた。多くの場合、学習者のチームは包摂や異質性、自律性の高まりという基準に対応したものとなっていた。いくつかの授業では、学習者は課題を個人でこなし、あるいは小さなグループで取り組み、学習者たち自身で課題を達成していた。そこには、行動を起こし、協力して活動していく力があったのだ。

調査対象校の教室を観察したときに、二つの問いを学習者に投げかけてみた。ここでそれらの問いについて着目したい。その問いとは「あなたたちは何をしているのか」、そして「なぜそれを行っているのか」という問いである。私たちがこれらを学習者たちに問うたのは、活動を行う目的やその意味について、学習者がどの程度理解しているのかを確認するためであった。私たち研究グループは、学習に注目するのであれば、子どもたちが自身の学習についてどの程度理解しているのか、直接的に、わかりやすく問いかけることが必要であろうと考えたのである（MacBeath, 2012; Salavert, 2012）。活動の意味や意義、最終的な目標、理由をはじめとして、活動内容とテーマやコースとの関連、活動と発達段階そのものや文脈との関係、さらには用いられているストラテジーやメタ認知に至るまで、この問いは広げられるべきである。この二つの質問が、訪問したすべての授業において調査者らから投げかけられた理由は、まさにこの点にあるのである。

この二つの問いに対する反応は、学習に関するさまざまな事実を反映するものであった。「私は先生に言われたからやっているだけです」「時間になったからやっているだけです」「今はこれをする時間だからやっています」などといった反応が示しているのは、かれらが教師に言われたことをただ行っているだけであるということであり、これは教師からの指導に対する無意識的な行動である。かれらはこうした行動を無批判にとっているのである。他方では、文脈を踏まえている反応、すなわち熱意や信念のもとでの目的を踏まえた学習を示す反応もあった。活動の意義をしっかりと認識した反応が必ず返ってくるようにすることは、いつでもできるものではできない。調査者たちはこのことを理解していた。だがこの二つの質問からは価値ある情報を得ることができた。質

問という戦略は、調査担当者と校長たちとともに開催した、ハウメ・ボフィル財団における作業チームの検討会においてもまた有効であった。教育的な目標に対する集合的な認識を深めていくために、教室においても学校全体の水準においても、強化されることが必要とされている戦略を、教師や管理職者が見直してゆくことへと導いたのである。

家族や地域コミュニティの参画

　家族や地域コミュニティが教育に参加することは、学校でいまだ十分にたどり着いていないマイルストーンである。家族や地域コミュニティの参画を、学校の教職員は実行すべき差し迫った使命としてはっきり認識していた。私たちが調査した学校は、かれらのコミュニティと特別な関係を保っていた。父親や母親、時には祖父母までもが、自らのもつ深い見識を子どもたちに授ける「専門家」として活躍している学校もあった。たとえば言語学習においては、特に英語の会話助手として参加していた例もあった。また家族自身が率先して参加していた場合もあった。いくつかの学校では、近隣の施設などとの関係を強め結束し、サービスラーニング活動を行ったり、地域コミュニティの活動に参加していたりした。そしてこれによって広い意味でのコミュニティの資源を動員することができていた。

　こうした取り組みは、教師によって教育が独占されている状況を打ち壊す意味をもっていた。それだけでなく、学習や知識の源泉の多様性に対する学習者の認識を促す意味ももっていた。つまり教師だけでなく、父親や母親、地域社会の大人たち、クラスメイト、その他ネットワークで得られる資源も、学習や知識の源泉であることを学習者は認識するようになったのである。

学習への注目はカリキュラムの再検討を意味する

　カリキュラムを広く再検討していく必要がある。つまり、教育課程やその内容についてのみならず、教室や方法論、情報通信技術（ICT）の導入、用いる空間、そして学習者のクラス分けまで広く再考するということである。ある学

第6章　カタルーニャにおける学習づくりのリーダーシップの促進と今後に向けた展望

校では、教師の準備作業の多くを、「フォーマルな」プログラムやその内容を再読することに充てている。それは、学習環境に求められている内容や時機にプログラムを適合させ学習を促すためであり、周辺的で不必要なものをプログラムからそぎ落とすためである。この課題は、学習に関する手段やスキルに焦点を当てた新しい教師向けプログラムによって達成される。

　プロジェクトの一環として取り組んだ授業のなかで、クラスのダイナミクスを見直した学校もあった。そしてプロジェクトのそれぞれの段階で求められることに対応するよう、方法論的な戦略を変えていた。ICTについて、教室の日常的資源としての意義が明確に示されたのは、いくつかの学校で学習者たちがクラスのブログを自主的に作成したときであった。ICTを使用した取り組みは多くの学校が行っており、その内容も多様である。ほとんどの学校でICTは教室活動の「不可視な」要素となっていた。つまりICTの活用が例外的で独自なものとしてではなく、学校のなかに溶け込み当然視されていた。だがどこの学校でも、ICTの活用はまだ緒についたばかりだと認識されていた。「eduCAT 1x1」プロジェクト（一人の子どもに一台のコンピュータ）の構想は、初等学校やすべての公立中等学校に十分な数のコンピュータや双方向的なホワイトボードを行き渡らせることであった。このプロジェクトは資金不足により中断されてしまったが、このプロジェクトによって開かれた事業が継続していた学校もあった。

　子どもたちの学習内容を伝達する能力の、継続的な向上に重点をおく学校もあった。たとえば、何を学び、何を調べ、何をインターネットで発見し、何を読んだのか、子どもたちは初年度からさまざまな方法で（口頭や記述、描画により、あるいはコンピュータを通して）示すように求められていた。この活動の目的は三つのスキル、すなわち情報と知識の運用、コミュニケーション、そしてリーダーシップを強化することにあった。別の学校では、二つのクラスを併合し、二つの異なるレベルの――そして異なる年齢の――学習者集団が共に作業に取り組んでいた。これによって成長に向けた学習者たちの展望を広げ、実年齢に応じた配置という限界を打ち壊していた。

調査から明らかになった効果

　取り組みの効果すべてが、学習に対するものとはかぎらない。なぜなら「学習づくりのリーダーシップ」を構築するなかで、プロジェクトをつくりだした当初の状況は大きく変化したからである。フォーマルな形式の学習でもみられる効果に加えて、学校や学校コミュニティの文脈により深く関係する効果も考察することができた。それはたとえば出席率の改善や、さまざまな集団間の積極的な交流、とりわけ学習者やその家族との関係といったものである。そこにはもちろん学習者と教師との交流のあり方や、コミュニティにおける学校のイメージ、学習環境に求められていることを伝達し認知すること、そして学業に関する成果（点数や修了率、外部試験の結果、義務教育後の学習への継続性）も含まれている。

　検討した事例において私たちは、インタビューにおいて管理職者らが示した客観的指標を通して、取り組みのプロセスや成果に関する改善を確かめることができた。すべての学校がすべての指標において改善をなしえたわけではない。だが、どの学校も少なくとも一点においては、改善の傾向をつかむことができていた。それらは以下のように要約することができる。

- コンフリクトが減った。そして異なる集団が共に学習するようになり、学校の雰囲気も前向きになった。
- 子どもたちの欠席率が下がった。
- 行政が実施する基礎的な学力試験の成績が向上した。
- 学習を終えず、中等義務教育修了資格を得ることなく、16歳になると学校を退学してしまう生徒が減少した。
- 義務教育修了資格をもつ生徒の割合が上昇した。
- 義務教育後の教育段階に進む子どもたちの在籍率が上昇している。

　最後に、フォローアップや評価、継続性のあり方に関しては、学校により差異があった。既定の指標に基づきつつ、1年ごとの評価や報告の方法をさらに

発展させている学校もあった。それらの学校によれば、市民参加型評価も改善を進めていくための一つの方法であるという。

2.4 結論：学習づくりのリーダーシップとイノベーションを促す研究

　カタルーニャの六つの学校における学習づくりのリーダーシップの研究により、実践とさまざまな論者による理論とを対比することが可能となった。そしてまた、学校の現実に対して計画的な見通しをもち学習の障害を取り除くことが、どのように学習に資する環境につながるのか解明できた（Senge, 1990）。教育組織全体が求めてゆくべき最も重要なマイルストーンとして学習に着目することの意義について対話を重ね、その目的について意見を交わすことの価値を示すことができた（MacBeath, 2012）。さらにコミュニティ全体でつくりあげ共有している計画やモットーの具体的な言葉のなかに、先述した強調点を入れ込むことの大切さも示すこともできた（Salavert, 2012）。リーダーシップに関するさまざまな側面を、この研究のなかで明らかにしてきた。その一つは、管理職者の役割の重要性である。管理職者は、教師や地域社会の人々が共に取り組むプロジェクトにおける連携や支援を後押しする環境の整備にももちろん重要な役割を果たしている（Spillane, 2005; Fullan, 2002, 2009; Hallinger, 2011）。しかしそれだけではなく、かれらはプロジェクトの推進においても重要な役割を担っていた。

　専門家からしてみれば、これまで学習環境における実践はきわめて一般的な方法でしか理解されていなかった。だがこのプロジェクトによって、その実践のあり様を浮き彫りにすることができた。しばしば、具体的に示された目標を追求できる実践は展開されずに、そのレトリックだけが発達していた。理論的原則と合致するような模範的実践は、いまだ十分には記録されていない。

　サラヴァート（Salavert, 2012）による提起から発展してきたストラテジーは、学習づくりのリーダーシップを生み出す諸要因の解明に非常に有効であった。さらに、シンプルで効果的な方法も示してくれた。つまりこの戦略は、より短

期間で実行可能で、学校のダイナミクスへの関与を最小限にとどめるものであった。そして、研究はあくまで研究であり、学校を評価したり判定したりするものではないことを強く示すものでもあった。このストラテジーは、研究チームによっても、調査を行った学校の校長や教職員によっても、歓迎されるものであった。

　私たちが選び調査したのは、想定通りのシナリオを示すだろうと予測した学校であった。だがそれらの学校の事例調査によって、私たちはより具体的な展望を立てることが可能になった。また、それらの学校からいくつもの側面について理論的な貢献を得ることができた。それはたとえば、計画を具体的に組み立てることや、リーダーシップを分散させること、地域社会を巻き込みつながりあうこと、評価やフォローアップの仕組み、そして学習への効果についてである。そしてこれらの展開にさまざまな段階があることも解明できた。

　調査したそれぞれのプロジェクトの発展の水準はさまざまであった。それゆえにその継続性もそれぞれ異なっていた。なかには、少数の人々への責任の集中と依存が起きている学校もあった。面談した複数のリーダーが、それが中長期的なプロジェクトの継続を危ういものにしていると指摘していた。

　この経験は、学習づくりのリーダーシップが分散している学校などの学習環境が生み出す、永続的な学習への気概を測ることを可能にしてくれた。その気概は、リーダーシップを発揮し、より大きなプロジェクトを実現するうえで欠かせないものである。より多くの行為者に分散しているリーダーシップの実践から生じる学習への気概は、能力を引き出す素地となる。また同時に、それは、より広い教育制度にとって有益なイノベーションや調査の地平を示す。

　学習づくりのリーダーシップの取り組みに関して調査を行ったのは、評価や判定のためではない。この調査は、知識や正統性の創出という重要な使命を帯びていたのである。この調査は資源や知識を生み出すことに貢献し、学習環境の変革に還元されている。そしてこれは教育学部と連携した教員養成やその後の教師教育などを通じて活かされることになるだろう。

　研究グループは、今後もこの研究を継続していくことをめざしている。その

目的の一つはもちろん、学校や指導者たちに学習環境におけるイノベーションを促す指針の整備である。そしてもう一つ、六つの学校の事例を説明する文書を準備することもその目的である。

 研究グループはまた、ハウメ・ボフィル財団のリーダーシップを通じて、次年度からより多くの学校がこの取り組みに参加するよう働きかけようとしている。これによって学習づくりのリーダーシップについてのより多くの情報を収集し、よりよい学習に向けてより優れたリーダーシップを生み出していこうとしているのである。

 最後に、プロジェクトの最も重要な目的の一つとして、学校や制度のなかで知識を生産し、それを広めていくことについて述べておこう。関係者と研究会を開き専門的な議論を交わすことに関して、財団は長年にわたって経験をつんできた。重要な調査結果や方法について報告書を出すことは、知識を広めるために欠かせない方法である。この営み全体がOECDのもつ回路を通して新しい国際的な知識に貢献することとなるだろう。そしてそれは、ローカルあるいはリージョナルな環境で試され、他の場所でも応用できる肯定的な変革の好循環を生み出していく可能性を秘めているのである。

註
1. 調査・研究はマリウス・マルティネスとホアン・バディアによって進められたが、このプロジェクトの発表と国際的な連携は、アンナ・ホロンチが以前から準備してきたものである。

参考文献
Badia, J. and M. Martínez (2012), *Protocol per a l'observació de contextos de lideratge per a l'aprenentatge* (Observation protocol for learning leadership cases) Document for internal use, Fundació Jaume Bofill.

Fullan, M. (2009), *Motion Leadership: The Skinny on Becoming Change Savvy*, Joint publication of Corwin, Ontario Principals' Council, School Improvement Network, American Association of School Administrators and National Staff Development

Council.

Fullan, M.（2002）, *The Change Leader*, Center for Development and Learning, *www. cdl.org/resource-library/articles/change_ldr.php*.

Hallinger, P.（2011）, "Leadership for learning: Lessons from 40 years of empirical research", *Journal of Educational Administration*, 49（2）, 125-142.

Hargreaves, A. and D. Fink（2008）, *El liderazgo sostenible. Siete principios para el liderazgo en centros educativos innovadores*（Sustainable leadership: seven principles for leadership in innovative schools）, Morata, Madrid.

Jolonch, A.（2002）, *Educació i infància en risc. Acció i reflexió en l'àmbit social*（Education and children at risk : action and reflection from the field）, Proa-Centre d'Estudis de Temes Contemporanis, Barcelona.

Leithwood, K., K. Seashore, S. Anderson and K. Wahlstrom（2004）, *How Leadership Influences Student Learning*, Center for Applied Research and Educational Improvement, Ontario Institute for Studies in Education, Toronto.

MacBeath, J.（2012）, *Collaborate, Innovate and Lead: The Future of the Teaching Profession*, Debates on Education, Fundació Jaume Bofill, Barcelona.

MacBeath, J.（2005）, "Leadership as distributed: A matter of practice", *School Leadership and Management*, 25（4）, 349-366.

MacBeath, J. and Y.C. Cheng（eds.）（2008）, *Leadership for Learning: International Perspectives*, Sense Publishers, Rotterdam.

Marsick, V.J., K.E. Watkins and S.A. Boswell（2013）, "Schools as learning communities" in R. Huang *et al.*（eds.）, *Reshaping Learning: Frontiers of Learning Technology in a Global Context*, Springer-Verlag Berlin Heidelberg, 71-88.

OECD（2010）, *The Nature of Learning: Using Research to Inspire Practice*, OECD Publishing, Paris. *http://dx.doi.org/10.1787/9789264086487-en*.（『学習の本質：研究の活用から実践へ』OECD教育研究革新センター編著、立田慶裕監訳、佐藤智子［ほか］訳、明石書店、2013年）

OECD（2008）, *Innovating to Learn, Learning to Innovate*, OECD Publishing, Paris. *http://dx.doi.org/10.1787/9789264047983-en*.

Salavert, R.（2012）, *Metodologia per a l'anàlisi de contextos d'aprenentatge escolars*（Methodology for the analysis of the schooling cases）, Document for internal use, Fundació Jaume Bofill.

Senge, P.（1990）. *The Fifth Discipline: The Art and Practice of the Learning Organization*, Doubleday Currency, New York.（『最強組織の法則：新時代のチームワークとは何か』ピーター・M・センゲ著、守部信之［ほか］訳、徳間書店、

1995年）

Seashore, K. *et al.* (2010), *Learning from Leadership: Investigating the Links to Improved Student Learning*, Center for Applied Research and Educational Improvement; University of Minnesota; Ontario Institute for Studies in Education; University of Toronto.

Spillane, J.P. (2006), *Distributed Leadership*, Jossey-Bass, San Francisco.

Spillane, J.P. (2005), "Distributed leadership", *The Educational Forum*, 69 (2), 143-150.

訳者あとがき

　本書の意義は、近代教育システムのありようが大きく変化する現代において、「イノベーティブな学習環境（ILE）」をつくりだす「学習づくりのリーダーシップ」に焦点を当てたことにある。「学習づくりのリーダーシップ」を「5W1H」の側面から詳細に検討したことにより、リーダーシップが教師の専門性を新たに定義する可能性があること、またリーダーシップが学校制度や政策立案者の側にあるのみならず、ノンフォーマル領域でも独自に発揮されることなど、新たな視点が提示されている。これは同時に、実践においては、従来「効果的な学校づくり」で注目されていた「マネジメント」との関係をどう考えるのか、国際基準化・標準化のもとでの実践や政策への評価と、個別の固有文脈との関係をどうとらえるのかといった問いを惹起する。さらに、議論をフォーマル教育からノンフォーマル教育へと広げてゆくにあたり検討枠組みをどのように鍛えなおすのかといった課題も生まれる。「イノベーティブな学習環境」が国民教育制度の刷新や改革という枠組みで論じられると、はからずして「20世紀型」学習環境が強化されてしまうというディレンマにも陥ってしまうだろう。リーダーシップの発揮される現場を注視したい。

　以下、それぞれの訳者の研究分野や関心から、本書に寄せる思いを記し、あとがきとしたい。

（木下　江美）

人工知能の登場と変わる教師の役割

　この数年、人工知能やビッグデータ等の技術革新によって今後の社会で求められる能力や資質に大きな変化がもたらされるという予測が随所でなされている。松尾豊（2015）『人工知能は人間を超えるか：ディープラーニングの先にあるもの』（角川EPUB選書）はその代表的なものであるが、「21世紀型スキル」

と呼ばれるものもその一端である。2009年1月、シスコシステムズ、インテル、マイクロソフトをスポンサーとした「21世紀型スキルの学びと評価プロジェクト（ATC21S）」が始まり、2010年にはオーストラリア、フィンランド、ポルトガル、シンガポール、イギリス、アメリカがこのプロジェクトに参加し、21世紀型スキルを定義した。P. グリフィンほか（2014）『21世紀型スキル：学びと評価の新たなかたち』（三宅なほみ監訳）によれば、それは10のスキルから構成されるもので、1）創造力とイノベーション、2）批判的思考、問題解決、意思決定、3）学び方の学習、メタ認知、4）コミュニケーション、5）コラボレーション（チームワーク）、6）情報リテラシー、7）情報通信技術に関するリテラシー（ICTリテラシー）、8）地域とグローバルでよい市民であること（シチズンシップ）、9）人生とキャリア発達、10）個人の責任と社会的責任（異文化理解と異文化適応能力を含む）からなるという。この「21世紀型スキル」は、その後、文部科学省の調査研究協力者会議でも取り上げられ、次期学習指導要領で育成すべき資質・能力の柱とされている。

　人工知能とビッグデータの進化は、学習者が自らの学習ニーズに応じて、いつでも、どこでも、だれとでも学習することを可能にした。また、学年や学習指導要領、教科書に制限されず、どの教材を、どこからでも、どのような順序で学ぶことも可能になった。標準カリキュラム、教師、教科書の存在を前提としてきた従来の学校観、学習観を覆すものといえよう。教師に依存しない個別学習が可能になれば、学校と教師の社会的役割は解消するのであろうか。答は否であろう。認知的スキルの発達を人工知能に委ねる一方で、学校と教師には、「21世紀型スキル」で謳われたような、メタ認知的スキルや社会的スキルの育成が強く求められるようになる。

　テクノロジーの進化によって、学習の場は劇的に拡大した。今後、こうした個別学習、学校外学習の機会が増えれば、教師に求められる役割は学習ニーズにあった学習環境をつくり、学習集団をコーディネートし、社会とつなぐ「リーダーシップ」であろう。

（斎藤 里美）

訳者あとがき

学習づくりのリーダーシップに着目する意義と課題

　本書では、学習を変革する中核的な動力とは何かを、学習づくりのリーダーシップという観点から論じている。学習ということばは、反復を通じて狭い範囲に限定されたスキルを獲得することではなく、子どもが能動的な探究と協働的な学びを通じて世界を読み解き作りかえていく過程という意味が込められている。本書が指摘するのは、このような意味の学習が可能になるためには、子どもが行う学習を促進する諸条件の変革と永続的な仕組みづくりが必要であるということである。本書が各国・地域の豊富な事例を通じて示すのは、上からの統制による学力向上策でも、特殊な個別の事例の意義を誇大に強調することでもない。ミクロな事例はマクロないしメゾレベルの施策に示唆を与え、マクロやメゾレベルの政策的試みはミクロな実践の方向性を示す。様々なレベルの主体間の相互作用による学習の展開と深化を実現するモデルが提起されている。

　生徒、学校と教師、学習に関わるローカルな主体、メゾレベルのネットワーク、そして国家は、子どもによる学習の展開・深化を目指している点は同じでも、それぞれに重視する点やその程度が異なるかもしれない。本書には、これら様々なレベルと主体間の連携が、やや予定調和的に成立・展開していくように書かれていると感じられるところもある。自らも学習しつつ子どもの学習の展開と深化を目指す様々なレベル・主体間には、子どもの学習をめぐっていかなる立場や見解の相違があるのか。これらの相違は、学習づくりのリーダーシップが発揮されるような連携にどのような困難をもたらし、またそうした困難をいかに乗り越えていくべきか。この点については、本書に紹介された事例のさらなる検討やフォローを含めた、より深い考察を今後に期待したい。

（本田 伊克）

イノベーティブな学習環境づくりに向けて

　本書においてはイノベーティブな学習環境をつくりだすために、「学習づくりのリーダーシップ」という新しい概念とこの概念を活用した世界各地の多様

な事例が取り上げられている。それぞれの国・地域により歴史・文化・社会状況、そしてフォーマル教育・ノンフォーマル教育などが置かれた状況は異なり、リーダーシップをめぐる取り組みについても慎重に読み解かねばならない。しかしながら世界各地の事例からはイノベーティブな学習環境をつくりだすために各国・各地で創意工夫が施されていることが共通して示されている。

　何事も既存の制度にかかわる人にとって、変革は負担をもたらすものであり、往々にして批判されることが少なくない。特に本書のように学習環境を学校だけに限らず、学習にかかわる組織を広くとらえ、変革の担い手に教師のみならず、ノンフォーマル領域のパートナーなど多様な関係者を想定している場合、お互いを尊重し合い、連携する関係性をどのように構築できるのかなど、それぞれが抱く不安も小さくないであろう。

　それでも本書ではイノベーティブな学習環境をつくりだすことに取り組んでいる姿が描きだされている。そこには変化する学習環境のなかで学習を実現させるにあたって、どのようなリーダーシップをとり、働きかけをするのかという問題意識が共通してもたれているといえる。負担や不安を感じながらも、それでも新たな学習環境をつくりだしていかねばならない理由がそこにはあると捉えられている。

　日本においては教師の多忙解消を進めながら、イノベーティブな学習環境をつくり出していくという行為をどのように議論していくことができるのだろうか。またイノベーティブな学習環境のもとでの学習成果を今後どうはかっていくことができるのだろうか。本書を通じて考えさせられる点は少なくない。

（布川あゆみ）

新しい学習のあり方とそれを導く教師の技

　近代学校における教育の主たる目的は知識・技能の伝達であり、教師から子どもに対して、「指導」や「教える」といった意図的・計画的働きかけがなされてきた。こうした働きかけに対して、本書では教師の役割は子どもの学習を「リードする」ことであり、これからの教師に求められる資質として、リーダ

ーシップという、自明であるようでいて新しい概念を提示している。

　教室のなかで行われる実践において、教師が子どもに直接働きかけることでリーダーシップを発揮し、子どもの学習を導く場面も多く見られるだろうが、第3章で強調されているのは、学習のための環境づくりや学習機会の提供といった、学びの場の構築である。その背景には、現代の教師たちの役割が、知識伝達者から「仲介者」へと変容してきたという認識がある。

　教室のなかで教師によって意図的に計画された学習活動は、教師が想定する目標に到達するまでの道筋が見えやすい。しかし、本章ではそうした指導では子どもの学びの可能性を減じてしまう恐れがあることを指摘し、教室や学校の壁を越えて地域社会に出て行ったり、異文化体験を通してこれまでの自らの学びを捉え返すといった学びの多様なあり方を紹介する。子どもたちは、そうした場での活動を通して、自らの考え方、価値観を「揺さぶられる経験」をする。伝統的に学校で行われてきた教授や指導という方法ではこうした経験を生みだすことは困難であり、教師がすべきことは学校を越えた学びの場を提供することによって、子どもと教材を「仲介」することであり、そうすることが学習を「リードする」一つの方策であるという。

　また、本章では、子どもだけでなく、新任教師の学習をいかに「リードする」かという点についても議論されている。教師自身の学びを導くための環境や場、機会をいかに作っていくかという問題については、教師による学習コミュニティの構築が重要であることが指摘されている。教師自身が学ぶ主体であることを自覚し、コミュニティのなかで相互に学び合うことによって自己評価を行い、自らのスキルを高めていく。日本の教員社会では歴史的にみて、このように学習コミュニティのなかで教師自身が学びを深めていく文化が継承されてきた。学校における学習コミュニティを考えるうえで、教師の専門的力量の向上に関する歴史的取り組みから学ぶことも多いだろう。

　日本の学校においても、本書で提言されるような学習のあり方が追求され、新しい実践的な取り組みが行われている。これまで学校教育において支配的だった学習の様態を、今後、どのようにして変えていくべきか、諸外国の取り組

みに学びつつ、日本的な学習づくりのリーダーシップのあり方について考えていくことが必要であろう。　　　　　　　　　　　　　　　　（大西 公恵）

多様性を前提とした社会におけるイノベーティブな学習環境づくり

　創造性や批判的思考能力、問題解決力、デジタルリテラシー、etc…。本書でも繰り返し述べられているとおり、21世紀の知識基盤型社会では、様々な知識、スキルの獲得が人々に求められている。そして、こうした多元的能力を育成するため、イノベーティブな学習環境づくりに向けた挑戦が世界各地で展開されている。

　特に第4章ではシンガポールの2つの学校を事例に、イノベーティブな学習環境を作るにあたって必要となるリーダーシップの有り様が検討されている。そこで強調されるのは、3つのリーダーシップ（学習中心型リーダーシップ、分散型リーダーシップ、コミュニティ・ネットワーク型リーダーシップ）の重要性である。なかでもここで重視したいのは、コミュニティ・ネットワーク型リーダーシップである。イノベーティブな学習環境をつくっていくためには、学校のなかだけの改革では無論不十分であり、学校外の様々なアクターとネットワークをつくり、連携することが必要となる。第4章では企業や他の学校との連携が注目されている。これらのアクターとの連携も重要だが、それだけでなく、ボランティア団体やNPO、宗教組織など、ノンフォーマルな教育を行っているアクターとの連携にも着目する必要があるように思う。変動する社会に対応していく21世紀型の多元的な能力を学校のなかだけで生徒たちに身につけさせるのは、困難を極める。学校だけでなく、生徒たちを取り巻く様々な学びの場をイノベーティブな学習環境へと変えていくことが、知識基盤型社会に必要な知識、スキルの養成には必要となるのではないだろうか。ただし、学校が学校外の学びの場にも影響力を持つことによって、学校外の学びの場の学校化がすすみ、その独自性が失われることは避けねばならない。それぞれのアクターの独自性を尊重しながら、連携するための調整を行うリーダーシップが求められる。

また、イノベーティブな学習環境づくりを行う際、留意しなければならないのは、生徒たちの多様な背景であろう。グローバル化の進展とともに、多くの社会で多様化がすすんでいる。無論、日本も例外ではない。イノベーティブな学習環境をつくるにあたっては、様々な社会的、文化的背景を持つ生徒たちの特性を考慮しつつ、改革を行う必要がある。求められる能力が多元化、複雑化していく知識基盤型社会のなかで、教育によって生じる格差はますます拡大し得る。一方では21世紀型の多元的能力を身につけ、グローバルに活躍する層が存在し、他方ではこうした能力を身につける機会さえ与えられない層が存在する。実際、このような状況は世界各地ですでに見られるものであるが、こうした格差を少しでも縮めるような学習環境づくりが求められる。無論、言うは易し行うは難し、である。学校外の様々なアクターと連携しながら、生徒の多様性に対応していくことがイノベーティブな学習環境づくりには必要不可欠であろう。
〔三浦　綾希子〕

社会変動のなかの「学習づくりのリーダーシップ」――移民の増加という文脈から

　カタルーニャにおいて今、なぜ「学習づくりのリーダーシップ」が求められているのか。私が担当した第6章ではこの背景に、さまざまな側面における急激な社会の変化があると述べられている。とりわけ強調されているのは、移民の増加という変化である。2000年時点で100万人に満たなかったスペインの移民人口は、2015年には600万人近くに増加した。こうした社会の変化のなかで、従来の学校教育は限界に直面するようになった。ではどのようにその社会の変化に学校教育を対応させうるのか――「学習づくりのリーダーシップ」はこうした問いのなかで求められるようになったという。

　カタルーニャの移民の増加という状況は、日本の文脈にも重なるところがある。日本でも1990年の時点で100万人に満たなかった在留外国人数は、2015年末になると220万人を突破するようになった。教室のなかに外国に出自を持つ子どもがいることはすでに珍しいことではなくなっている。こうしたなかでとりわけ集住地の学校では、この社会の変化にいかに対応していくべきか、現

場の教師らを中心に多様な試みがなされるようになってきた。

　たとえば私が調査している横浜のブラジル人集住地のある学校では、現場の教師たち自身が中心となって外国に出自を持つ子どもたちに関する取り組み——フォーマルな領域の学習のみならず、ノンフォーマルな領域を含みこむ活動——が発案されていただけでなく、地域の外国人団体や日本人住民を巻き込み、かれらとのネットワークを活かしながらそれらが実行に移されていた。そしてそうした人々の関係性と対話的な学びあいを教師自身の学びの機会とし、そのなかで新たな活動に向けての着想が生み出されていた。

　トップダウンの垂直的な関係性ではなくさまざまなアクターとの間の対等な関係性を築くこと、そしてそのネットワークを活かし協働的な分散型リーダーシップを発揮することによってこそ、はじめてイノベーションが生み出される——このことは第6章で強調されている通りである。上述したような日本の学校の取り組みはまさに、本書における「学習づくりのリーダーシップ」に重なるものであるといえよう。

　21世紀に入り急激な社会の変化に直面しているのは、日本も同様である。日本の学校の取り組みは本書で議論された「学習づくりのリーダーシップ」と（その課題を含め）何を共有し、何を異にするのか。そしてそこから何を学び取ることができるのか。本書における議論は、日本の学校のこれまでの取り組みを反省的に振り返り、またこれからのあり方を模索していくうえでも、さまざまな示唆を与えてくれるものである。
　　　　　　　　　　　　　　　　　　　　　　　　　　　　（藤浪　海）

　本書の翻訳は、訳者の斎藤を中心に企画が進められたものである。研究会や、まさに新しい学習環境のひとつでもあるICTを活用して翻訳作業をおこない、訳者グループ全体での理解を深め、議論をおこなってきた。全体の調整や読みあわせについては、木下と布川が取りまとめをおこなった。

　最後になってしまったが、訳者メンバーが各地に散らばるなか、本書の刊行にあたっては明石書店の安田伸氏に、とてもお世話になった。研究会に足を運んで議論をご一緒していただき、なによりそれぞれの原稿に丁寧に助言をいた

訳者あとがき

だいたことは、訳者にとって大きな励みであった。また、木下と布川にとっては初めての監訳作業で不慣れな点も多々あったが、安田氏のご支援に励まされた。ここに記し、心からの感謝を捧げたい。 　　　　　　　　（訳者一同）

◎監訳者・訳者紹介

木下 江美（きのした・えみ）　KINOSHITA Emi
——監訳、要旨・第1章（第4節〜第5節）・第5章 訳、監訳者はしがき

2010年一橋大学大学院社会学研究科博士後期課程修了（社会学博士）。現在、一橋大学大学院社会学研究科特別研究員、東洋大学アジア文化研究所客員研究員、放送大学非常勤講師。専門は、教育思想史、比較教育学、バイオグラフィ研究。主な論文・訳書に、「移民の子どもの教育からみるドイツの統合と多文化社会」（園山大祐編著『岐路に立つ移民教育：社会的包摂への挑戦』ナカニシヤ出版、2016年）、「ドイツの生活誌研究にみる人間形成への関心：教育研究における質的方法論の展開に着目して」（一橋大学大学院社会学研究科編『一橋社会科学』第6巻、2014年）、『多様性を拓く教師教育：多文化時代の各国の取り組み』（共訳、OECD教育研究革新センター編著、明石書店、2014年）、『OECD教員白書：効果的な教育実践と学習環境をつくる〈第1回OECD国際教員指導環境調査（TALIS）報告書〉』（共訳、OECD編著、明石書店、2012年）、『移民の子どもと格差：学力を支える教育政策と実践』（共訳、OECD編著、明石書店、2011年）、『移民の子どもと学力：社会的背景が学習にどんな影響を与えるのか〈OECD-PISA 2003年調査 移民生徒の国際比較報告書〉』（共訳、OECD編著、明石書店、2007年）など。

布川 あゆみ（ふかわ・あゆみ）　FUKAWA Ayumi
——監訳、序文・第2章 訳、監訳者はしがき

2016年一橋大学大学院社会学研究科博士後期課程修了（社会学博士）。現在、一橋大学大学院社会学研究科特別研究員。専門は、比較教育学、教育社会学。主な論文・訳書に、「第10章 移民の高い教育期待とドイツ社会の『閉鎖性』」（園山大祐編著『岐路に立つ移民教育：社会的包摂への挑戦』ナカニシヤ出版、2016年）、「第11章 ドイツにおけるギムナジウムと大学の教育改革」（松塚ゆかり編著『国際流動化時代の高等教育：人と知のモビリティーを担う大学』ミネルヴァ書房、2016年）、「第5章 ドイツ——格差是正に向けた連邦・州・学校における多様な取り組み」（森田英嗣との共著、志水宏吉・山田哲也編著『学力格差是正策の国際比較』岩波書店、2015年）、「ドイツにおける学校の役割変容——『全員参加義務づけ型』の終日学校の展開に着目して」（日本比較教育学会編『比較教育学研究』第47号、2013年）、『多様性を拓く教師教育：多文化時代の各国の取り組み』（共訳、OECD教育研究革新センター編著、明石書店、2014年）、『OECD教員白書：効果的な教育実践と学習環境をつくる〈第1回OECD国際教員指導環境調査（TALIS）報告書〉』（共訳、OECD編著、明石書店、2012年）、『移民の子どもと格差：学力を支える教育政策と実践』（共訳、OECD編著、明石書店、2011年）、『移民の子どもと学力：社会的背景が学習にどんな影響を与えるのか〈OECD-PISA 2003年調査 移民生徒の国際比較報告書〉』（共訳、OECD編著、明石書店、2007年）など。

斎藤 里美（さいとう・さとみ）　SAITO Satomi
――第1章（第1節～第3節）訳
1990年一橋大学大学院社会学研究科博士後期課程満期退学。現在、東洋大学文学部教授。専門は教育社会学、教育目標・評価論。主な著訳書に、『多様性を拓く教師教育：多文化時代の各国の取り組み』（監訳、OECD教育研究革新センター編著、明石書店、2014年）、『OECD教員白書：効果的な教育実践と学習環境をつくる〈第1回OECD国際教員指導環境調査（TALIS）報告書〉』（監訳、OECD編著、明石書店、2012年）、『移民の子どもと格差：学力を支える教育政策と実践』（監訳、OECD編著、明石書店、2011年）、『大学教育と質保証：多様な視点から高等教育の未来を考える』（共編著、明石書店、2009年）、『国境を越える高等教育：教育の国際化と質保証ガイドライン』（監訳、OECD教育研究革新センター，世界銀行編著、明石書店、2008年）、『移民の子どもと学力：社会的背景が学習にどんな影響を与えるのか〈OECD-PISA 2003年調査 移民生徒の国際比較報告書〉』（監訳、OECD編著、明石書店、2007年）、『韓国の教科書を読む』（編著・監訳、明石書店、2003年）、『シンガポールの教育と教科書：多民族国家の学力政策』（編著・監訳、明石書店、2002年）など。

本田 伊克（ほんだ・よしかつ）　HONDA Yoshikatsu
――第1章（第6節～第9節）訳
2009年一橋大学大学院社会学研究科博士後期課程修了（社会学博士）。現在、宮城教育大学准教授。専門は、教育社会学（学校知識の社会学）、戦後民間教育研究運動史。主著書に、『学力と学校を問う』（共編著、かもがわ出版、2014年）、『ペダゴジーの社会学』（共著、学文社、2013年）、『日本の学校受容』（共著、勁草書房、2012年）など。主論文に、「1950、60年代の民間教育研究運動の成果と課題に関する学校知識論的考察」（一橋大学大学院博士論文、未公刊、2009年）、「〈学校知識の社会学〉の展望」（一橋大学〈教育と社会〉研究会編『〈教育と社会〉研究』第19号、2009年）など。訳書に、『多様性を拓く教師教育：多文化時代の各国の取り組み』（共訳、OECD教育研究革新センター編著、明石書店、2014年）、『OECD教員白書：効果的な教育実践と学習環境をつくる〈第1回OECD国際教員指導環境調査（TALIS）報告書〉』（共訳、OECD編著、明石書店、2012年）、『移民の子どもと格差：学力を支える教育政策と実践』（共訳、OECD編著、明石書店、2011年）、『学校知識 カリキュラムの教育社会学：イギリス教育制度改革についての批判的検討』（共訳、ジェフ・ウィッティ著、明石書店、2009年）。

大西 公恵（おおにし・きみえ）　ONISHI Kimie
――第3章 訳
2013年一橋大学大学院社会学研究科博士後期課程単位取得退学。現在、和光大学現代人間学部講師。専門は、教育史、教育方法論。主な著書に、『日本の学校受容：教育制度の社会史』（共著、木村元編著、勁草書房、2012年）など。主な論文に、「1950年代初期における職業・家庭科のカリキュラム編成――長野県飯田市立飯田東中学校の事例を通して」（『〈教育と社会〉研究』第26号、2016年）、「1930年代初期にお

ける国語科の教育目的の問い直し——第 34 回全国小学校訓導協議会の議論を通して」(『和光大学現代人間学部紀要』第 9 号、2016 年)、「学習雑誌『伸びて行く』に見る山路兵一の「読書創造」」(『学習研究』第 477 号、2016 年)、「新制中学校設立初期における学校経営と生徒指導——飯田東中学校の教科教室制を通して」(『〈教育と社会〉研究』第 25 号、2015 年)、「1900 年代の東京高等師範学校附属小学校における読方教育論——『教育研究』および全国小学校訓導協議会での議論を中心に」(『和光大学現代人間学部紀要』第 7 号、2014 年)、「山路兵一「遊びの善導」論再考——学習雑誌『伸びて行く』との関連に注目して」(『教育目標・評価学会紀要』第 16 号、2006 年) など。

三浦 綾希子 (みうら・あきこ)　MIURA Akiko
——第 4 章 訳

2013 年一橋大学大学院社会学研究科博士後期課程修了 (社会学博士)。現在、中京大学国際教養学部准教授。専門は、教育社会学、異文化間教育学。主な著書・論文に、『ニューカマーの子どもと移民コミュニティ：第二世代のエスニック・アイデンティティ』(勁草書房、2015 年)、「日本人でもなく外国人でもなく——日本で暮らすニューカマーの子どもたち」(青木利夫・柿内真紀・関啓子編著『生活世界に織り込まれた発達文化』東信堂、2015 年)、「フィリピン系エスニック教会の教育的役割——世代によるニーズの差異に注目して」(日本教育社会学会編『教育社会学研究』90 号、2012 年)、「フィリピン系ニューカマーのネットワーク形成と教育資源——家事労働者の母親に注目して」(異文化間教育学会編『異文化間教育』37 号、2013 年)、「多文化地区における地域学習室の機能——ニューカマー 1.5 世を対象として」(日本移民学会編『移民研究年報』19 号、2013 年)、「2 つの「ホーム」の間で——ニューカマー 1.5 世の帰属意識の変容と将来展望」(異文化間教育学会編『異文化間教育』40 号、2014 年) など。訳書に、『多様性を拓く教師教育：多文化時代の各国の取り組み』(共訳、OECD 教育研究革新センター編著、明石書店、2014 年) など。

藤浪 海 (ふじなみ・かい)　FUJINAMI Kai
——第 6 章 訳

2014 年一橋大学大学院社会学研究科修士課程修了。現在、一橋大学大学院社会学研究科博士後期課程在学中、日本学術振興会特別研究員 DC1。専門は、国際社会学、国際移民研究。主な論文に、「沖縄系南米人とトランスナショナルなコミュニティの生成——横浜市鶴見区の複層的なネットワークを事例に」(一橋大学大学院修士論文、2014 年)、「移民ネットワークとしてのオキナワン・ディアスポラ——横浜市鶴見区のブラジル系・ボリビア系・アルゼンチン系移民の事例から」(関東社会学会編『年報社会学論集』第 28 号、2015 年) など。訳書に、『多様性を拓く教師教育：多文化時代の各国の取り組み』(共訳、OECD 教育研究革新センター編著、明石書店、2014 年) など。

21世紀型学習のリーダーシップ
――イノベーティブな学習環境をつくる

2016年9月28日　初版第1刷発行	
編著者	OECD教育研究革新センター
監訳者	木下江美
	布川あゆみ
訳　者	斎藤里美
	本田伊克
	大西公恵
	三浦綾希子
	藤浪 海
発行者	石井昭男
発行所	株式会社 明石書店
	〒101-0021
	東京都千代田区外神田6-9-5
	TEL　03-5818-1171
	FAX　03-5818-1174
	http://www.akashi.co.jp/
	振替 00100-7-24505

組版　明石書店デザイン室
印刷・製本　モリモト印刷株式会社

（定価はカバーに表示してあります）

ISBN978-4-7503-4410-2

多様性を拓く教師教育
——多文化時代の各国の取り組み

OECD教育研究革新センター 編著
斎藤里美 監訳
布川あゆみ、本田伊克、木下江美、三浦綾希子、藤浪海 訳

A5判／上製／408頁　◎4500円

多様な人々の存在を社会にとっての財産にし、多様な背景をもつ子どもたちを社会のなかに包摂していくための鍵となるのは、教師である。本書は、各国の実践報告とOECDの教員調査から、教員養成と現職研修を見直すための有益な研究や調査を紹介する。

内容構成

第Ⅰ部　研究の背景・目的・方法
多様化が進む子どもたちと効果的な教師教育／教育的文脈における多様性／OECD国際教員指導環境調査(TALIS)と多様性のための教師教育／教育のなかでの多様性：構成要素に分けてデータを分析する重要性

第Ⅱ部　教師教育の取り組み
多様化と教育格差：教師教育の役割／カリキュラムの設計と開発：新世代の教師教育担当者への示唆／異文化間コンピテンスに関する教師教育モデル：イタリアの経験から

第Ⅲ部　理論から実践へ
均質性重視から多様性重視へと変わるドイツの教育／スペインにおける多様性のための教師教育：理論から実践への移行／多様性教育を取り入れるスクールリーダー：北アイルランドの事例／多様性の教育と授業実践：アメリカ合衆国ワシントン州の事例

第Ⅳ部　今後の課題
効果的な実践を支援するための課題

OECD成人スキル白書 〈OECDスキル・アウトルック2013年版〉
第1回国際成人力調査(PIAAC)報告書
経済協力開発機構(OECD)編著　矢倉美登里ほか訳
OECD編　●8600円

OECD保育白書
人生の始まりこそ力強く：乳幼児期の教育とケア(ECEC)の国際比較
OECD編著　星三和子、首藤美香子、大和洋子、一見真理子訳　●7600円

OECD幸福度白書2
より良い暮らし指標：生活向上と社会進歩の国際比較
OECD編　徳永優子、矢倉美登里訳　●4500円

OECD教員白書
効果的な教育実践と学習環境をつくる
〈第1回OECD国際教員指導環境調査(TALIS)報告書〉
OECD編　斎藤里美監訳　●7400円

移民の子どもと学力
社会的背景が学習にどんな影響を与えるのか
OECD編著　斎藤里美監訳　西村美由起訳　●3200円

移民の子どもと格差
学力を支える教育政策と実践
OECD編　斎藤里美監訳　布川あゆみ、本田伊克、木下江美訳　●2800円

国境を越える高等教育
教育の国際化と質保証ガイドライン
OECD教育研究革新センター・世界銀行編著　斎藤里美監訳　徳永優子、矢倉美登里訳　●3800円

大学教育と質保証
多様な視点から高等教育の未来を考える
斎藤里美、杉山憲司編著　●2500円

〈価格は本体価格です〉

学習の本質 研究の活用から実践へ

OECD教育研究革新センター 編著
立田慶裕／平沢安政 監訳
佐藤智子／赤尾勝己／中澤智惠／岩崎久美子／有本昌弘 ほか訳

A5判／424頁
◎4600円

21世紀を担う若者たちに求められるスキルやコンピテンシーは何か？　認知科学、脳科学、動機・感情の研究、教室研究など、最先端の研究知見をもとに学習の本質を明らかにし、学習者中心の効果的な実践にとって本当に必要とされる原理・原則を提示する。

◆内容構成◆
第1章　21世紀の学習環境の分析と設計
第2章　学習についての理解の歴史的発展
第3章　学習の認知的視点：重要な10の知見
第4章　教室での学習において、動機と感情が果たす重要な役割
第5章　発達と生物学的視点からみた学習
第6章　形成的アセスメント：効果的な学習環境における役割
第7章　共同学習：何がグループワークを機能させるのか
第8章　テクノロジーを活用した学習
第9章　調べ学習：その可能性と挑戦
第10章　サービス・ラーニング：学習資源としてのコミュニティ
第11章　家庭と学校のパートナーシップ
第12章　イノベーションの実践：空想的モデルから日常的実践へ
第13章　21世紀の学習環境の方向性

PISA2012年調査　評価の枠組み
経済協力開発機構（OECD）編著
国立教育政策研究所監訳
◎4600円

21世紀のICT学習環境　生徒・コンピュータ・学習を結び付ける
OECD生徒の学習到達度調査（PISA）2012年調査国際結果報告書
経済協力開発機構（OECD）編著
国立教育政策研究所監訳
◎3700円

生きるための知識と技能5
OECD生徒の学習到達度調査（PISA）2012年調査国際結果報告書
国立教育政策研究所編
◎4600円

成人スキルの国際比較　OECD国際成人力調査（PIAAC）報告書
国立教育政策研究所編
◎3500円

教員環境の国際比較　OECD国際教員指導環境調査（TALIS）2013年調査結果報告書
国立教育政策研究所編
◎3800円

教育研究とエビデンス　国際的動向と日本の現状と課題
国立教育政策研究所編　大槻達也、惣脇宏ほか著
◎3800円

諸外国の教育動向 2015年度版
文部科学省編著
◎3600円

諸外国の初等中等教育
文部科学省編著
◎3600円

〈価格は本体価格です〉

メタ認知の教育学
生きる力を育む創造的数学力

OECD教育研究革新センター 編著
篠原真子、篠原康正、袰岩晶 訳

A5判／上製／280頁
◎3600円

「何を学習するか」から「いかに学習するか」へ。21世紀の革新型社会においては、自身の思考を振り返る高次の思考方法「メタ認知」が求められる。本書は、この「メタ認知」概念を整理し、数学教育におけるメタ認知教授法の効果について検証する。

●内容構成●

第1章 革新型社会における数学教育と問題解決能力
第2章 メタ認知とは何か？
第3章 メタ認知の教授法
第4章 数学教育におけるメタ認知教授法
第5章 到達度に対するメタ認知指導の効果
第6章 社会的スキルと感情的スキルに対するメタ認知教授法の効果
第7章 学習を促すためのテクノロジーとメタ認知プロセスの統合
第8章 教員研修のためのメタ認知プログラム
第9章 本書を振り返って：要約と結論

図表でみる教育 OECDインディケータ(2015年版)
経済協力開発機構（OECD）編著
徳永優子、稲田智子、西村美由起、矢倉美登里 訳
◎8600円

幸福の世界経済史 1820年以降、私たちの暮らしと社会はどのような進歩を遂げてきたのか
OECD開発センター編著　徳永優子 訳
◎6800円

主観的幸福を測る OECDガイドライン
経済協力開発機構（OECD）編著　桑原進監訳　高橋しのぶ 訳
◎5400円

格差拡大の真実 二極化の要因を解き明かす
経済協力開発機構（OECD）編著　小島克久、金子能宏 訳
◎7200円

脳からみた学習 新しい学習科学の誕生
OECD教育研究革新センター編著
小泉英明監修　小山麻紀、徳永優子 訳
◎4800円

知識の創造・普及・活用 学習社会のナレッジ・マネジメント
OECD教育研究革新センター編著
立田慶裕監訳
◎5600円

グローバル化と言語能力 自己と他者、そして世界をどうみるか
OECD教育研究革新センター編著
徳永優子、稲田智子、来田誠一郎、定延由紀、西村美由起、矢倉美登里 訳
本名信行監訳
◎6800円

学びのイノベーション 21世紀型学習の創発モデル
OECD教育研究革新センター編著
有本昌弘監訳　多々納誠子、小熊利江 訳
◎4500円

〈価格は本体価格です〉